Chinese Supply Chain Management

中国式供应链管理系列 3

集成供应链管理

廖利军◎著

电子工业出版社
Publishing House of Electronics Industry
北京·BEIJING

内 容 简 介

华为，21 世纪中国最杰出的企业之一。

华为 1999 年引入供应链管理，是国内首家引入供应链管理的企业。我国 2017 年才正式进入中国供应链管理的元年，并由国务院出台了关于供应链管理创新实践要求的相关文件。本书围绕中国式供应链管理的最佳实践企业华为，拆解华为集成供应链管理的制胜之道。本书通过华为供应链"为何能"、华为供应链"怎么能"、华为供应链"启示录"3 个篇章，以"理论+实践+案例"的方式，深刻剖析华为在供应链管理的设计、采购、生产、销售、服务、数字化、金融等方面的应用实践，以及华为供应链体系、华为 ISC（集成供应链管理）、华为 IPD（集成产品开发）等方面的核心管理方法，全面、深刻地讲述了 119 个华为供应链从战略到执行细节，并配以图表、小贴士及案例，内容完善，数据详细，深入浅出，具有较强的实战特色，是一本不可多得的供应链管理专著。

本书可指引各行业人士进行供应链管理，也可帮助传统企业掌门人、电商从业者、新零售企业负责人全面了解供应链管理的实操做法。本书可作为高等院校供应链管理和物流专业、商贸专业、MBA 教学的教材，也可作为企业管理者的有益读本。

未经许可，不得以任何方式复制或抄袭本书之部分或全部内容。
版权所有，侵权必究。

图书在版编目（CIP）数据

集成供应链管理 / 廖利军著．—北京：电子工业出版社，2023.8
ISBN 978-7-121-45879-8

Ⅰ. ①集… Ⅱ. ①廖… Ⅲ. ①供应链管理－研究 Ⅳ. ①F252.1
中国国家版本馆 CIP 数据核字（2023）第 123666 号

责任编辑：刘　博
印　　刷：北京捷迅佳彩印刷有限公司
装　　订：北京捷迅佳彩印刷有限公司
出版发行：电子工业出版社
　　　　　北京市海淀区万寿路 173 信箱　　邮编：100036
开　　本：720×1000　1/16　　印张：18　　字数：363 千字
版　　次：2023 年 8 月第 1 版
印　　次：2024 年 6 月第 3 次印刷
定　　价：79.00 元

凡所购买电子工业出版社图书有缺损问题，请向购买书店调换。若书店售缺，请与本社发行部联系，联系及邮购电话：（010）88254888，88258888。
质量投诉请发邮件至 zlts@phei.com.cn，盗版侵权举报请发邮件至 dbqq@phei.com.cn。
本书咨询联系方式：faq@phei.com.cn。

推荐序 1

得供应链者得天下。

随着全球经济的复苏和发展，在当今市场环境下，人们对供应链的认识越来越深刻，不仅企业界人士更加清楚地认识到供应链管理的重要性，政府部门也对供应链管理关注有加。党的十九大报告中提出要在中高端消费、创新引领、绿色低碳、共享经济、现代供应链、人力资本服务等领域培育新增长点、形成新动能；国务院办公厅也相应印发《国务院办公厅关于积极推进供应链创新与应用的指导意见》。创新发展供应链的新理念、新模式、新技术，高效整合各类资源和要素，提升产业集成和协同水平，打造大数据支撑、网络化共享、智能化协作的智慧供应链体系，已然成为 21 世纪全球竞争的利器。无独有偶，美国政府也成立了一个专门的供应链咨询委员会，在货物运输及物流方面为联邦政府提供指导，帮助美国企业增加出口额。

企业与企业之间的竞争，已转变为供应链与供应链之间的竞争，在新零售的大时代背景下，每家企业的运作都将隶属于某个社会供应链运作的环节。新零售依托于供应链管理。供应链是围绕核心企业，通过对信息流、物流、资金流的控制，从采购原材料开始，到将原材料制成中间产品及最终产品，再到由销售网络把产品送到客户手中为止，将供应商、分销商、零售商、最终客户连成一个整体的功能网链结构。

廖利军敏锐地抓住了新零售与供应链运营中的特质，出版"中国式供应链管理系列"丛书，并以华为、良品铺子、周黑鸭等全渠道电商与供应链运营为主要研究对象，系统地阐述了新零售和供应链管理运营中的问题。这些名企的快速发展，得益于其对供应链管理的长期执着努力，它们未来的成长，也取决于其对供应链的深入掌控和优化。力促整个供应链运营的协同化、客户响应的敏捷化、整体价值的最大化、利益分配的共享化，是新零售标杆企业下一步要重点做的工作，"中国式供应链管理系列"丛书也给出了具有重要参考价值的答案。研究新零售和供应链管理，对我国企业实现"两个转变"，彻底打破"大而全""小而全"的发展模式，实现高质量发展，快步迈向国际市场，提高在国际市场中的生存能力和竞争力，都有着十分重要的理论意义和实际意义。

我是廖利军研究生阶段的导师，他与华为、良品铺子、周黑鸭等知名企业有很长时间的交流，"中国式供应链管理系列"丛书较全面地分析了新零售背景下全球供应链管理的运营和实践，希望读者能从中受益。

华中科技大学管理学院教授、博士生导师
中国物流学会副会长，享受国务院政府特殊津贴

推荐序 2

每个人对新零售和供应链管理的理解不同。

阿里巴巴对新零售的定义是，以互联网为依托，多角色运用大数据、人工智能等先进的技术，强化对客户需求的洞察和连接，共同进行价值创造，从而对品牌、产品供应链、流通与全渠道销售过程进行升级改造，孵化和重塑业态结构与生态圈，并对线上、线下服务体验进行深度融合的零售新模式。

新零售的关键词：客户体验，大数据驱动，人工智能，线上、线下，深度融合。

新零售是以客户体验为中心的大数据驱动的泛零售形态。

中国零售业正在向 4.0 时代转变。具体来说，1.0 时代是线下实体商铺时代；2.0 时代是以 PC 端为主体的电商时代；3.0 时代是基于移动互联网实现产品、服务、营销互联的时代；4.0 时代则是大数据驱动的、以客户为中心的端到端全网全渠道融合的新零售时代。

现阶段，中国消费者对零售的体验是无缝体验。阿里巴巴新零售的布局都是围绕客户全渠道进行的。2014 年以来，阿里巴巴陆续战略性投资银泰商业、苏宁、三江购物、华联超市、盒马鲜生等，都是为了打通线下布局，也让阿里巴巴供应链管理变得更强。在 Gartner 咨询公司 2021 年发布的全球供应链 25 强名单中，阿里巴巴位列全球 10 强。阿里巴巴的数字化供应链是基于 DT 时代的云供应链，支持天猫、淘宝、天猫国际、同城零售、淘宝特价、速卖通、盒马、阿里健康等业务板块的供应链业务，连接了超过 5 万个商家和 6 亿个消费者的需求。阿里巴巴的数字化供应链在全球范围都较为领先。

如何让生意不难做？回归根本——客户需要什么。这就需要重构人、货、场，共创共赢。智能的"人"——智能导购；适合的"货"——品牌偏好+室内动线；优质的"场"——全局优化选址+竞争分析，有组织的营销管理和精准营销。

管理的品质是决策，阿里巴巴下一步将研发系列供应链管理决策支持系统，以便帮助商家进行高效精准的产品企划。所有供应链管理决策都基于数据分析，从渠道、产品、时间等不同维度、不同属性、不同指标，和整个行业比，和竞品比，让商家的决策更优。

人们对理想生活的渴望和追求是生生不息的。更多城市将加入阿里巴巴新零售之城，阿里巴巴新零售和供应链管理将带领大家走进一个全新的世界。

集成供应链管理

我与廖利军先生有过多次接触，他长期跟踪研究新零售与供应链管理，"中国式供应链管理系列"丛书以阿里巴巴及国内外知名新零售与供应链管理企业为案例，剖析深入，观点独特，视野开阔，值得新零售与供应链管理从业者深入研读和借鉴。

肖利华
阿里巴巴集团前副总裁、智行合一创始人兼 CEO

自　序

中美大国博弈及贸易摩擦，让华为和华为供应链管理的竞争力震撼国人。

美国进行了长达 4 年的"国家级"倾力打压，华为依然能够扛过去。1999 年，华为引入供应链管理，是我国首家引入供应链管理的企业，供应链管理体系根植于华为。华为供应链究竟经历了怎样的变革和痛楚？一个世界头号国家的力量，为何都无法让一家中国企业屈服？华为供应链为什么"能"？一连串"问号"让国人对这家神秘的企业和其背后强大的供应链兴趣颇大。

本书是"中国式供应链管理系列"丛书的三部曲之一，在第一部《新零售运营与实践：全渠道电商与物流供应链方法+案例+技巧》和第二部《中国式供应链管理：大国博弈时代的供应链战略与运营》之后，笔者撰写出第三部拙作《集成供应链管理》。本书深刻揭秘华为供应链从战略到执行背后的取胜之道，通过对一家中国供应链标杆企业的实地调研、人员访谈、资料分析、跟踪研究，提炼出 119 个华为供应链管理制胜细节，让国人更好地运用供应链管理这一管理工具，提升企业综合治理能力，为实现中国创新、中国智造、中国标准做出一点贡献和力量。

当前，市面上关于华为的书籍很多，但往往只介绍了文化或者理念等这些相对务虚的内容，没有真正地系统剖析华为运营和操作的细节，读者往往"看着兴奋，却无处下手"。笔者与华为各层级有过深度对接合作，从供应链管理实践者、研究者的角度，深度挖掘华为供应链管理制胜和可复制的细节做法，以飨读者。

供应链管理诞生于日本，发展于美国，并在 2000 年左右成为美国企业通用的经营管理手段。2017 年 10 月，国务院办公厅印发《国务院办公厅关于积极推进供应链创新与应用的指导意见》，这是我国首次将"供应链"这一词语上升到国家战略层面，具有重要的方向标意义。本书以企业内部供应链管理研究为主，通过华为企业供应链管理的实践案例，让更多企业学习和了解鲜活、真实的供应链理论、方法和工具。

本书共分 3 个篇章：华为供应链"为何能"、华为供应链"怎么能"、华为供应链"启示录"。

华为供应链"为何能"篇从华为供应链奇迹、华为高管谈供应链、华为供应链的变迁史、华为供应链及 ISC、华为的 IPD、华为供应链管理的未来 6 个方面进行阐述。

华为供应链"怎么能"篇从华为的供应链管理规划、华为的采购供应链管理、华为的生产供应链管理、华为的销售供应链管理、华为的供应链物流管理、华为的数字化供应链、华为的供应链金融、华为供应链管理的文化支撑 8 个方面进行剖析，详细介绍华为供应链的实践、方法和案例。

华为供应链"启示录"篇通过华为供应链启示、华为供应链的竞品比较、华为供应链的挑战和未来世界的供应链趋势 4 个方面的最新理论和实践，让企业以华为供应链管理的最佳实践指导企业供应链的全过程管理，以便提升核心竞争力。

本书以华为供应链为基础，深入剖析华为供应链的底层逻辑、相关理论和案例实践，力求具有较强的可操作性、应用性和实战性，是一本"做过供应链管理的人写的书"。企业的未来靠供应链，得供应链者得天下，世界已进入全面供应链管理时代。

受限于笔者的知识和时间，书中不足之处在所难免，欢迎广大专家、读者不吝赐教。笔者希望这是一系列让供应链管理从业者喜欢的丛书。

廖利军
2023 年 6 月于武汉东湖

前　言

> "当社会上根本认不出你是华为人的时候，你就是华为人；当这个社会认出你是华为人的时候，你就不是华为人，因为你的修炼还不到家。"
>
> ——任正非

丛林法则，胜者为王。1987年9月15日，华为在中国改革开放的潮头深圳正式成立，至今已有36载。华为从创业之初年销售收入仅500余万元，猛增至2020年的8914亿元，并成为世界500强企业。华为的产品涵盖通信设备、终端设备、人工智能、云服务、大数据等高科技领域，员工增长至近20万人，业务遍布全球170多个国家和地区，在全球通信设备供应商中位列第一，也是全球5G通信的领军者。华为的全球供应商超过万家，核心供应商达百余家，在"断供"的强力打压下，华为毫不屈服，已经从一棵"民营小草"，成长为实业报国的"参天大树"。

很多人都在思考并提出疑问，是怎样的力量推动华为成长为一家国际企业？华为的产品为何能够所向披靡？华为供应链是如何管理和建设的？华为对客户、对项目、对企业的运营体系是如何精准把握的？华为如何居安思危，通过精益管理实现可持续的人均效益增长？华为的供应商管理有何可借鉴之处？华为的IPD和ISC究竟是什么？华为的创始人任正非先生做对了什么？

过往30多年，中国曾经有400余家与通信相关的企业，多数已经"烟消云散"，华为的商史是一部创业史，更是一部波澜壮阔的变革史。

笔者深入研究华为十余年。当前，市面上有关华为的书，多为自传类和讲华为管理方法的书，往往采用"小说式""文学式"讲述方法，笔者试图以"理工科"方式深入剖析和深层次解码其中的原理，冷静解读干货——有哪些环境变化、有哪些创新创造，并从供应链管理的角度实现"横向一厘米，纵向一公里"的深度挖掘，细致剖析华为供应链管理的成功之处。

华为是跻身《财富》世界500强的中国大陆企业中唯一一家海外收入超过国内本土收入的企业，其海外收入占比近70%。华为成功探索出一套与国际接轨的中国式管理体系，实现了国外先进管理体系的中国化。这些先进的国际管理方法在中国得到有效的实践和验证，并具有本土化的特征。

本书从华为供应链"为何能"、华为供应链"怎么能"、华为供应链"启示录"3个篇章，详尽阐述华为供应链管理背后的神秘力量，和广大读者一起进入华为供应链管理的世界，读懂华为如何以供应链管理体系推动企业的螺旋式上升。1997—2005年是华为现代企业制度变革的关键阶段，《华为基本法》的确立，从国外先进企业IBM全面引入**集成产品开发（Integrated Product Development，IPD）**和**集成供应链（Integrated Supply Chain，ISC）管理**，是华为成功解决管理危机的关键。华为获得了国际企业管理的治理体系和治理方法，开始与国际一流企业保持同等精细化的管理水平，获得企业运营发展的"绝杀武器"（也是华为成功的关键保障和支持未来持续成功的核心竞争力）。

华为的领导人一直在试想，有一天自己离开华为，华为能够生命长青，依靠的是华为的企业管理体系（或企业供应链管理体系）。这些管理上的方法论，看似无生命，实则是最富生命力的东西，管理者最终会离开，而企业的管理体系则会代代相传。随着一代代奋斗者的不懈努力，企业管理体系会越来越成熟，每一代管理者都会给企业的管理体系添砖加瓦，生命长青则基业长青。华为供应链管理及相关变革注重质量和效果，如春雨润物细无声，持续消除华为组织惯性，保持企业活力。

在动荡时代，最大的危险不是动荡本身，而是延续过去的逻辑去做事情。恐惧才是变革的最大动力，任正非在文章《华为的冬天》中讲过："十年来我天天思考的都是失败，对成功视而不见，也没有什么荣誉感、自豪感，而是危机感。"随着华为正成为"世界的华为"，任正非加速从西方科学、管理学、哲学等领域汲取养分，形成华为中国式供应链管理的商业文化和管理机制。

"物竞天择，适者生存。"华为注重以内部规则的确定性应对外部竞争的不确定性。企业的供应链就是一条生态链，客户、供应商、合作者和制造商都在这一链条上，加强合作、追求共赢才能活得更久。企业要想获得竞争优势，就要善用供应链管理的理论、方法、工具和模型，提升企业的核心竞争力，未来10年，各行各业都会进入供应链管理的时代，企业发展需要依靠供应链，得供应链者得天下。企业的管理者需要重新认识和定义这个世界，借用供应链管理这一现代管理工具，找到企业发展更合适的方向、方法和方式。华为供应链管理就是供应链管理中国化的成功实践，华为吸收国际优秀的管理模式，结合企业自身的特点并融入中国文化，总结出一套行之有效的企业经营管理的方法。

华为的这套供应链管理方法，正是笔者长期探究的，既适合中国国情，又能提升企业竞争力的中国式供应链管理体系模式的最佳实践之一。华为坚持长期主义，以10年为周期，制订规划，谋划未来。华为学习最有效率的管理方式和行为标准，以及思维方式，让中国实践变成中国式供应链管理的杰出应用。

当前，华为供应链管理呈现 3 个显著的特点——客户导向、流程驱动、协同关系。华为供应链管理的发展经历 4 个 10 年。

第一个 10 年（1987—1996 年），活下来，完成初级供应链管理。

第二个 10 年（1997—2006 年），活得好，实现集成供应链管理。

第三个 10 年（2007—2016 年），活精彩，实现智慧供应链管理。

第四个 10 年（2017—2026 年），活未来，实现数智供应链管理。

本书介绍华为中国式供应链管理的体系方法，以深入解剖麻雀的方式，为读者解析华为供应链管理的设计、采购、生产、销售、服务、数字化、金融等核心领域，从华为供应链管理升级到华为中国式供应链管理。模板化是让员工快速进步的法宝，企业将所有标准工作分解成标准的模板，让员工按模板来做事。新员工看懂、会用模板就可以快速开展工作。模板往往是前人摸索几十年得到的优秀成果，各流程管理部门要引导员工使用"已经优化的，证实可行的"工作方法和工具，实现模板化，将相关模板流程联结起来，推进供应链管理工作。

《华为基本法》解决了企业发展理念的问题；华为供应链管理法的相关管理理论、方法、工具和最佳实践，有效解决了企业"治企管企的制度安排"，只有合作和法制才是企业家精神的精华。要想基业长青，制度建设和文化建设这两条腿缺一不可。

供应链管理专家、供应链竞争理论的创始人马丁·克里斯托弗曾经说过，未来的竞争已经不是组织或者个体之间的竞争，而是一家企业供应链与另外一家企业供应链之间的竞争。实业强，则中国强，华为作为中国式供应链管理的最佳实践企业样板，30 多年来，积极探索实业报国，不断探索产业链、供应链和价值链的提升，为探索供应链强国，实现中华民族的伟大复兴而努力奋斗。

华为认为，"没有退路，就是胜利之路"。企业管理就是回归本质看企业，回归本质看问题，以磐石之心，以供应链持续优化提升企业的核心竞争力。

润物细无声，韧性且成长。

廖利军

2023 年 6 月

目　　录

上篇　华为供应链"为何能"

第1章　华为供应链奇迹　//2

01　供应链的基本概念　//2

02　在美国举国体制的打压下，华为面对供应链风险为何能扛下去　//6

03　支撑华为崛起的两个供应链管理法宝　//8

　　一、法宝一：IPD　//8

　　二、法宝二：ISC　//9

04　华为的 ISC 管理是在什么背景下引入的　//11

05　华为国内外的最大竞争对手是谁　//14

06　华为在全球 ICT 行业拥有怎样的"霸主地位"　//15

　　一、华为在 ICT 行业的营收全球领先　//15

　　二、华为的全球供应链　//16

07　华为企业大事记　//17

第2章　华为高管谈供应链　//23

08　任正非在华为供应链管理中扮演什么角色？企业及供应链的发展史是怎样的　//23

09　在供应链管理方面，华为高管有哪些妙言语录　//27

10　任正非为何发表名篇《华为的冬天》？如何迎来供应链的春天　//28

第3章　华为供应链的变迁史　//31

11　华为供应链管理经历过哪几个阶段　//31

12　华为办公场地的历次变迁　//33

13　华为为何请 IBM 谋划 ISC　//34

14　华为和荣耀为何分家？供应链如何再崛起　//36

15　华为经历了哪 4 次重要转型　//38

　　一、华为的 4 次重要转型　//38

　　二、在转型过程中，华为不回避问题　//38

16　什么是"一杯咖啡，吸收宇宙能量"　//39

第 4 章　华为供应链及 ISC　// 41

- 17　华为供应链 4 个阶段的深入剖析　//41
- 18　华为供应链各阶段的组织架构和定位　//46
  - 一、供应链机构调整　//46
  - 二、各阶段的组织架构和定位　//47
  - 三、华为供应链管理部门的设置及功能　//48
- 19　华为供应链的问题诊断　//50
  - 一、存在的问题　//50
  - 二、诊断的结果　//51
- 20　华为 ISC 的三大变革目标及 7 项变革　//52
  - 一、华为 ISC 的三大变革目标　//52
  - 二、华为 ISC 的 7 项变革　//53
- 21　华为 SCOR 的底层逻辑　//55
  - 一、SCOR 的特点　//55
  - 二、SCOR 的 5 个基本供应链管理流程　//56
- 22　华为的 SCOR——中国式供应链管理最佳实践　//57
  - 一、华为供应链基于 SCOR 的 "3 步走"　//57
  - 二、华为的 SCOR　//58
  - 三、对五大流程的深入解读　//58
  - 四、华为 SCOR 的两项支撑　//60
- 23　华为供应链流程责任人管理是怎么回事　//62
- 24　华为 ISC 究竟带来怎样的变革成果　//63
- 25　华为供应链管理中有哪些特色工具　//64

第 5 章　华为的 IPD　//70

- 26　华为 IPD 的实施背景及面临的问题　//70
  - 一、何为华为 IPD　//70
  - 二、华为 IPD 的实施背景　//71
  - 三、华为 IPD 面临的问题　//71
- 27　华为 IPD 流程的 6 个阶段及任务分析　//72
  - 一、华为 IPD 流程的 6 个阶段　//72
  - 二、华为 IPD 流程 6 个阶段的任务分析　//73
- 28　IPD 的 6 个核心理念　//74
- 29　华为的产品质量经历的 3 个阶段　//76
- 30　华为 IPD 的奥妙　//77

一、华为 IPD 流程体系的力量　//77
　　二、华为 IPD 研发的战略思想　//77
31　华为 IPD 8 个方面的管理工作　//78

第 6 章　华为供应链管理的未来　//82

32　《华为基本法》是如何诞生的？价值如何？与华为供应链有何关系　//82
33　华为与思科多年的竞争对我国经济的发展有何启示　//84
34　华为的全球化战略和全球供应链是怎样的　//87
35　华为终端供应链是什么？如何崛起　//89
36　华为成立新五大军团，意欲何为　//93
37　华为供应链评价指标突出哪些维度和哪些指标　//94
38　华为的轮值 CEO 制度是怎么回事　//96
39　我国的供应链强国路　//97

上篇知识点小结　//100

中篇　华为供应链"怎么能"

第 7 章　华为的供应链管理规划　//103

40　华为供应链管理的 5 个突出　//103
41　华为为何坚持拿出至少 10%的年销售收入用于研发　//104
　　一、华为的全球研发模式　//105
　　二、华为的研发中枢机构　//105
　　三、华为的研发长期投入　//106
　　四、华为创新的 6 项原则　//107
42　何为华为研发供应链的持续性创新　//107
43　从研发供应链角度看，华为如何在全球排兵布阵　//109
　　一、华为的中国区研究所　//109
　　二、华为的海外研发中心　//110
　　三、华为的 2012 实验室　//111
44　华为的 PDT 包括哪些人？如何运作　//111
45　在全球市场上，华为供应链规划的思路与策略　//112
46　华为的计划管理　//114
47　华为 Logo 的演变阐释了什么　//116
48　华为为何要从 B 端走向 C 端　//117
　　一、华为切入终端业务，从 B 端走向 C 端经历的 3 个阶段　//117
　　二、华为的终端业务逆袭，从起步到发展，始终围绕市场需求　//118

49 华为为何推出笔记本电脑 //119

50 华为的无人驾驶和智能汽车做得怎样 //120

51 华为研发供应链中的红军和蓝军是怎么回事 //122

52 华为的"蓝军战略":"要想升官,先到蓝军中去" //123

53 华为为何要进行智慧城市的运营 //124

第8章 华为的采购供应链管理 //127

54 华为的采购管理 //127

55 华为供应商管理的6个方面 //128

    一、华为供应商的分析 //128

    二、华为供应商的评估 //129

    三、华为供应商的审核 //129

    四、华为供应商的选择 //129

    五、华为供应商的绩效管理 //130

    六、华为供应商的风险管理 //131

56 华为采购供应链管理的5重秘密 //131

57 华为的"备胎计划"是怎么回事?在关键时刻如何逆袭 //133

58 华为的采购经历了哪3个时代 //135

59 华为战略采购的详细内容有哪些 //136

    一、战略采购的6个步骤 //137

    二、战略采购的控制管理 //137

    三、战略采购体系的管理 //137

    四、采购总成本的定义 //138

    五、采购流程的"三阶九步法" //139

60 华为采购的降本十法 //139

第9章 华为的生产供应链管理 //144

61 华为的产品供应链体系如何规划 //144

62 华为的生产管理 //145

    一、华为生产管理的"大质量观" //145

    二、华为生产管理的自制和外包 //146

    三、华为生产管理的发展历程 //146

    四、华为生产管理的模仿创新 //148

63 华为生产管理的"热炉法则" //149

64 华为的精益管理 //150

    一、华为精益管理的目标 //150

二、华为精益管理的"四做到" //150

三、华为精益管理的沟通机制 //151

四、华为精益管理的细节管理 //152

65 华为手机供应链如何崛起 //153

一、"三审战略"让华为手机供应链极具竞争力 //153

二、华为手机的崛起 //154

66 华为的会议管理与时间管理有何特点 //157

一、华为的会议管理借鉴《罗伯特议事规则》 //157

二、华为时间管理的"四大法宝" //157

67 华为绩效管理的"活力曲线"和目标管理的"定小目标"是什么 //159

一、华为绩效管理的"活力曲线" //159

二、华为目标管理的"定小目标" //160

68 华为的库存管理和成本控制 //161

一、华为的库存管理 //161

二、华为的成本控制 //162

69 华为的外包供应链管理有何特点 //163

第10章 华为的销售供应链管理 //166

70 华为的销售供应链管理有哪六大策略 //166

71 华为注重在国际展会上展示企业实力,力出一孔从何考量 //169

72 华为如何布局全球九大市场 //171

73 在销售的供应链管理上,华为如何通过S&OP变革抓住营销契机 //172

一、华为引入S&OP变革 //172

二、华为善于把握营销契机 //173

三、华为的海外营销渐成亮点 //173

四、华为的宣传策略 //174

74 华为旗舰店是如何开店和运营的?其加盟机制的特点体现在哪些方面 //174

75 在全球化背景下,华为如何征战全球 //176

76 华为国际化的4道门槛和"4步走"是什么 //179

一、华为国际化的4道门槛 //179

二、华为国际化的"4步走" //180

77 华为的铁三角销售法为何所向披靡 //182

一、铁三角销售法涉及的3个角色 //182

二、铁三角销售法的实践来源 //183

三、铁三角销售法的流程变革 //184

四、铁三角销售法中的角色定位 //184

五、铁三角销售法的薪酬激励　//184

第 11 章　华为的供应链物流管理　//188

　78　华为如何应对"断供"　//188
　79　华为的国内外仓储供应链如何布局　//189
　80　华为的供应链物流服务及管理　//190
　　一、华为的供应链物流服务　//190
　　二、华为的供应链物流管理指标　//191
　　三、华为对物流供应商的商务要求　//191
　81　华为的仓储管理范围　//192
　82　华为的供应链物流的组成及管理目标　//194
　83　华为的供应链物流管理有何原则和特点　//194
　　一、华为的供应链物流管理的 3 个遵循　//194
　　二、华为的供应链物流管理的 7R 原则　//195
　　三、华为的供应链物流管理的关键事件奖惩规则　//195
　84　华为的物流配送服务包括哪 5 项　//196
　85　华为的物流有何新技术和质量管理体系　//197
　　一、华为的物流新技术　//197
　　二、华为的物流质量管理体系　//197

第 12 章　华为的数字化供应链　//199

　86　华为的数字化转型是如何成功的？有哪 5 个阶段　//199
　　一、华为进行数字化转型的原因　//199
　　二、华为进行数字化转型的方法　//199
　　三、华为数智化的 5 个阶段　//200
　87　华为的数字化供应链是怎样的　//201
　　一、华为的数字化供应链的特征　//201
　　二、华为的数字化供应链的 5 个满足　//201
　　三、华为供应链 IT 系统的 5 个端　//202
　　四、华为的数字化供应链重构未来　//203
　88　华为和思科的数字化知识产权的竞争情况怎样　//203
　89　华为的鸿蒙操作系统为何建和怎么建　//204
　90　华为的数字化转型体系是如何搭建的　//206
　　一、华为的流程数字化管理的 3 个层级　//206
　　二、华为的数字化转型面临的四大困局　//206
　　三、华为的数字化转型的两大目标　//207

　　　　四、华为的数字化转型的5个步骤 //207

　　　　五、华为的数字化转型的建设框架 //208

　　　　六、华为的数字化转型的建设成果 //208

　　91　如何理解华为的"新四大世界"象限理论 //209

第13章　华为的供应链金融 //211

　　92　华为有供应链金融吗？IFS变革是怎么回事 //211

　　　　一、华为的金融创新和银行合作 //211

　　　　二、华为的IFS变革 //211

　　93　华为不上市、全员持股、特殊财务政策背后的金融考量 //215

　　　　一、华为不上市，避免上市造富的负面效应 //215

　　　　二、华为全员持股，以奋斗者为本进行长久激励 //215

　　　　三、华为的特殊财务政策支持企业未来的发展 //217

第14章　华为供应链管理的文化支撑 //219

　　94　华为的企业文化是什么 //219

　　95　华为的供应链人才战略 //220

　　　　一、华为供应链人才的"管理三感" //220

　　　　二、华为供应链人才的"干部四力" //221

　　　　三、华为用人的正副职要求 //222

　　　　四、华为供应链管理人才的4个逻辑 //222

　　96　华为的员工为何那么拼命 //223

　　　　一、薪酬激励 //223

　　　　二、提拔激励 //224

　　　　三、荣誉激励 //225

　　　　四、末位淘汰 //225

　　97　华为的员工职级设计和薪酬设定 //226

　　　　一、员工职级设计 //226

　　　　二、薪酬设定 //226

　　98　华为供应链的"深淘滩，低作堰"理念是怎么回事 //227

　　99　华为的供应链人才策略及员工管理是怎样的 //228

　　　　一、华为的供应链人才策略 //228

　　　　二、华为的员工管理 //229

　　100　华为的"蓝血十杰"是怎么回事？有何供应链管理价值 //230

　　　　一、"蓝血十杰"的源起 //230

　　　　二、"蓝血十杰"的供应链管理价值 //231

101　华为在供应链管理上使用"鸡毛掸子"，提倡自我批判而不是批判　//231

102　华为的供应链管理培训体系是怎样的　//232

　　一、华为供应链管理培训的"三要"　//233

　　二、华为供应链管理培训的3种类型　//233

　　三、华为员工的交流平台　//233

103　华为为何创办华为大学？它在企业人才供应链中起到什么作用　//234

中篇知识点小结　//235

下篇　华为供应链"启示录"

第15章　华为供应链启示　//239

104　华为的熵减管理是怎么回事？华为供应链管理为何坚持这一原则　//239

105　一般企业从华为学什么　//240

　　一、华为成功的底层逻辑　//241

　　二、华为的八大榜样　//241

106　华为供应链还要提升什么　//243

　　一、华为学习的5个对象　//243

　　二、华为与4类对象的合作　//244

107　华为供应链与全球的优秀供应链相比，绩效如何　//245

　　一、华为供应链的思考　//245

　　二、华为供应链对标分析　//245

108　华为供应链带来什么启迪　//246

　　一、华为成功的主脉络：供应链　//247

　　二、"后任正非时代"：供应链制度治企　//247

　　三、核心竞争力打造：研发供应链创新　//247

第16章　华为供应链的竞品比较　//249

109　华为供应链与国内其他知名企业供应链的比较　//249

　　一、与通信企业（中兴）的比较　//249

　　二、与制造企业（联想、小米）的比较　//249

110　华为供应链与国际知名企业供应链的比较　//250

　　一、与国际通信巨头供应链的比较　//250

　　二、与国际科技巨头供应链的比较　//251

111　华为和苹果供应链12大指标的差距　//252

112　华为如何做好供应链风险管控　//253

113　华为产品名称的灵感来源　//254

114　华为手机的命名规则　//254

第17章　华为供应链的挑战　//256

115　华为供应链管理的挑战　//256
　　一、如何降低产品成本　//256
　　二、如何运用中国式管理提升竞争力　//256

116　华为为何推出企业供应链的灰度哲学　//257

117　华为供应链面临的内部六大挑战　//258

118　华为的离职人员怎么看华为　//260

第18章　未来世界的供应链趋势　//263

119　由你书写　//263

下篇知识点小结　//265

感言　//266

上 篇
华为供应链"为何能"

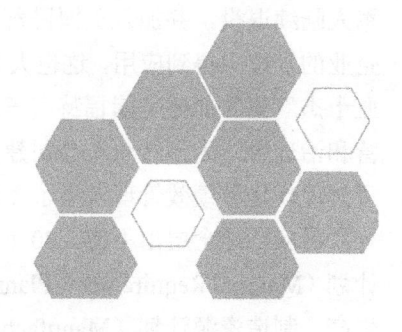

第1章

华为供应链奇迹

什么是供应链管理？是物流吗？

随着经济的全球化发展，以及我国经济规模跃居全球第二位，很多企业开始寻找一个探寻企业认知变化的锚。这个锚可以促进企业的可持续发展，推进内外部资源的合理分配，让企业供应商的上下游实现集成和协同发展，而供应链管理正是这样一个十分有效的锚。越来越多的人已经认识到，企业的成功离不开卓越的供应链管理，供应链部门的最高负责人在企业的地位也日益提升，越来越多的企业供应链负责人进入企业的董事会或者领导班子。供应链管理在企业的重要性也变得越来越大，供应链管理在企业管理的地位已被提到一个崭新的高度。

01 供应链的基本概念

供应链源于第二次世界大战。这要从第二次世界大战时期的美军后勤管理和物流讲起，第二次世界大战打的其实是"后勤战""供应链战"。在第二次世界大战期间，美军在巅峰时人数达到 1200 万，仅后勤保障部队人数就高达 300 万。其中，美国的空军后勤队伍中就有后来被尊称为"蓝血十杰"的代表人员，这些人员将运筹学的知识应用于军事后勤保障，既节省了军费开支，又突破了补给瓶颈，实现了后勤补给的可预测、可计算。第二次世界大战以后，美军中从事后勤管理的相关精英军人陆续退役，并加入美国民营企业，美军在后勤上的这些管理方法，在美国民营企业的管理中得到应用，这也大大促进了物流和供应链管理的研究和应用工作。"蓝血十杰"整体加盟美国福特汽车公司，将数字建模和运筹学的知识运用到企业的经营和治理中，为福特汽车公司建立了强大且专业的财务管理体系，并为福特汽车公司的现代化和绩效管理做出了杰出的贡献。

供应链理念层出不穷。20 世纪 60 年代中期，企业管理领域陆续出现物料需求计划（Material Requirements Planning，MRP）、精益生产、准时制（Just in Time，JIT）生产、制造资源计划（Manufacturing Resources Planning，MRPⅡ）等新概念及新生产方式，极大地推动了全面质量管理（Total Quality Management，TQM）工作，日本企业正是受益于这些新的企业管理理念和方法，才使得其效益和市场竞争力不断增强。

供应链管理时代来临。进入20世纪90年代，原有管理思想不能完全适应新的竞争需求，MRPⅡ和JIT等生产管理方式只考虑了企业内部资源的利用，供应链管理理念的出现促进了企业资源计划（Enterprise Resources Planning，ERP）的发展。企业信息管理系统开始进入ERP时代，而ERP就着眼于供应链管理，在MRPⅡ的基础上，增加了运输管理、电子商务、市场信息分析、项目管理，以及电子数据交换（Electronic Data Interchange，EDI）等专项功能，实现对企业整体供应链的有效针对性管理，将供应商、客户、制造商、协作厂商甚至竞争对手均纳入企业的资源管理范畴中，让企业的业务流程更为紧密。进入21世纪，消费者需求更加多样化、定制化、个性化，企业的竞争也更为激烈。供应链管理已成为企业资源集成的桥梁，既要在内部实现业务流程重组，又要拓展外部电商业务，这就需要企业建立新型合作伙伴关系，提高企业的供应链柔性，实现供应链伙伴的利益共享。德国工业4.0计划推出以后，供应链和智能制造、智慧物流等共同推动供应链向智慧供应链不断升级。

ISC是由供应商、制造商、物流商、零售商和消费者构成的集成网络。供应链管理包括计划、采购、制造、交付，以及物流和退货等，覆盖了实物流、资金流和信息流。

实物流是指物资和产品的流通过程，也是接收、处理和配送货物的流程。此流程由供应商发起，物资和产品经由制造商、物流商和零售商，最后到达消费者处。物资和产品在供应链上经过加工、包装和运输可实现增值。

信息流是指物资和产品交易信息的流程，是供应商和消费者的双向流动，通过计划管理来掌握进度和降低风险。计划是供应链管理的核心内容之一，也是中枢环节，包括市场、销售与运作、生产、物料控制、配送与运输计划等。

资金流是指货币的流通过程。企业一定要及时回收资金，建立完善的经营保障体系。资金流是由消费者发起，从零售商、物流商、制造商，最终流向供应商的全过程。供应链管理通过对三流（实物流、资金流和信息流）的集成，形成更高效的生产、运营和完美交付。

加快企业供应链能力的建设、流程再造和转型升级，让企业内外部资源得到更好的优化和配置，达到最优状态，成为各企业的期盼之事。供应链的应用范围逐步扩大，从原来的工业制造领域拓展到零售业、建筑业和服务业等领域，这也是企业转型升级和压力倒逼的结果。由于企业所处的行业不同、规模不同、场景不同，其供应链的形式、作用和地位也存在很大的差异。

从规模来看，较少有中小型企业设立供应链部门，主要原因是中小型企业的供应链功能不够完善，它们一般会以采购和物流部门来代替供应链部门。但是越来越多的大型企业开始将供应链部门作为企业的一个职能部门，并设立企业供应链负责人［通常由集团供应链副总裁和首席供应官（Chief Supply Chain Official，CSCO）来担任］。

从业务场景来看，企业供应链分为广义的供应链和狭义的供应链。通常，狭义的供应链就是企业内部的供应链管理，由设计、采购、生产、销售、服务、数字化、金融组成；广义的供应链则是指 SCOR（Supply Chain Operations Reference，供应链运作参考模型）定义下的企业供应链内外部全场景业务。

供应链与产业链的关系如图 1.1 所示，从单一工厂、供应链、产业链到产业网络，呈依次递增发展状态。

供应链与产业链

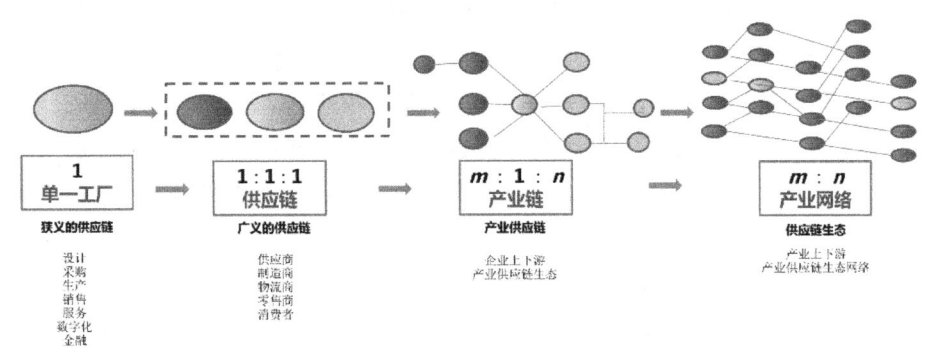

图 1.1 供应链与产业链的关系

从行业比较来看，制造业供应链和零售业供应链有所区别：制造业供应链以计划环节为中心；零售业供应链以物流配送为中心，以物流网络规划和优化为重点，更侧重于分销环节的供应链协同。

华为供应链经过 30 多年的发展，确立了供应链（狭义）、采购和制造三大基本业务。根据业务属性，可将华为供应链分为泛网络供应链和终端供应链两个部分，泛网络供应链业务伴随华为的成长始终作为一个职能系统独立存在。2015 年，华为再次启动升级版 ISC 变革，运营商业务变革称为 ISC+变革，终端业务变革称为 CISC 变革。

ISC 变革从 SCOR 出发，建立起华为的整套模式、方法和工具。华为将 SCOR 应用于各事业群，分解出流程体系和相应的 KPI（Key Performance Indicator，关键绩效指标）管理体系，以业务驱动管理变革。

供应链是以客户需求为导向，以提高质量和效率为目标，以整合资源为手段，实现产品设计、采购、生产、销售、服务等全过程高效协同的组织形态。这是《国务院办公厅关于积极推进供应链创新与应用的指导意见》中对供应链一词的定义。供应链涵盖了从客户订单接收到最终交付客户的全过程。

供应链管理（Supply Chain Management，SCM）就是管理企业供应链资源的各种活动和过程。供应链管理需要做好客户需求管理、计划需求管理、采购供应管理、产品研发管理、生产运营管理、仓储物流管理等内容。

华为供应链管理就是以华为作为供应链的核心企业，从供应商、制造商、物流商、零售商，一直到最终的消费者，对企业供应链资源的高效协同和集成管理的增值活动。有效的供应链管理可以帮企业降低成本，提高盈利能力，保持市场和技术领先，获得竞争优势。

2000年前后，IBM首次任命其供应链负责人为CSCO，和首席财务官（Chief Financial Officer，CFO）、首席技术官（Chief Technology Officer，CTO）等一起成为企业经营发展的重要管理者。供应链构建是战略性工作，供应链管理者要成为优化全球网络的战略家、合作者和协调人。

不论是行政副总裁还是CSCO，企业授予供应链管理者的权力和责任将越来越大，并影响企业的运营决策。

华为CSCO分管供应链、采购和制造3个领域，并协同华为供应链相关部门，为企业的健康运作及快速发展打造平台。其中，供应链物流是整体供应链的一部分，是采购、生产、物流三大核心管理内容之一，也是设计、采购、生产、销售、服务（物流）、数字化、金融七大主要元素之一。华为的组织架构如图1.2所示。

图1.2 华为的组织架构

02 在美国举国体制的打压下,华为面对供应链风险为何能扛下去

华为的名称来源于"心系中华,有所作为"的标语。

1987年,任正非创立华为。当时国际通信巨头占领了中国大多数通信设备市场,在中国改革开放的大时代背景下,几位华为的创始人看到墙上"心系中华,有所作为"的标语,于是取公司名称为"华为",这体现了其爱国情怀。如今,华为将其理念简化为"中华有为",让华为的企业命运与国家的发展息息相关。

华为定位于全球领先的信息与通信技术(Information and Communications Technology,ICT)解决方案供应商。华为一直在筹备可能会打的技术持久战。华为认为若没有科学技术上的基础研究,则产品和产业迟早会被架空。果然,2019年5月,美国以国家安全为由,将华为列入所谓的"实体清单",这意味着没有美国的许可,华为将无法从美国企业购买芯片等高科技产品,这对华为相关业务板块形成巨大冲击,国际供应链面临断链困境。

华为是如何应对供应链风险的?华为如何保持供应链的可持续运营?企业业绩如何持续有效增长?华为供应链的"系统科学""面向客户""激励奋斗""创新协同""文化支撑",是其应对供应链风险的五大基础。

一是供应链"系统科学"的华为。华为建立了全套企业系统科学运营的机制,核心包括引入IPD和ISC,这让华为与国际一流企业在运营管理上保持同等的水平。其中,华为全球近20万名员工中研发人员约有10.5万人,占比高达52.5%。过去10年,华为的总研发费用投入超过7500亿元,在国际上处于领先位置。在美方开始打压华为后,华为全面启动供应链风险应对机制,提前备货(储备重要备件,如芯片等),创新研发自有产品供应链(如海思芯片等),开拓华为新增市场(如成立新五大军团),断臂自救某些产品供应链(如出售荣耀手机产业)等,系统性的风险应对让华为在重大困难面前沉着突围。

二是供应链"面向客户"的华为。华为供应链管理以客户为中心是深入"骨髓"的。为客户服务是华为存在的唯一理由。面向客户是基础,面向未来则是方向,华为一切为了客户,既是价值导向,又是市场导向。华为能够不断挖掘客户的真实需求并加以满足,从而使企业获得可持续发展。华为供应链管理从以产品为中心升级为以客户为中心、以业务投资为导向,实现职业化发展和端到端的流程化发展。产品是否有价值取决于目标消费群体是谁,或者产品是否瞄准某个准确的消费群体或消费群体的某种需求,只有精准定位于某一消费群体的某种需求,产品才会有真正的价值。除了为客户服务,华为没有任何存在的理由。2020年,华为在美国举国体制的打压下依然取得8914亿元的年销售收入,创历史新高。华为是全球将To B、

To b、To C 这 3 种销售模式跑通的企业之一，并且采用的是同一种人力模式和供应链管理模式。

三是供应链"激励奋斗"的华为。华为的管理之道可以概括为"以客户为中心，以奋斗者为本"。以客户为中心解决了价值获取问题，以奋斗者为本解决了价值评价和分配问题。华为的成功更取决于"能力+意愿"，其核心就是将员工的工作热情激发出来，使员工觉得让企业发展是自己分内的事。任正非从20世纪90年代就开始推行员工激励机制，建立内部虚拟股权制度，并演变成时间单元计划激励机制，包括战胜对手的重大项目奖励机制、破格晋升提名制等机制。这些个人奖励和晋升方法有效实现了"经济刺激+个人成长+荣誉赋能"的管理目的，也是华为战胜各类对手的核心原因之一。

四是供应链"创新协同"的华为。所谓"财散人聚"，华为让员工走上共同富裕的道路，使企业拥有超强的凝聚力。即使企业的发展遭遇各类坎坷，员工也相互协同、抱团，使企业走出沼泽、走过黑暗，迈向更加光明的未来。任正非领导华为走过30多年，实行内部员工持股制度，其本人所持股份经过不断稀释，已仅剩1%左右。企业老板在未上市企业中的股份占比如此之低，这在全球企业中恐怕也难以找出第二家。

五是供应链"文化支撑"的华为。华为是一家充满思想力的企业，在华为，增长是第一位的，企业文化支撑华为和华为供应链持续发展。2018年，华为的年销售收入突破7200亿元。在由全球最大咨询机构Interbrand（英特品牌）揭晓的"2018全球最佳品牌榜单"上，华为是中国唯一上榜的企业，位列全球第68。《华为基本法》就是华为文化的宣言，也是华为人的行动指南，以文化引领，让华为和华为供应链可持续发展，让华为品牌基业长青。

在华为供应链鼎力支撑的五大基础因素中，"系统科学"是基础，"激励奋斗"是保障，"创新协同"是核心，"面向客户"是前提，"文化支撑"是根源。

在"断供"危机下，华为供应链迎来发展机遇，获得国人的重新审视和华为的重度投入。在短期应对策略方面，华为采取三大应急措施，包括提前备货、供应链国产化、加大研发投入等，极力保障华为供应链通畅运营。

一是华为提前备货。华为针对此次风险，提前做出应急预案，在"断供"前一年就开始对核心备件进行大量备货，如核心芯片、元器件备件等，能够满足华为半年甚至两年的需求。

二是华为加速供应链国产化。在外部压力下，华为加速核心备件的国产化进程，提升国产化元器件的比例，建立更加安全的供应链产品保障体系。目前，华为在光学、显示和精密制造等方面均已基本实现供应链的国产化，如CMOS图像传感器、潜望式摄像模组、棱镜、TOF供应链、指纹识别、指纹模组、摄像头支架、NFC/天线/无线充电等；在半导体方面，华为旗下的海思公司这一"备胎"全面转正，将部分进口芯片以国内产品代替。然而，存储、射频和模拟IC等核心部件依然需要进口，供应链国产化的道路任重道远，这为国内企业的转型发展带来重大机遇。

三是华为持续加大研发投入。近几年，华为的研发投入比例更高、金额更大，研发力度前所未有。华为在核心部件和产业链供应链上的"补链""强链""扩链"工作越来越扎实。

什么是企业的供应链？其本质上就是生态链，它将企业的客户、供应商、制造商和友商连接在一个链条上，强化合作，关注客户利益，实现多赢。野心是永恒的"特效药"，是创造所有奇迹的萌发点。野心有多大，未来的世界就有多宽广。华为的真正野心，就是成为万物互联的连接者。

本书的重点就是剖析华为成功的基础和底座：华为供应链。

03 支撑华为崛起的两个供应链管理法宝

华为的成功源于居安思危，以客户为中心，而不是以技术为中心。1998年，国际巨头IBM的年销售收入为900亿美元，当时华为的年销售收入为89亿元人民币。当时，任正非提出向IBM学习，21年之后，在2019年《财富》世界500强榜单发布时，华为位列第61，IBM位列第114，"徒弟超过师父"，青出于蓝而胜于蓝。

支撑华为真正崛起的是与国际接轨，以及华为中国式供应链管理的理念、体系、方法、工具的使用，其核心是两个供应链管理法宝：IPD和ISC。IPD和ISC是华为斥资超过20亿元，聘请200多位IBM的管理专家，历时4年多，将IBM的成功经验结合华为所处行业的特点，为华为量身定制出的企业流程和管理方法。这也是华为最具价值的管理内容。

一、法宝一：IPD

IPD是保障华为技术优势的核心流程，华为对IPD的定义是基于市场和客户需求驱动的产品研发流程体系。IPD流程的核心强调来自市场、经贸、研发、采购、制造、服务等方面的相关人员组成跨部门协作团队，共同管理产品的整个研发过程，即产品从市场调研、需求分析、立项预研、系统设计、研发、中间实验、生产制造、销售、安装、服务培训到信息反馈的全流程和全生命周期的产品研发管理。每个项目和产品线管理者都对供应链需求和供应链效益负责，避免了原来研发部门只追求技术却对产品市场认知不足的现象，也避免了市场部门只关注销售却不顾产品供应链未来战略的短视现象，及时将市场信息反馈给研发部门，更好、更快地满足供应链需求。

IPD 实现了机会到商业的有效变现，使企业在产品研发过程中更加关注客户的真实需求，提升了对企业市场的反应速度，缩短了相关产品的研发周期，减少了报废项目和降低了研发成本，提高了新研发产品的稳定性、可服务性和可生产性。

华为的核心产品 C&C08 数字程控交换机帮助华为实现百亿元产值，后期研发的软交换、接入网、NGN、GSM、GPRS、3G、CDMA 等产品均受益于 IPD 流程的固化和推广。华为各 IPD 项目组的骨干也陆续被提拔为华为的中高层人员。华为十分注重研发供应链建设，如 1998 年推出的 SDH/DWDM 产品线让华为成为亚太地区最大的光网络产品供应商。在该产品线推出前，项目组长黄耀旭是华为数千名研发工程师中的一员；在该产品推出后，他立即被提升为高级副总裁，可见华为用人不拘一格，看重业绩和能力。这种情况在华为很常见，智能网项目组长张来发在中国移动"神州行"项目和泰国电信 WIN 项目成功运作后也被提拔为高级副总裁；无线产品 ETS-450 奠定了华为今天的无线产品龙头地位，项目组长陈朝晖也被任命为高级副总裁和产品线总裁。

华为于 1998 年引入 IPD，当时的年销售收入为 89 亿元，至 2019 年推出 IPD10.0 版本时，年销售收入达到 8588 亿元，可以说 IPD 研发对华为的业绩提升功不可没。随着 IPD 管理的逐年升级，IPD 现已成为华为产品供应链打造的"核武器"，使华为的新产品研发更有效率、速度更快，也为华为后面吸纳国际优秀管理方法并实现中国化的变革提供了信心和决心。

华为管理者普遍认可 IPD 变革是华为发展历史上的一个里程碑性质的变革项目，也是华为提升产品研发供应链效率的重要项目。

二、法宝二：ISC

ISC 是决定华为竞争力的关键流程，对华为的改造更加彻底。IBM 的管理专家经过调研和论证认为华为的核心竞争力是技术研发供应链和销售供应链，即研发+销售，并认为应把这两个核心竞争力进一步加强，其他非核心内容可以外包。

在流程再造的过程中，华为按照 IBM 管理专家的建议，将生产部门、计划部门、采购部门、发货部门、仓储部门、物流部门合并，组成新的供应链管理部门，由华为的高级副总裁直接管理。供应链管理部门负责将华为的生产、发货、物流、包装及库存管理等环节通过招标外包给其他企业，而供应链管理部门则变为计划、认证和管理部门。这样一来，华为通过发挥专业优势，降低了成本、提升了华为供应链的竞争力；通过供应链管理实现降低成本、减少库存，提高供货质量、资金周转率、供货速度和工程质量的目的。

目前，华为已实现零库存和一周交货的超强反应能力。华为在 1998 年完成了 ISO 9000 流程认证。在 IBM 的管理专家进驻华为之前，华为已经开展了一系列流程变革，让企业的运营更加流程化、规范化和国际化。ISC 项目要求将企业运作的每个环节都作为供应链管理中的一部分，对企业内部、外部合作伙伴都需要进行有效管理，提高企业整体供应链的运作效率和经济效益。

从 2000 年以后，华为开始逐步将生产部门、培训部门，以及工程安装、维护、调试、软件研发等众多环节外包出去，从而达到节省成本、减少库存的目的，以便集中力量在技术研发和市场拓展上。当前，华为约有 48%的员工在从事技术研发工作，以便保证华为的技术领先；有 38%的员工从事国内外销售及服务工作，以便保证华为的市场竞争力。从事这两项工作的人数合计占到华为总人数的 86%，社会上传闻华为由"设计院+营销团队"组成，也是基于此原因。

在深圳，已有上百家企业成为华为的分包商或者供应商，为华为提供外包服务，成为华为核心竞争力的重要部分。这正印证了"企业之间的竞争是企业供应链之间的竞争"这句话，只有建立、发展、维护和管理好属于本企业具有竞争力的供应链，才能让企业真正立于不败之地。另外，华为供应链国产化也是华为抢占国际市场的有力武器，华为产品在国际市场上长驱直入、所向披靡。所以，ISO 9000、IPD、ISC 等供应链管理流程的优化，以及华为企业文化和组织架构的升级落地，保证和推动了华为的快速成长。

华为供应链流程管理可以有效防止企业内"山头"的产生，企业的战斗力来自流程和体系，而非个体，这些流程的创立却要靠华为的能人来推行。

本书主要介绍与供应链管理相关的 IPD、ISC、华为供应链管理各环节的核心知识等内容。为保证重大变革的顺利实施，华为设立了变革指导委员会、变革项目管理办公室及变革项目组 3 个层级的变革组织机构。华为的每项变革形成的新制度、新组织惯例，最终都会通过 IT 系统落地执行。华为的历次重大管理变革包括《华为基本法》、IPD、ISC、IFS（Inergrated Financial Services，集成财经服务）、轮值 CEO（Chief Executive Officer，首席执行官）制度等，如图 1.3 所示。

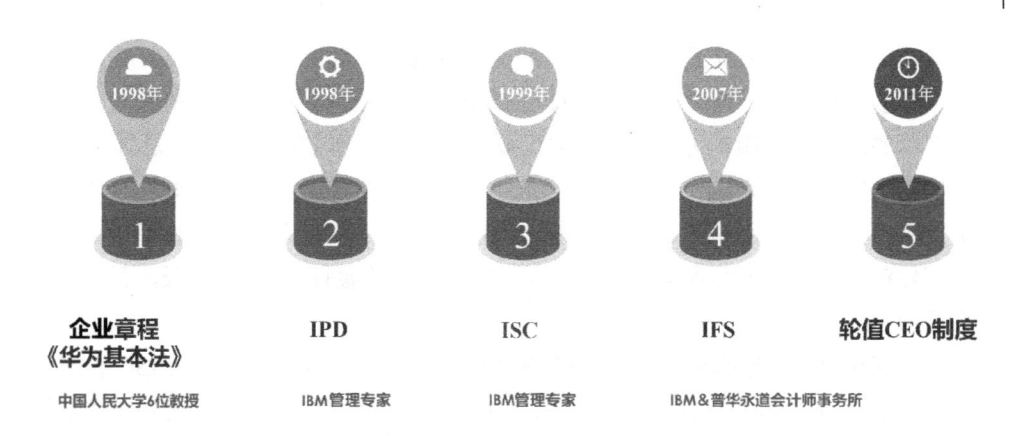

1	2	3	4	5
1998年	1998年	1999年	2007年	2011年
企业章程《华为基本法》	IPD	ISC	IFS	轮值CEO制度
中国人民大学6位教授	IBM管理专家	IBM管理专家	IBM&普华永道会计师事务所	

图 1.3 华为的历次重大管理变革

04 华为的 ISC 管理是在什么背景下引入的

治企，任正非讲究用文火，和风细雨式地加以改良，避免暴风骤雨式的改革引起剧变。

华为自成立以来 30 多年都没有停止变革，但不是激进主义，而是改良主义，不等到事情问题成堆时，才去力挽狂澜式地进行变革，不搞大起大落。任正非崇尚通过系统的价值观统领团队，通过系统的制度治企、管企。在管理改进过程中，华为强调改进企业中最短板的那一块，建立以流程和时效为主导的管理体系，既重视研发、营销，又重视理货系统、出纳系统、中央收发系统和订单系统等系统。华为尝试建立更加均衡的企业价值体系，强调提升企业的整体核心竞争力——ISC 管理能力。ISC 变革的实现流程如下。

一是问题发现。在华为进行 ISC 变革前，企业内部已感受到企业供应链在支撑企业业务拓展上越来越困难，企业及时齐套发货率已低至 20%~30%，而且存货周转率也仅为一年两次。采购和计划环节矛盾重重，计划质量不高，采购方式单一，不能满足企业需求。这会导致大量订单发生更改，很多订单交付不及时，经常出现发错货现象，甚至有一段时间还无奈地成立华为"发正确的货小组"，由一位副总裁担任组长，开展企业内部流程优化，研发一系列 IT 工具，建立相关管理制度。然而，这些都仅仅只是浅层次的变革，并未涉及业务模式和流程的系统变革。

二是问题诊断。1999 年，华为的高层管理者组成变革指导委员会，由制造、采购、计划和市场等部门的负责人担任各小组组长或副组长，并邀请 IBM 的全球供应链专家一起全面开启华为 ISC 变革项目。变革指导委员会通过访谈和调查，深入挖掘华为供应链存在的问题，并总结和提炼为 78 个问题，归结在流程、IT 系统和组织这 3 个领域。例如，在流程方面，生产和交付的能力不匹配、供应产品的质量难以保障、信息不对称影响按时交付；在 IT 系统方面，各信息系统形成数据孤岛，难以跟踪订单的进展；在组织方面，部门之间缺乏沟通、合作效率低下等。总体结论：目前华为供应链的管理水平与国际先进企业相比，存在较大差距，如华为的订单及时交货率仅为 50%，而国际电信设备制造商的均值为 94%以上；华为的库存周转率为 3.6 次/年，而国际平均水平为 9.4 次/年；华为的订单履行周期为 25 天，而国际平均水平为 10 天。

三是变革目标。变革指导委员会和 IBM 的管理专家共同设计了华为 ISC 管理模型，并设定了 3 个核心目标：① 建立以客户为中心的华为 ISC；② 建立成本最低的华为 ISC；③ 提高华为供应链的灵活性和快速反应能力。华为最终确定从流程、IT 系统和组织 3 个方面进行系统变革。

什么是好的供应链？华为认为好的供应链应该包括 4 个方面：质量好、速度快、成本低、CSR（Corporate Social Responsibility，企业社会责任）/供应连续性好，这也形成华为的核心竞争力，保障客户满意、企业盈利，其模型如图 1.4 所示。

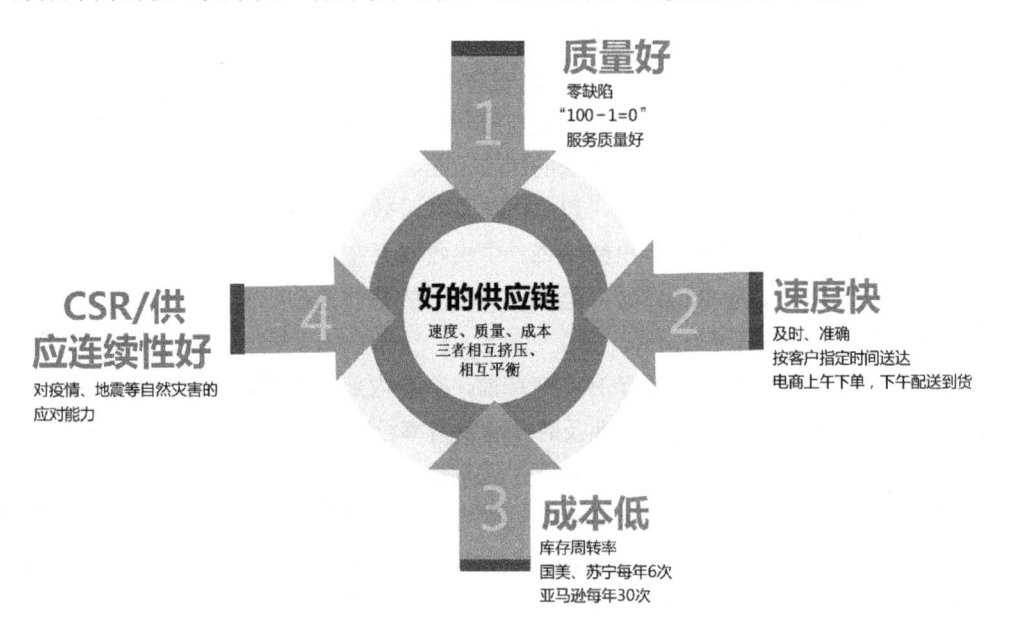

图 1.4 华为好的供应链模型

四是变革历程。通过诊断问题及建立变革目标，华为提出了一系列 ISC 变革方法：在流程方面，从业务流程切入，通过业务来驱动变革；在组织变革方面，破除变革的阻力；在 IT 系统方面，以预测和计划作为龙头，带动其他环节的变革行为；

在变革范围方面，从国内开始，逐步扩展到海外，由内向外，分批进行变革。

华为 ISC 先后经历了 ISC 变革前、ISC 建设期、全球供应链（Global Supply Chain，GSC）建设和多产业供应链等时期，让华为供应链管理能力不断提升。华为 ISC 的历程如图 1.5 所示。

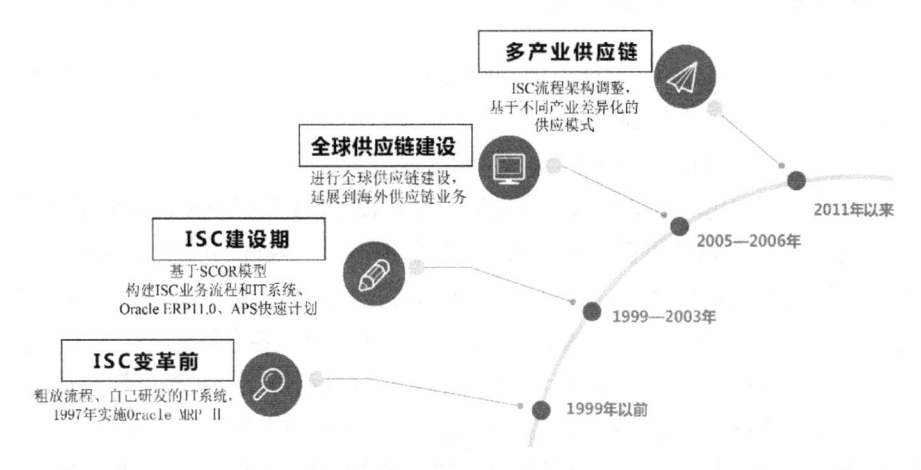

多产业供应链
ISC流程架构调整，基于不同产业差异化的供应模式
2011年以来

全球供应链建设
进行全球供应链建设，延展到海外供应链业务
2005—2006年

ISC建设期
基于SCOR模型构建ISC业务流程和IT系统、Oracle ERP11.0、APS快速计划
1999—2003年

ISC变革前
粗放流程、自己研发的IT系统，1997年实施Oracle MRP Ⅱ
1999年以前

图 1.5　华为 ISC 的历程

五是变革成效。通过 ISC 变革，华为的订单运作周期、生产方式、生产计划、柔性生产和及时交付率等关键供应链指标均发生了巨大变化，企业供应链管理能力得到极大提升。可以说，华为 ISC 有效地支撑了华为年销售收入的增长——从 2000 年的 220 亿元增长至 2020 年的 8914 亿元。

在华为供应链的全环节、全流程、全渠道、系统化的发展上，如在设计（规划）、采购（供应）、生产（运营）、销售（新零售）、服务（交付）、数字化（信息流）、金融（资金流）上，不断增强企业的核心竞争力，从容面对更加复杂的国际竞争。华为供应链管理起到关键核心的"管理基座"作用，也是华为的任正非时代留给后人的"治企宝典"和"管理遗产"，同时为中国企业勇敢地走向国际"打开一扇门"。

华为 ISC 变革前后的对比如表 1.1 所示。

表 1.1　华为 ISC 变革前后的对比

事项	ISC 变革前	ISC 变革后
订单运作周期	2 个月	2 周
生产方式	按预测生产	按订单生产
生产计划	一个月做一次	一天做一次
柔性生产	一天	一个小时
及时交付率	20%	2003 年以后达到 60%

有些企业在技术方面看似并不比华为差，却为何没有真正地发展起来或者基业长青，就是因为管理差距，"产品可以买到，但企业管理是买不来的"。

05 华为国内外的最大竞争对手是谁

"人感知到自己的渺小，行为才开始伟大。"华为在发展的不同阶段，碰到不同的竞争对手，在竞争中笑到了最后。

第一阶段：国内市场——"巨大中华"。

20世纪90年代，我国的邮电业发展迅猛，仅1993年行业投资总额就超过400亿元，其中50%为设备投资。20世纪80年代中后期，我国的邮电业逐渐从程控交换机时代进入模拟转数字时代，国内企业能够推出数字程控交换机的企业只有4家，也称"巨大中华"，即巨龙、大唐、中兴、华为。4家企业各有特点，巨龙于1991年率先推出万门程控交换机，打破了国外企业对大容量程控交换机的垄断，此时中兴和华为只达到2000门机的水平，巨龙于是快速打下程控交换机的半壁江山。然而，后期由于企业股东利益之争，巨龙遭遇了缺乏升级换代产品技术的危机，产生企业内部体制僵化、经营权和所有权割裂等问题，最终退出历史舞台。大唐由于起步较晚，在规模上与其他3家企业存在差距，导致产品交付能力不足，逐渐被市场边缘化。最终，华为最强有力的竞争对手是中兴。

第二阶段：国内双雄——"中兴华为"。

1985年，时年40多岁的侯为贵来到深圳，以生产电子表和电子琴起家赚到第一桶金，之后成立维先通，次年成立研发小组，主攻交换机，并研发出国内首台拥有自主知识产权的数字程控交换机。1993年，国有企业691厂和深圳广宇工业集团，以及侯为贵等33名自然人，创建中兴（其中国有资本的股权占比为51%，民营企业维先通的股权占比为49%），并在国内首创"国有控股，授权民营经营"的混合经营的新模式，这次产权优化改革，为中兴带来了巨大的活力，也使中兴成为华为最重要的竞争对手。从1996年以后，华为和中兴针锋相对，博弈至今。1996年，中兴和华为都向产品结构全面化发展，交换、传输、视讯、接入、电源、移动和光通信等产品实现多元化的拓展，形成了华为"强销售"、中兴"打低价"的市场格局。那几年两家企业发展得都很快，1998—2000年，中兴的年销售收入从41亿元跃增至102亿元，华为的年销售收入也从89亿元跃增至220亿元，占据领先地位。由于在中国联通CDMA项目上中兴崛起，2003年双方的年销售收入差距缩小（中兴的年销售收入为251亿元，华为的年销售收入为317亿元），但是到了2018年，华为的年销售收入达到7212亿元，而中兴只有855亿元，华为的年销售收入是中兴的8倍有余，华为胜出。

第三阶段：国际厮杀——"逐鹿太平洋"。

随着企业的不断发展，华为的业务领域不断向海外拓展，其竞争对手也发生了变化。

① 在运营商网络方面，华为的主要竞争对手是爱立信、诺基亚。
② 在智能终端方面，华为的主要竞争对手是三星、苹果。
③ 在服务器、存储、云计算、数通产品等方面，华为的主要竞争对手是惠普、思科、戴尔、微软等。
④ 在芯片领域，华为的主要竞争对手是高通、英特尔。
⑤ 在操作系统方面，华为的主要竞争对手是谷歌、苹果。
⑥ 在汽车业务方面，华为的主要竞争对手是博世、特斯拉。

在每一个细分领域，华为都奋力拼杀，最终成为全球通信设备主要供应商，在很多细分领域位居全球第一。在很多领域，华为都面临国际市场"断粮"的风险，这让华为面对来自更多方面的压力。然而，华为国际化的道路不平凡，那些杀不死华为的、打不倒华为的，必将使华为变得更加强大。

06 华为在全球ICT行业拥有怎样的"霸主地位"

企业的全球化有3个层级：走出去、跨国运营、全球化运营。

华为于2005年开始明确将全球化作为企业的重要发展战略，整合全球的资源，在研发和供应链方面，将欧、美、日等国家的人才优势（美国的工程师具有创新意识强的特点，欧洲工程师的工程能力强，日本在材料和设备上具备优势），与中国的成本优势充分结合，通过协同分工，真正实现全球优质资源的二次配置，提升企业的竞争力和竞争效率。华为在加快全球化进程的同时，积极实现海外本土化和建设良好的商业环境，积极融入当地社会和经济，成为真正意义上的国际企业。

一、华为在ICT行业的营收全球领先

根据DellOro对2021年全球ICT行业营收的统计，七大厂商的营收占整个行业总营收的比例高达81.2%。其中，华为的占比为28.8%、爱立信的占比为15.0%、诺基亚的占比为14.9%、中兴的占比为10.5%、思科的占比为5.9%、三星的占比为3.2%、Ciena的占比为2.9%。华为的营收遥遥领先，是第二名爱立信的营收的近2倍。2014—2021年七大厂商的营收变化如图1.6所示。

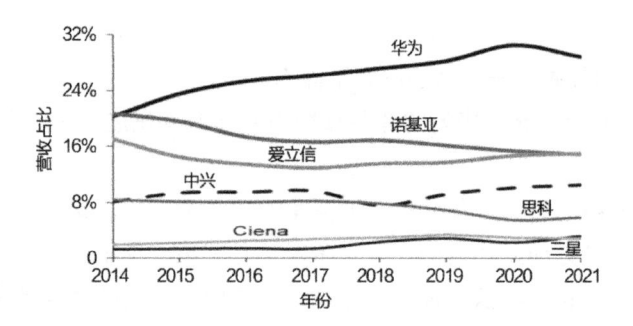

图1.6　2014—2021年七大厂商的营收变化

二、华为的全球供应链

（1）华为ISC亟须国际版。华为的供应链也在向全球供应链转变。2005年，华为全球业务中的海外收入首次超过国内收入，并且成为英国沃达丰电信的设备供应商，首度为欧洲发达国家提供服务。这样原有的国内ISC又一次无法满足华为全球市场的需求，供货不及时、质量不佳、供应周期过长、发货偏差、供应商协同不足等问题频发，导致市场投诉增多，华为亟须从ISC向全球供应链迈进。

（2）华为ISC的"国际四不足"。一是供应中心不足，国际市场需要多物流中心配送、多供应中心运作，使仓储物流供应链能更加及时地响应客户需求；二是信息系统不足，不支持海外联网，不能实现中英文界面；三是双语国际化人才不足，海外员工无法阅读华为总部的指示，团队领导层的全球化意识也不足；四是海外供应链管理绩效差距大，及时发货率、及时到货率、合同更改率、错货率、运输周期等指标均较国内市场差得多。华为的国内ISC完全无法满足全球化服务的需求。

（3）华为全球供应链的3个着手。华为需要建立全球化的ISC和全球化的客服体系，提升交付和响应能力。华为提出"简单、标准、自动"的6字要求。华为成立全球供应链变革项目组，在集中管理与本土化之间寻找平衡点。集中管理成本较低，本土化响应快速，客户满意度会更高。总部扮演平台支持角色，地区分部则扮演内部客户角色，向总部索取资源，获取收益。实施全球化供应，华为主要从3个方面着手。

① 建立全球化的供应链信息平台。华为对其IT系统进行改造，实现将华为ISC扩展至全球。2005年，华为启动海外子公司ERP改造项目，支持华为地区部和华为子公司使用统一的供应链运作和财务管理系统，移植华为在国内的ERP成功经验。截至2007年，华为全球80多家子公司实现全球业务标准化和信息化管理，华为的全球IT系统化实现贯通。

② 建立全球化的物流供应链平台。华为实施全球供应物流网络规划和布局，根

据网络节点、数量、位置等信息，考量国际供应中心的选址，兼顾服务和成本。在2005年以前，华为仅在深圳设有生产基地，仅有一个中央仓库，集中管理库存。为了服务好全球市场，华为陆续在墨西哥、印度、匈牙利和巴西4个国家分别建立了供应中心，在荷兰和阿联酋也建设了区域配送中心，既能做到快速响应，又节省了企业物流成本，搭建了华为全球供应网络。另外，华为还在美国、德国、日本等国家和地区建立了采购中心，实行集中认证、分散采购，统一管理全球的元器件供应商。

③ 建立海外订单的销售预测平台。为了有效地管理全球需求及订单，华为推动高级计划和排程系统的全球执行，沿用国内的销售和运营计划（Sales and Operating Planning，S&OP），每月举行全球销售、国内生产和采购部门的联合例会，缩小需求和供应之间的差距，调整采购、生产和交付计划。华为还精心研究交付逻辑和算法、贸易结算的方法，提升物流供应链的交付效率。

截至2008年，华为已建成且运营良好的全球供应链成为支撑华为国际化发展的重要核心竞争力。

07 华为企业大事记

"只有活下去，才有希望。"华为深谙活下去的真谛。

第一，华为的发展腾飞体现在从1到N、3次飞跃和独占鳌头上。

华为创新创业从1到N。1987年，任正非和几位朋友在深圳注册成立了华为技术有限公司。2010年，华为在《财富》世界500强榜单中位列第397，是当时中国进入该榜单的唯一一家民营企业。2011年，在《财富》世界500强榜单中，华为以年销售收入273亿美元位列第351，却是500强中唯一未上市的企业，也是中国大陆上榜企业中的两家民营企业之一。华为创办至今已36载，企业的年销售收入也从1988年的550万元增至2020年的8914亿元，成为最能代表中国民营企业技术创新的"现象级"企业。

华为抓住时机实现3次飞跃。华为的成功离不开执行力、利益分享和西方管理方法的引进与吸收。另外，华为也抓住了中国经济的3个关键时机。第一个关键时机是做大国内通信发展。在20世纪90年代以前，国内固定电话的普及率非常低，仅为1.1%左右，居民固定电话的初装费用高达几千元，手机等移动通信设备更是稀有，华为认识到这是一个巨大的通信市场空间，决心要抢占国内通信大发展这个赛道，以便抢得先机。第二个关键时机是低汇率下的低成本国际出口。在20世纪90年代，中国为了发展经济，采用固定低汇率制度吸引外资。在加入世界贸易组织后，中国开始进一步进军国际市场，人民币低汇率在这一期间变相压低了中国产品的出口价格。在这一背景下，中国产品可以通过低成本甚至超低成本参与国际市场竞争，具有较强的价格竞争力，华为利用这个窗口期，获得进一步的发展。第三个关键时机是人力成本优势。华为通过利益分享机制，创造了传奇的逆袭故事，让众多华为"穷孩子"快速致富，"床垫加班文化"曾在华为盛行一时，使华为的人力成本仅为欧洲国家企业的1/6，人力成本优势碾压欧洲国家的企业。

华为通信独占鳌头。在1997年以前，中国移动通信98%的市场份额被外国电信企业占据。在国内竞争上，在国内通信四大家族中，3家是国企（大唐、中兴、巨龙），一家是民营企业（华为），巨龙最先衰落，大唐也逐渐被抛在后面，中兴由于体制较为创新，实施了"国有民营"的改革，具有了发展的活力。在国际竞争上，从2013年开始，华为排到了全球首位。2020年，华为的年销售收入为8914亿元，成为全球最具影响力的通信设备供应商，华为5G核心专利全球第一，获得1008个5G核心专利，全球占比为21%，远高于第二名的三星（12%）和第三名的高通（10%）。

第二，华为的变革升级体现在流程化思维、共同富裕、ISC+变革和"云雨沟理论"等方面。

华为的流程化思维。华为的流程化思维已深入员工的"骨髓"之中，在华为，事事、人人、处处见流程。华为倡导从"人治"走向"流程治理"，用确定的规则应对不确定的市场环境，实现流程化的组织建设和企业管理。流程是对业务的约束，要规范业务流的边界，还要匹配业务流，通过IT技术手段来固化流程，实现业务流程理清楚、管起来和持续优化。华为以客户需求为流程的启动点，同时做好研发部门、销售部门和供应链部门3个部门的协同。为什么非要协同？供应链部门经常抱怨销售部门的预测不准；销售部门抱怨供应链部门接的单子要么质量出问题，要么不按要求准时交付，要么成本过高；销售部门和供应链部门也同时抱怨研发部门设计的产品往往不能满足客户需求。因此，各部门协同是做好供应链管理的重要工作，只有各部门协同，才能形成华为的合力。

华为员工持股，实现共同富裕。华为作为民营企业，从"千人持股"到"8万名员工持股"，一步步激励员工，使企业充满活力。华为依靠制度改革，从众多竞争者中脱颖而出。"一切为了胜利"是华为人共同的心愿，也是华为的组织目标。华为坚持以奋斗者为本，多劳多得，不让"雷锋"吃亏，让"雷锋"富裕起来，这样人人才想当"雷锋"。

华为积极推进ISC+变革。为推动华为构建流程化的组织，2015年，华为供应链启动ISC+变革，终端供应链启动CISC变革，华为正在构建ISC的升级版，从供应链战略、流程和IT等方面入手，实现战略、订单、计划、采购、生产和物流等全业务、全领域供应链的再升级。具体表现如下：① 在战略方面，华为聚焦于客户体验，从被动响应向主动服务升级，加强协同从内部集成向外部集成升级，对内实施数字化创新，为客户创造更大的价值；② 在订单方面，华为优化贴近客户的交付网络，实现去中心化和可视化；③ 在计划方面，华为确保计划一致性和准确性，引入大数据，推动计划数字化转型，实现智能排产；④ 在采购方面，华为推进战略采购，实现采购 3.0 版升级；⑤ 在制造方面，华为持续推动自动化、数字化，实现智能制造；⑥ 在物流方面，华为将智慧物流和数字化仓储作为重中之重，加快交付升级。华为的管理方式从定性转变为定量，企业管理也逐步从文科式的"讲文化"，走向理工式的"讲流程"，基于数据和事实，以理性的分析实现数字化的实时管理。华为的管理目标是"除了多打粮食，还要增加土地肥力"。一家企业要做到基业长青、长久发展，实属不易，而衰落却在瞬间发生。正如任正非所说："创新就是在消灭自己，但你不创新就会被对手消灭！"

华为的管理哲学"云雨沟理论"。"云雨沟理论"在华为得到充分应用。"云"就是管理哲学，是对经营管理规律的认识，即华为的业务部门可能出现的升级变化，如商业模式、技术、行业、竞争对手带来的巨变等。"雨"就是经营活动，是指导企业的未来战略制定和经营管理工作、提升企业的运营效率和盈利能力的工作，是企业的日常经营性活动，如业务活动和财务活动等。"沟"就是企业的各种流程，活动要有效果，最终要落到"沟"里。"沟"就是华为的流程体系和支撑流程体系，如政策、制度、组织和 IT 系统等，这些内容共同引导和约束华为的相关经营活动。很多企业学华为学不好，就是"沟"这方面的功夫没下足。经过 30 多年的不断迭代，华为在产、供、销、服全供应链的各领域都完成了企业管理版本的多次升级迭代。产品领域（IPD）、供应链领域（ISC）、营销领域（LTC）、服务领域（ITR）、财经领域（IFS）等领域的变革，就是华为最为重要的"沟"，让管理水到渠成。华为的业绩更是逐年提升，华为 1987—2021 年的年销售收入及大事记如表 1.2 所示。

表 1.2　华为 1987—2021 年的年销售收入及大事记

年份	年销售收入	员工人数	当年的重大事件
1987	—	14	1987 年 9 月 15 日注册成立，有 6 个股东，租民房办公，注册资金为 2.1 万元
1988	550 万元	20	代理香港公司的用户交换机
1989	1500 万元	—	组装 24 口用户交换机 BH-01
1990	3400 万元	—	仿制面向酒店与小企业用户的交换机
1991	5000 万元	50	首批 3 台用户交换机发货，价值数十万元
1992	1.05 亿元	270	推行"农村包围城市"策略

续表

年份	年销售收入	员工人数	当年的重大事件
1993	4.1 亿元	400	推出 2000 门 C&C08 数字程控交换机
1994	8 亿元	—	研发出第一台自主万门局用数字程控交换机 C&C08，从"倒爷时代"进入"华为研发时代"。当年的年销售收入首破 1 亿元，利润过千万元
1995	15 亿元	800	进入光通信、无线通信、数据通信等领域
1996	26 亿元	2500	开始布局国际市场
1997	41 亿元	5600	进入俄罗斯市场
1998	89 亿元	8000	发布《华为基本法》，与 IBM 合作启动 IPD 系统，进入印度市场
1999	120 亿元	15 000	在印度的班加罗尔设立研发中心
2000	220 亿元	—	与 IBM 启动 ISC 体系建设；进入中东及非洲市场
2001	225 亿元	—	进入东南亚及欧洲 40 余国市场，将内部股票改为期权
2002	212 亿元	—	进入美国市场，2002 年的年销售收入为 212 亿元，利润为 26 亿元；与 FHG 合作仓储体系变革
2003	317 亿元	22 000	启动 MBO 股权变革，与 3Com 成立合资企业；成为全球无线领域发展最迅速的供应商
2004	462 亿元	—	实行 EMT（Executive Management Team，经营高管团队）轮值主席制度；为雅典奥运会提供 GSM 全套设备系统，程序简单，轰动业界
2005	838 亿元	—	海外销售收入首次超过国内，成为真正意义上的国际企业
2006	865 亿元	—	完成全球八大区布局，并进入部分国家和地区的主流运营商
2007	1186 亿元	81 000	成为欧洲顶级运营商合作伙伴；与 IBM 合作 IFS 财经变革项目
2008	1591 亿元	87 502	提出"开放、妥协、灰度"是华为文化的精髓；启动新一轮规模配股
2009	1491 亿元	95 000	建立铁三角作战机制，提升一线团队的决策权
2010	1852 亿元	110 000	将企业分为运营商 BG、企业 BG 和消费者 BG 三大业务集团
2011	2039 亿元	140 000	实行轮值 CEO 制度；成立 2012 实验室
2012	2202 亿元	—	华为终端总部落户东莞松山湖
2013	2400 亿元	150 000	超过爱立信，成为全球第一电信设备商；在英国伦敦成立全球财务风险控制中心
2014	2882 亿元	160 000	华为手机跻身全球第一阵营；推行 TUP 持股计划；提出主航道针尖战略
2015	3950 亿元	170 000	成为全球最大通信设备供应商；华为手机出货量突破 1 亿部
2016	5216 亿元	180 000	科研人员的占比达到 40%
2017	6036 亿元	—	研发投入达 811 亿元，超越苹果，位列全球第 6
2018	7212 亿元	188 000	5G 技术研发成功并展开商用

续表

年份	年销售收入	员工人数	当年的重大事件
2019	8588 亿元	194 000	成为全球最大电信设备制造商、第二大智能手机生产商；鸿蒙操作系统诞生
2020	8914 亿元	—	美国于 5 月 15 日发布第二轮禁令，8 月 17 日进行第三轮打压，华为中招
2021	6368 亿元	195 000	孟晚舟归航；成立新五大军团；2021 年的净利润为 1137 亿元

数据来源：华为历年财报。

> 小贴士

华为销售的客户漏斗模型

客户满意度=客户感知-客户期望。

提高客户满意度，需要从两方面着手，即客户期望管理和客户感知管理。

第一，要做好交付前的客户期望管理。华为研究、正确理解客户期望，并引导客户期望。华为将销售分为 5 个阶段：潜在客户阶段（成功率为 10%）；意向客户阶段（成功率为 40%）；客户谈判阶段（成功率为 60%）；客户成交阶段（成功率为 80%）；发标阶段（成功率为 100%）。

其实，80% 的客户指标结果在企业发标前就已经初步决定了，企业应合理地沟通客户期望，提前达成合适的合作意向。华为销售的客户漏斗模型如图 1.7 所示。

图 1.7　华为销售的客户漏斗模型

销售的本质是对客户决策链条不断施加企业影响的过程。在交付前，销售人员应该让客户了解华为的实力，针对产品解决方案和交付管理体系进行有效对接。华为采取铁三角销售法，铁三角由客户经理、方案经理、交付经理组成，他们从营销、技术、物流3个方面共同努力，让客户对华为的产品更放心、更好地签单，并实现交付。

销售成功的关键在于招标前的营销，要体现实力、产品力、专业和专心。

第二，要做好交付时的客户感知管理。既要把事做好，又要及时与客户做好有效沟通，让客户实时了解合作进展，从感性预见向理性预见转变，让客户获得更好的感知体验。

一方面，华为的销售团队每年都会邀请著名的第三方咨询公司对客户进行专门访谈，了解客户对华为产品真实、客观的评价，并据此改进工作策略，这也相当于一次"企业体检"。

另一方面，华为以数字化供应链为基础，提升客户感知，通过加强业务流程、组织架构、授权机制和考核激励机制等环节的管理集成，从由人驱动变为流程驱动和体系驱动，实现供应链的数智化，做到自我实现和自我完善。华为通过数字化营销、数字化交易、数字化采购及供应，让客户及时掌握交付品质和交付过程，让面向客户的生产运营更加科学、透明。华为一旦与客户签订了高质量的合同，就会使项目风险可控、交付管理精准可见，既能提升项目的交付质量，又能全面管理合同的接收和确认，让客户感知到华为的用心、贴心，从而让客户更加满意。

华为坚持"看得见的对手，必须超越"，实现企业的量变到质变。华为一直在奔跑，以客户需求为导向，持续追赶曾经跑在自己前面的企业。

第 2 章

华为高管谈供应链

08 任正非在华为供应链管理中扮演什么角色？企业及供应链的发展史是怎样的

"凡是华为认定的事，很少失手。"华为具备极强的专注力和执行力。当华为瞄准一个想达到的目标时，便会聚集华为最大的资源和力量，提高项目的成功率，爆发自身的潜力，释放最大的禀赋和优势，往往做到攻无不克。在供应链管理上，华为更是印证了这一强硬作风。

任正非是华为 ISC 变革和 IPD 变革的提出者和践行者，正是因为这两项重要变革，任正非才成为华为拥有核心竞争力和优秀管理制度的摆渡人。

第一，华为风头正劲的企业发展史。

任正非认为，前面太顺利了可能是灾难，有挫折反而是福而不是祸。1944 年 10 月，任正非出生于偏远的贵州省镇宁县，家里有兄妹 7 人，他排行老大，童年的艰苦生活成为其日后成长的宝贵财富。18 岁那年，任正非经过"千军万马过独木桥"的高考洗礼，考取重庆建筑工程学院（现已并入重庆大学）。毕业多年的任正非于 1974 年调动到一家隶属于部队的工厂，从事军事通信工作，一路从技术工人、工程师成为副所长。任正非的军旅生涯在 1983 年"国家大裁军"的时代背景下戛然而止。然而，军旅生涯对任正非的影响极其深远，后来的华为也深深烙上了部队作风和军事文化之印。

初试商海，受骗负债。1980 年改革开放之初的深圳、珠海、汕头和厦门，因其得天独厚的地理位置被确定为中国的经济特区，开展全球招商引资工作，它们也成为中国经济改革的试验田和弄潮儿。1984 年 4 月，任正非定居广东深圳，并担任深圳南油集团电子公司的副总经理。然而，商界多有狡诈之人，首次下海参与创业，他就被合伙人欺骗，损失数百万元，被企业辞退，还身负重债，此时的任正非陷入了人生低谷。

不惑创业，中华有为。1987 年，任正非决定自主创业。此时国家改革开放的号角正式吹响。任正非说服了 5 位投资人，用 21 000 元的启动资金注册了华为技术有限公司，当时中国市场上有 400 余家电信企业，正值通信行业大发展之际。1988 年年末，华为研制出首款自动交换分机 BH01。1988—1991 年，华为相继推出 3 款专用自动交换分机，价格和性能都较具市场竞争力。1991 年 9 月，华为的团队扩大，研发部门逐渐成形。1992 年，华为的年销售收入突破 1 亿元，团队拥有 200 多人，研发部门已有 50 人，占员工总人数的 1/4。任正非受军队和毛泽东思想的影响较大，为回避与国际巨头的竞争，借鉴采取"农村包围城市"的发展策略，先将自己的产品向竞争对手尚未重视的偏远地区进行投放。

国际视野，尽展风采。1992 年 11 月，任正非在企业快速发展之际，带领团队奔赴美国学习。在美国学习期间，团队受到了极大的震撼，对华为日后的发展产生了深远且持续的影响。之后，任正非还带领高管团队到德国、日本等发达国家学习。1993 年 10 月，华为的第一台专用自动交换分机投产，并应用于首个客户——浙江佛堂镇邮电局。这款产品的售价仅为美国电话电报公司竞品的 1/3，华为通过这款产品真正实现了扬眉吐气，也逐步开始超越本土对手大唐和巨龙两家国企，与中兴并驾齐驱，紧追诺基亚中国子公司上海贝尔。1994 年 10 月，华为在北京国际通信展览会上进行首秀，尽展中国通信企业的实力。

多年历练，终成龙头。1995 年，华为的年销售收入达到 15 亿元，当年 12 月，华为人员岗位"重启"——12 月 26 日，任正非要求市场部门的所有经理和主管都上交工作总结和一份"辞职报告"，通过集中整顿，实现华为的 4 个小目标：① 组建新一代领导集体；② 注入新鲜血液；③ 隔断恶习，杜绝小团队；④ 鼓励自我批评。之后，华为建立了两项人才机制：一是年度绩效考核机制，针对年度最差员工实行"淘汰制"，重新认岗；二是同岗位异动机制，在华为，同一员工在同一岗位上工作超过 3 年，要么评估合格可以晋升，要么未达目标则必须降职。这项人事改革的效果明显，对于华为业绩的提升起到很大的促进作用。1996—1998 年，华为用两年时间实现年销售收入翻番，并在 1998 年击败老牌企业上海贝尔，成为中国通信行业的龙头。此时，任正非认为"华为最大的敌人是自己"，华为需要引入更多国际化和西方成功的管理方法。华为国际化从中国香港出发，将业务向东南亚、非洲、中东及拉丁美洲这 4 个区域加快推进，同时鼓励华为的高管驻扎海外，再次采用国际版的"农村包围城市"的打法，先占领国际上相对落后的国家和地区的市场，再攻克发达国家和地区的市场。

立基本法，着眼未来。1995 年，任正非为了统一全球各地华为员工的思维方式，开始着力起草《华为基本法》，同时邀请 6 位有国外工作和生活经历的中国人民大学的教授，结合西方管理理论，沉浸式地理解华为的战略和具体工作，并提出 3 个方向性的核心问题加以研究。

① 华为过去为什么能够取得如此的成功？
② 支撑华为目前成功的底层核心要素是什么？
③ 华为在未来想取得更大的成功，还需要做哪些方面的要素弥补？

这些问题将解决华为内部国际化后面临的管理分歧和思想冲突。经过两年多的时间，《华为基本法》于 1998 年 3 月定稿，其第一条瞬间就震住了所有华为员工："为了使华为成为世界一流的设备供应商，我们将永不进入信息服务业。"

值得一提的是，《华为基本法》在一定程度上借鉴了《中华人民共和国香港特别行政区基本法》，一个为企业发展，一个保障香港稳定繁荣。《华为基本法》共 103 条，全面阐述了华为的价值体系。例如，技术是华为的核心，每年将至少 10% 的年销售收入投入研发中；人才是华为的宝贵资产，其重要性甚至超过技术本身；客户的满意才是华为的生存之道。1998 年，华为开始筹备华为大学，为企业更长远的发展打下坚实的基础。

第二，华为势如破竹的供应链发展史。

一是国际合作，研发供应链。1998 年对华为来说是非常重要的一年。华为与思爱普（SAP）和甲骨文（Oracle）合作，共同推动运营模式及研发供应链的改革，并展开"IBM 任务"。1998 年 10 月，70 余位 IBM 的管理专家来到深圳华为总部，开展 IPD 变革项目，整个项目实施持续 3 年，预算高达 10 亿美元，转型目标是"重塑企业创新和研发过程，真正做到以客户为中心，让华为在未来数年内成为全球电信巨头中的佼佼者"。在这一期间，华为的管理层始终持保留意见，对整个项目的批评大于接受，此时任正非力排众议，坚持必须进行企业转型。华为在研发供应链上投入巨资，先后在深圳、北京、上海建设华为区域研发中心，紧接着又在印度的班加罗尔建立了华为研发中心，2000 年在美国的达拉斯和硅谷建立两个研发中心。

二是全球发力，构建终端供应链。2003 年 1 月，华为在欧洲、非洲及中东市场收获订单后，又开始进军美国市场，却被思科公司提起诉讼，指控华为侵犯思科的相关知识产权，最终双方在宣判前和解，并实现互相尊重。2003 年，华为的设备部门（移动终端）成立，并开始进行 OEM（Original Equipment Manufacturer，原始设备制造商）贴牌生产，正式进入手机市场。2003 年，华为在欧洲的首间办公室落户巴黎。2004 年，华为与荷兰的运营商和法国的互联网服务商合作，逐步赢得西欧市场的相关份额。2005 年，华为的海外销售收入首次超过国内销售收入，华为正式步入国际企业时代。2007 年，华为成为全球第五大电信设备经销商。2008 年，华为的年销售收入近 160 亿欧元，在移动设备市场领域排名全球第三，华为的终端业务也成为华为新的增长点。

三是4G通信布局，荣登500强。2009年，华为实现从3G参与到4G商用。其实，华为从2004年就开始布局研究4G网络。2009年，华为在世界移动通信大会上展示首款Android系统智能手机U8230，成为全球第二家Android系统智能手机的制造商。2015年，华为手机的销量高达1亿部，这也是华为从B2B向B2B+B2C商业模式的转变。2009年，华为的年销售收入为1491亿元，次年7月，华为进入《财富》世界500强榜单，位列第397，它是该榜单中唯一未上市的企业。华为内部却相当冷静，这一年华为正式将"以客户为中心，以奋斗者为本"纳入华为的价值观。2010年，华为实现年销售收入1852亿元，同比增长25%，并成为仅次于爱立信的全球第二大网络基础设施供应商。2013年，华为跻身4G网络供应商的前列，并获得全球近40%的4G网络建设合同，令人赞叹。

四是供应链发力，手机全球前三。从2013年11月起，华为投入数千名员工开展5G研发工作。2014年10月，华为在智能手机领域强势推出荣耀手机，以华为手机抢占高端市场，以荣耀手机抢占中低端市场，追求有竞争力的供应链和产品性价比。华为从2009年开始在智能手机领域全面发力，经过短短4年的时间，成长为全球前三大手机制造商。2014年，华为的年销售收入为2882亿元，其中消费者业务的占比超过1/4，增长率为30%，运营商业务的占比为2/3，荣耀子公司的营业额占比为7%。2015年，华为手机的销量突破1亿部，全球供应链建设更加有效推进，华为手机的销量仅次苹果手机和三星手机，占全球手机销量的8%。华为在2014—2015年连续两年专利申请数量位居全球第一。2010年，华为进入云计算市场，仅用5年时间就成为行业领军者，在全球建设有400余个云数据中心，发展迅猛。

五是供应链逆势，鸿蒙操作系统发布。2016年，华为与知名汽车企业联手，成立5G汽车协会，推动行业互联汽车统一标准。华为2016年的年销售收入为5216亿元，较2015年增长32%。2017年，世界移动通信大会为华为颁发了"5G杰出贡献奖"。2018年，华为的CFO孟晚舟在温哥华转机时被加拿大监禁并逮捕，华为此时并没有慌张，而是逆势在2019年2月巴塞罗那的世界移动通信大会上证明华为的5G伦理规范和产品安全。2019年，中美贸易遭遇"逆流"，5月，美国宣布"断供"华为，然而华为并没有因此倒下，而是进一步加大华为供应链建设，同年8月，华为发布鸿蒙操作系统。

六是华为商业传奇，供应链骄傲。截至2020年年底，华为在全球共有员工18.8万人，其中研发人员超过8万人。华为的业务覆盖170多个国家和地区，在《财富》世界500强榜单中位列第61，年销售收入高达8914亿元，净利润超过500亿元。在10年之内，华为的业务增长了5倍，欧洲成为其仅次于中国的第二大市场。华为的B2B客户超过160座"智慧城市"、700座"安全城市"。2021年第一季度末，华为年度报告指出，华为的员工总数为 19.22 万人，还在不断增长，其中个人股东为 121 269 人。

华为上演了中国企业的供应链传奇增长。

华为因为供应链集成和协同获得可持续增长，也必将因为供应链数字化和智能化在未来获得长足发展。

09　在供应链管理方面，华为高管有哪些妙言语录

任正非的战略愿景通常会以内部讲话形式呈现，有些讲稿甚至经过 50 轮以上内部修改，以及董事会和内外部专家的轮番讨论与修改。任正非亲自引入 IPD、ISC、全球供应链，并针对供应链做了很多相关经典讲话。笔者挑选部分高管的妙言语录，以飨读者。

☑ **供应链战略的重要性**

供应链只有一个，关系着华为的生命，一旦出问题，就是满盘皆输。

一旦供应链问题解决了，也就基本解决了华为的管理问题。

企业的竞争，其实是供应链的竞争。现代企业的竞争已经不是企业和企业之间的竞争，而是供应链和供应链之间的竞争。一家企业的供应链就是一条生态链，客户、供应商、合作者、制造商的命运都被拴在一条船上。只有不断加强合作，关注服务客户和合作者的相关利益，采用"多赢思维"，企业才有可能活得更久。

高端产品就是"价格高，成本高，性能方面也绝好"的产品；产品的质量和成本都是产品竞争力的最重要因素。

供应链发展的方向是协同创造价值；供应链正成为华为的价值创造者。

☑ **供应链管理的细节**

了解客户供应链需求，提升竞争力。只有帮助客户实现他们的利益，华为才能在整条利益产业链上找到属于自己的位置。

真正了解客户的需求、压力和挑战，并为客户提供有竞争力的通信解决方案，提供令人满意的服务，客户才会与华为长期合作、共同成长。不要仅仅盯着供应商谈判等细节，要形成企业的"战略纵深"。

华为供应链要以客户为中心。华为要为客户利益最大化多努力；要深入研究客户需求，把握客户需求的关键要素，做出让客户满意的产品，取得在产品研发供应链上的商业化成功。

我们要为客户利益最大化努力奋斗，"质量好、价格低、服务好"，客户利益就

最大化了。客户利益最大化了，就会再买华为的产品。

要提高计划性，加强华为的供应链风险管理，保障供应安全是第一重要的，不要太计较一时的储备成本。

供应链采购人员要具有广博的知识，在业务上要像八爪鱼一样，深入企业的四面八方，真正触及企业供应链的每个领域，要博采众家之长。

供应链采购人员要学会在确定性中找到不确定性，在不确定性中找到确定性，从而增强企业采购供应链工作的计划性；要深入企业现场，去了解业务，真正踏踏实实地提高专业技能。

产品成本是企业市场竞争的关键制胜因素之一，应该从产品供应链的价值链角度深入权衡投入产出比，明确综合效益，合理制定控制政策。把我们的产品质量提升到极高的水平，把供应链成本控制到一定程度，市场上就没有人可以跟我们竞争了。

☑ ISC

为什么我要大家认真推 IPD、ISC？就是要华为摆脱企业对我个人的依赖，使华为要做的事，从输入至输出，直接实现"端到端"，做到简洁并做到有效连通，最大可能地减少管理层级，让运营成本最低、企业效率最高。

供应链管理只要控制了关键点，就控制了全局。打蛇打七寸，擒贼先擒王。管理者要选择控制关键点，找到影响因素和起关键作用的因素。

要加强与最优秀供应商的合作，与其建立供应链战略合作伙伴关系。

ISC 实现了，华为运营管理的问题就基本解决了。企业就是一条主流，就像长江是一条主流，长江上面还有很多小溪，供应链就是长江这条主流，各项管理就是一条条小溪。

ISC 不是物质供应链，而是融财务、各项管理为一体。建立科学的供应网络，缩短交货周期，快速响应市场，提升客户满意度。

IPD，从偶然到必然。20 多年前的华为 IPD，重构了华为的研发模式，实现了从依赖个人很偶然地推出成功的爆款产品，到能够持续化、制度化推出高质量产品的有效转变，华为的产品和解决方案实现在全球 170 多个国家和地区稳定、安全地运营，得到数万个客户的信赖，服务 30 多亿人。

10 任正非为何发表名篇《华为的冬天》？如何迎来供应链的春天

"看不见的弹痕，才是最致命的。"在优胜劣汰自然选择的历史背景下，未幸存者根本无法发声，幸存者偏差现象总是存在的。不能只研究成功的原因，还要研究失败的原因。如何尽可能避开这些容易导致毁灭的坑？

《华为的冬天》是任正非在 2001 年 3 月发表的一篇居安思危的反思文章,在管理界非常有名。彼时,华为发展正当时,任正非却给员工浇了一盆冷水,他讲到当年豪华邮轮泰坦尼克号也是在一片欢呼中出的海,却遇到最大的海难,这种困难和风险,华为今后一定会遇到。任正非让员工在"盲目乐观"时,务必保持谨慎,务必保持危机感。

内部革新,华为迎来供应链的春天。2000 年互联网泡沫破灭,全球电信行业进入寒冬。2001 年年初,任正非重申局势严峻,指出这是华为的冬天,发表文章《华为的冬天》,并采取以下 6 招供应链变革的做法,应对企业的供应链风险。

第一招:扩业务,增加产品供应链。借鉴思科和 IBM 的做法,华为的产品供应链经营领域也从电信行业拓展到企业网络。

第二招:减支出,控制供应链成本。在经营方面,华为减少企业支出,却不裁减员工,并鼓励高管成为华为经销商,让其"自行创业"并给予财务支持。但这一招的负面影响是流失了人才和技术,让优秀的人才离开,甚至成为华为的竞争对手。

第三招:售企业,增加供应链利润。2001 年,华为将华为电气以 6.6 亿元出售获得现金,方才化解企业资金的危机。

第四招:搞改革,重组供应链机构。2001 年,华为加入国际电信联盟。2002 年 7 月,华为迎来新的春天,任正非认为华为 2000 年的人均产值约为 11.5 万欧元,仅为诺基亚(40 万欧元)和北方电信(28 万欧元)的约 1/4 和 1/3。华为借此启动重大改革,对供应链、生产、物流和采购等部门进行全面重组。

第五招:强采购,推行 ISC。华为邀请国际知名专家参与,推行 ISC 变革,仅仅一年的时间,采购部门就节省了数亿欧元。华为人人开始学习供应链管理知识,尽力降本、优化供应链生产流程,不断减少企业支出。

第六招:强组织,供应链集成协同。任正非做出两项布置:一是新的组织结构图,从员工营销到研发领先,让横向部门有更大的发挥空间,参与企业的决策及活动,也就是供应链集成和协同;二是增强员工的责任感,建立双晋升通道,从管理和技术两个维度分别为员工提供晋升路径。短短数月,华为就快速脱离了这场严冬。

伟大的企业不是在顺风顺水时发展多快,而是在遭遇大风大浪、跌至谷底时,还能实现强烈的触底反弹。

华为面对的困难,一个都没有少过。2017 年的中美贸易竞争使华为又面临一个冬天。华为在成立消费者 BG 前,是一家非常低调的企业,媒体上对华为的报道不多,行业外的人也对其知之甚少。

任正非曾以《华为的冬天》时时警醒华为的各级人员,一定要永远扎扎实实地做好企业,要不断提升华为供应链的竞争力,做好供应链风险管控,让华为可以随时面对更加困难的时刻。华为在无数次预言和预演的华为的冬天,这一次来得格外猛烈。

华为认为，要当好悬崖攀爬者，就一定要强化内部供应链管理，建好企业的"五脏六腑"，才不会得上让企业止步的"癌症"。

华为要静下心来，集中企业的供应链优势，将不可替代的"五脏六腑"做扎实，不要把自己"虚化"了。

华为发展的宗旨是从低成本供应链向高质量供应链升级，只有追求高质量，才能在市场竞争中站稳脚跟，实现从产品红海中突围。质量是关键点，华为要做品牌产品，就需要做到"品质在前，情怀在后"。

欲速则不达。

化解危机，才有更大的进步；"推翻"自我，华为将"重塑"自我。

第 3 章
华为供应链的变迁史

11　华为供应链管理经历过哪几个阶段

　　华为的低成本供应链管理曾是其抢占国际市场的撒手锏之一。曾有人说，华为是靠低价竞争抢占国际市场的，这种说法既"对"又"不对"："对"是因为华为确实有低价打市场的行为；"不对"则是因为华为具备低价竞争的实力，华为的产品低价却不低质。在华为优秀的技术及较低人力成本的供应链基础上，华为合理降价，性价比高，合情合理。更多的书籍在谈华为文化的崛起，然而让华为真正崛起的是华为供应链的崛起，这也是华为必不可少的关键一环。管理就像种庄稼，使命是多打粮食，而供应链管理就是让粮食大丰收的好办法。

　　向华为供应链管理学习什么？不仅要学现在，更要学习它如何走到现在；不仅要学习年销售收入近9000亿元的华为，更要学习华为在年销售收入为100亿元、10亿元时是怎么走过来的。要做到螺旋式地上升，虚实、曲直、柔刚、长短、快慢、攻守、稳灵、松紧8个结合，华为所有的成功都是多因素叠加而形成的结果。

　　从产品生命周期维度可将华为供应链的发展划分为5个阶段：产品供应链定位期、市场供应链复制期、供应链管理国标期、供应链管理生态期、供应链管理智慧期，每个阶段有每个阶段的任务，逐步实现做成、做大、做强、做久、做智。华为供应链发展的5个阶段如图3.1所示。

　　第一阶段：产品供应链定位期（1987—1994年），聚焦于如何把企业做成。在这7年间，华为的核心任务是活下来。在这一阶段，华为的产品供应链从代理产品开始，生意不好时难卖，生意好时难进到货。华为认为代理供应链不是企业发展的长久之计，于是从1990年开始走上自主研发之路，初创BH03IH小型用户交换机，并在1994年研制成功C&C08数字程控交换机，这也迎来了华为自有产品供应链时代。在这一阶段，华为解决了产品供应链和资金、人才等问题。

集成供应链管理

5 供应链管理智慧期：做智
2018年至今
2018年孟晚舟在加拿大被非法拘捕
2021年成立新五大军团
重兵投入智能汽车赛道
智能化、智能化、物联网化成为华为的主旨
向社会输出其数字化运营企业的成功经验和做法

第五阶段 供应链管理智慧期

4 供应链管理生态期：做久
2012—2017年
聚焦供应链生态建设
不仅做成、做大、还要做久
寻找供应链合作伙伴
解决了供应链、产业链的发展问题
建立起华为供应链生态体系

第四阶段 供应链管理生态期

3 供应链管理国标期：做强
1999—2011年
关键事件是拜师IBM，引入ISC管理
引进IPD、ISC管理方法
企业管理更加规范化
解决了精益供应链的发展问题

第三阶段 供应链管理国标期

第二阶段 市场供应链复制期

2 市场供应链复制期：做大
1995—1998年
年销售收入增长10倍
狼性文化：敏锐、团队、不屈
1996年颁布《华为基本法》
1998年从英国引入任职资格体系
解决了市场供应链的规模问题

第一阶段 产品供应链定位期

1 产品供应链定位期：做成
1987—1994年
核心任务是活下来
从1990年开始走上自主研发之路
解决了产品供应链和资金、人才等问题

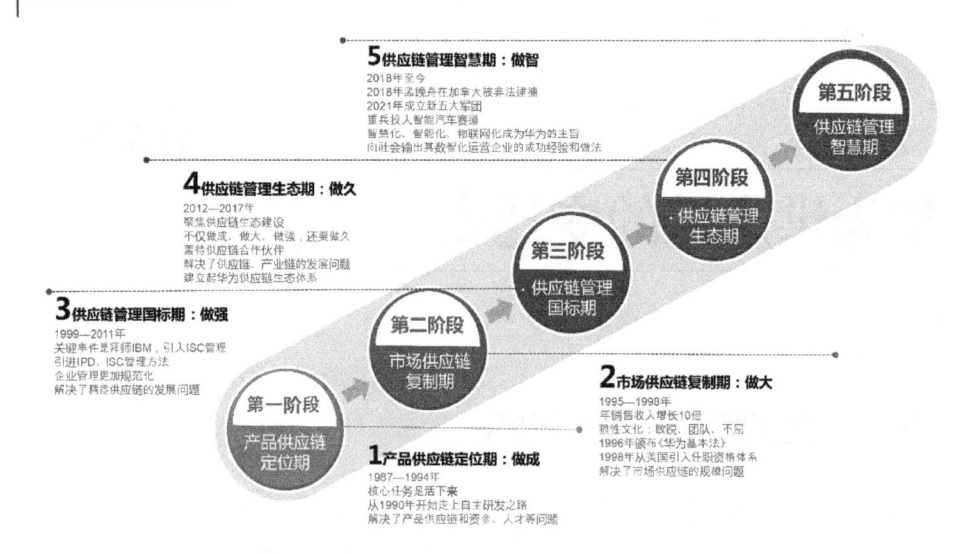

图 3.1　华为供应链发展的 5 个阶段

第二阶段：市场供应链复制期（1995—1998 年），聚焦于如何把企业做大。这一阶段是华为发展从 1 到 N 的阶段，企业发展的关键就是不扩大企业规模。仅用了 5 年（1994—1998 年）的时间，华为的年销售收入就增长了 10 倍，华为步入中型企业序列，并形成华为的狼性文化：敏锐、团队、不屈。为了实现以客户为中心的企业经营理念，华为以客户为天，以行业为地，以战略为路，以组织为鞋，不断快速前行。华为对很多项目说"不"，如房地产项目、财务投资项目等。华为在 1996 年颁布了《华为基本法》，在 1998 年从英国引入任职资格体系。在这一阶段，华为解决了市场供应链的规模问题，向全球领先企业不断进军。

第三阶段：供应链管理国标期（1999—2011 年），聚焦于如何把企业做强。在这一阶段，华为强调国际化、职业化、规范化，关键事件是拜师 IBM，引入 ISC 管理。当时任正非认为虽然华为已建立《华为基本法》，然而起草教授和专家中却无人真正做过大型企业，华为想成为大型企业，绝不能闭门造车。于是，1997 年，任正非率华为的高管团队远赴美国拜访惠普、贝尔实验室、休斯电子和 IBM 等国际企业，任正非被 IBM 近 5 年的显著变化震撼了，IBM 变革后迎来新的辉煌，"大象也能跳舞"。从 1998 年开始，华为陆续从 IBM 引进 IPD、ISC 管理方法，使企业管理更加规范化，最终成为华为的核心竞争力，华为每年的管理变革投入占年销售收入的 1.4%。1995—1998 年的狼性文化让华为获得发展，1999—2011 年的规范文化让华为实现标准化。在这一阶段，华为解决了精益供应链的发展问题，使企业供应链管理更加科学、高效。

第四阶段：供应链管理生态期（2012—2017 年），聚焦于如何把企业做久。在这一阶段，华为已成为全球通信设备供应商的领军者。从第四阶段开始，华为不仅聚焦于内部，还聚焦于供应链生态建设，不仅做成、做大、做强，还要做久。华为在内部不断提升供应链管理核心竞争力，在外部善待供应链合作伙伴，不为利润率放弃市场培育和客户回报，不做损害供应链长远发展的事情，承担华为的社会责任和民族担当。在这一阶段，华为解决了供应链、产业链的发展问题，建立起华为供应链生态体系，为更好的未来奠定坚实的基础。

第五阶段：供应链管理智慧期（2018年至今），聚焦于如何把企业做智。从2018年孟晚舟在加拿大被非法逮捕，到2021年华为成立新五大军团，华为重兵投入智能汽车赛道，推出华为汽车，智慧化、智能化、物联网化成为华为的主旨。在这一阶段，华为开始向社会输出其数智化运营企业的成功经验和做法。华为作为传统制造企业，向数智化转型，更具有典型复制性，其有效做法可以支持中国企业更快、更好地发展。

不同阶段的任务不同。华为坚持在信息与通信技术这个主航道，持续深入拓展产品供应链，30余年不动摇，并建立"以客户为中心，以奋斗者为本"的企业供应链管理体系和供应链生态体系，深耕深挖，使华为供应链的核心竞争力不断提升。

华为强调建立主动供应链，做到及时、准确、优质和低成本交付。要想让客户满意、让企业获利，就必须与客户协同，将供应链从被动响应转变为主动管理，主动参与产品可行性设计，使产品易交付、可交付；主动与供应商深度协同，实现共赢，持续提升供应链的核心能力。

12　华为办公场地的历次变迁

随着华为的快速发展，其办公场地几经变迁，每一次迁徙，都是企业的一次重生和新的飞跃，见证着华为供应链的不断升级。

华为办公场地的初始起源。1987年，华为在深圳市南山区南油A区16栋成立，这里是华为最早的办公和生活区域。随着业务的发展，华为的办公场地开始向西乡搬迁，这里也是华为最早的生产工厂，在华为内部被称为"西乡军校"，华为早期的产品C&C08数字程控交换机也是在这里投产并发往全国的。2000年以后，华为的办公场地搬入深圳坂田基地，占地面积达到1.3平方千米，这里成为华为的办公总部和生产基地，包括行政中心、数据中心、研发中心、生产中心、培训中心、员工公寓等。2006年，华为大部分生产基地又搬往深圳市宝安区石岩街道南岗工业园。

华为基地升级欧洲小镇。2009年，东莞松山湖基地一期（内部称为B区）启用，南岗生产线、坂田基地研发及数据和培训中心陆续迁往此地，深圳坂田百草园变更为华为单身宿舍区，各种生产配套设施一应俱全。华为松山湖欧洲小镇（内部称为

C区和D区）于2014年动工，占地1900亩（1亩≈666.7平方米），建筑设计采用欧洲经典风格，按牛津、卢森堡、温德米尔、布鲁日、弗里堡、维罗纳、勃艮第、巴黎、格拉纳达、海德尔堡、博洛尼亚、克伦诺夫12个欧洲经典城市的建筑修建。2018年7月，华为正式开启"松山湖时代"，各城堡的每个区域都采用瑞士小火车和有轨电车连接，窗外湖光潋滟，人与自然和谐共生。基地的建设风格和特色文化体现了华为"世界眼光，包容兼蓄"的中国化思维，华为充分吸收和消化国外一切先进的管理理念、方法，不保守，寻相融。

华为供应链部门全部迁入。2012年，华为的泛网络供应链、采购和制造等与供应链相关的部门全部迁入松山湖。企业供应链的任务就是要保障交付，没有好的交付，一切工作都是徒劳。如果用一个球队来形容生产企业，那么订单部门是前锋，负责对接客户，管理好客户的交付需求；计划部门是中锋，负责统筹、调度和控制后卫传来的球，也为前锋不断地输送"炮弹"；物流和采购部门是后卫，负责做好成品运输和物料采购的后勤保障工作。

13　华为为何请IBM谋划ISC

战术上的勤奋永远掩盖不了战略上的懒惰。

企业在发展的关键时刻需要破圈和破局，突破发展的瓶颈。重大机遇往往披着问题与挑战的外衣出现，如果努力解决，机遇可能就属于你；如果你绕过去，机遇可能就与你无关。在华为供应链变革过程中，任正非可谓一锤定音，极力进行ISC这一影响华为未来生命线的重大改革。

☑ **国外考察，开阔眼界**

1997年年底，华为组织企业高管前往美国考察，先后拜访了一批美国知名的国际企业，如美国休斯公司、IBM、惠普公司和贝尔实验室等。美国经历了一代又一代移民文化的冲击、优化和平衡，逐步形成发展至今的创新文化，国家和企业都在深度推动创新。

通过深入考察，华为在与IBM达成IPD的基础上，又深入研究了ISC。ISC是指由供应商、经销商、制造商、零售商及客户等共同组成的集成网络，包括研发、采购、生产、销售、物流、客服、质量控制及市场协同等，是对产品或服务从供应到交付全过程的整合，其实也就是企业供应链管理。ISC的理念伴随计算机及互联网的发展和普及而生，实现软件和技术相结合，基于企业内部整合、供应商整合及客户整合，让供应链更高效地运转，并且以核心企业为基础，通过信息集成，将供应链不同层级的供应商与客户整合在一起，实现组织之间的合作和协同，帮助企业降低成本、增加营收、做好品控，从而提升企业的核心竞争力。ISC 变革的目的是打破部门壁垒，将企业内部的各职能部门和运作活动有效地整合在一起，实现供应和需求的高效匹配，及时、准确地将产品交付给客户，提升企业的客户满意度。

☑ **蓝色巨人，华丽转身**

IBM 作为昔日全球信息世界的巨人，在 20 世纪 80 年代企业发展的顶峰阶段，是当时全球盈利能力最强的企业。然而，由于个人计算机和网络技术的发展，以及大型企业在管理上的通病，这个巨人最终举步维艰。在 1993 年以前，IBM 的机构臃肿，年亏损金额高达 83 亿美元。

1993 年年初，郭士纳这位 IBM 首位非内部晋升的总裁，郑重提出企业变革的 4 点主张：技术领先、行业解决方案、强化服务、聚焦于网络类业务，这也是 IBM 花费了数十亿美元总结和提炼出的企业管理方法，具体如下。

（1）要保持 IBM 的技术领先。

（2）要以客户的价值观为导向，重新组建 IBM 的营销部门；要针对不同行业的特点提供 IBM 的全套行业解决方案。

（3）要强化服务，追求 IBM 的客户满意度。

（4）要聚焦于网络类业务，充分发挥 IBM 的规模优势。

郭士纳在上任之后，对 IBM 的内部机构进行精简，对其 11 个领域的全流程进行再造，包括研发、销售、采购、生产、供应商管理、客户关系管理（Customer Relationship Management，CRM）、人力资源、客服、财务、不动产、信息科技。通过一系列的改革，IBM 的生产效率得到大幅提升：硬件研发时长从流程再造前的 4 年左右缩减至 16 个月；产品及时交付率从流程再造前的 30%提升至 2001 年的 95%；运输成本降低、坏账消除、销售成本降低、材料费降低，最终推动 IBM 摆脱亏损，从一家生产硬件的企业成功转型为提供软件和服务的企业，真正实现了"大象也能跳舞"的重大历史变革。

企业供应链管理优化使 IBM 的面貌焕然一新，IBM 的营收也快速增长。1996 年，IBM 的营收达到 770 亿美元，税后净收益超过 60 亿美元，一举扭亏，国际巨头 IBM 重新站起来了。

☑ **虚心求教，华为"脱胎"**

2002 年年初，IBM 全面研发建立了企业 ISC 管理系统，此时华为正好是 IBM 的全球大客户，于是虚心向 IBM 求教，从 IBM 移植 ISC 的变革流程和管理系统。

IBM 是 ISC 管理理念的实践者和倡导者，从战略层面将企业的供应链管理推向 ISC 管理，并且获得成功。经过 5 年的时间，IBM 的员工从变革初期的 41 万人缩减至 26 万人；年销售收入却增长了 100 亿美元，达到 770 亿美元；股票市值也增长了 400%。企业机构的精简使客户响应速度大幅提升。

1997 年以后，华为在持续 10 年的快速增长后，增长速度开始放缓，逐步向国际高科技企业年均 35%的增长水平看齐。通过学习 IBM 的 IPD 和 ISC 管理方法，华为在国际化道路上越走越顺畅，成为真正的巨人。

14　华为和荣耀为何分家？供应链如何再崛起

华为与荣耀是什么关系？华为是企业品牌，荣耀是原华为手机品牌，华为手机包括面向高端市场需求的华为手机和面向中低端市场需求的荣耀手机。

为何要有两个品牌？因为小米手机的销售奇迹震动了华为。2010 年，小米诞生，只做线上销售，在千元级的手机市场上异常火爆，每次手机销售都通过"预购+抢购"的方式进行，这股"饥饿营销"的旋风造成小米手机在市场上供不应求的独特现象。小米从 2011 年 8 月 16 日发布首款手机以来，在 2012—2015 年分别销售出 719 万、1870 万、6112 万、7000 万部手机。这样快速增长的销售数据给华为高管造成极大的思想震动。

华为推出荣耀这个细分品牌。善于学习的华为紧跟小米的互联网策略，推出荣耀这个细分品牌，专注于中低端手机市场，主攻更年轻的市场消费群体。荣耀在成立之初是华为消费者 BG 的电商部门，只是试水而已。然而，荣耀出奇制胜，从研发、运营、交易及服务模式上颠覆了华为的传统架构，以前不管手机好不好，领导不喜欢就要改；现在消费者 BG 更听消费者的，产品改进效率大幅提升，荣耀的行动自由度和市场裁量权得到有效提升。

荣耀突围，不负众望。小米用 3 年时间做到手机出货量 2000 万部，荣耀也快速实现了这一数据。华为 2014 年的智能手机总发货量为 7500 万部，同比增长超过 40%，跻身全球手机前 3 名，其中荣耀手机 2014 年的发货量就突破 2000 万部，70%的销量来自电商平台。荣耀没有完全照抄小米，而是聚焦于华为的技术优势，如美学设计学巴黎、小型化设计和质量控制学日本、在数学领域学俄罗斯。荣耀整合全球供应链资源，走上共同研发之路。在软件上，华为开放账号、运动健康、智能家居等模块，与其合作伙伴协同发展。小米主要聚焦于产业链后端，即营销和服务，而华为则更有传统领域的优势，包括芯片和集成，通过荣耀手机的突破，极大地弥补了华为在营销和服务方面的短板，使 C 端业务获得长足发展，荣耀也稳固了自己在集团的业务位置。2017 年，荣耀手机售出 5450 万部，销售收入达 789 亿元，其次年的增长率依然高达 30%。

兄弟分家，华为上演断舍离。2021年，华为的冬天来得更猛，在外部的压力下，华为出现高端芯片危机，制造危机也接踵而至。对于荣耀这个从2013年年底就开始与华为相伴而行的兄弟，华为大哥不得不说再见。华为剥离荣耀，不是因为华为遭受制裁，而是因为这对两个品牌来说都是自救和减负，荣耀将重新整合自身的供应链体系。华为将荣耀的所有资产，包括品牌、研发团队和供应链管理等，全部打包卖出，接收方为深圳市智慧城市科技发展集团和荣耀30余家代理商共同投资的深圳市智信新信息技术有限公司。在交易完成后，荣耀的8000名员工从华为坂田总部搬离，去往深圳梅林的荣耀办公场地。兄弟从此分离，成为不得不"竞争"的对手。离开，有时是为了更好地相见。

荣耀供应链再次崛起。根据2021年第四季度的数据，苹果手机在中国的市场份额为20%，而荣耀手机以17%的份额首次升至第二，较2020年同期翻番，成为国产手机销量第一名。在荣耀最黑暗的时刻，荣耀手机的市场占有率曾一度跌至3%。分离，让荣耀及其供应链真正强大起来，仅用了一年多的时间，荣耀就再次崛起。

荣耀采取5招供应链管理策略，再次崛起。

一是重新打通实体销售供应链渠道，在线下迅速拓展荣耀的实体专卖店，使实体专卖店增加2500家以上。

二是独立运营荣耀的线上商城。

三是在采购方面，恢复与芯片供应商的合作，参与芯片供应链的研究和使用。

四是整体提升研发设计水平，不断推出新款手机。荣耀不仅聚焦于原来的中低端手机市场，还冲刺和抢占高端手机市场。

五是在服务供应链上，沿用共享华为服务供应链的相关代理商体系。

荣耀崛起，快得令人惊讶。因为这是供应链的时代，也是依靠供应链快速脱颖而出的时代。任正非提出，荣耀要做华为全球最强的竞争对手，超越华为，甚至"打倒"华为，荣耀供应链做到了。

CINNO Research的数据显示，在中国大陆2022年8月的智能手机销量排名中，荣耀手机在当年第三次成为单月销售冠军，发展趋势良好。荣耀手机已成为国内令人瞩目的手机新势力，并且荣耀供应链还拓展了笔记本、电视机、平板电脑等产品。

目前，荣耀及其供应链还是依托华为的供应链资源禀赋和历史沉淀的，否则荣耀供应链的重建不会如此迅速和顺利。这也从侧面印证了一句话——企业之间的竞争已转变为供应链之间的竞争。荣耀在与华为剥离后，迅速通过华为供应链的赋能加持，搭建了独立的供应链体系。

华为原深圳、西安、北京的产品供应链研发团队和全国4个研发中心、100多个业界实验室，被从华为产品研发供应链体系内整体划拨给荣耀，荣耀产品在设计理念上与华为产品如出一辙,并冲刺高端产品供应链。荣耀的技术研发仍有很长的道路要走。荣耀有野心,但更要有实力。荣耀只有不断提升产品供应链的研发设计能力,才能摆脱华为品牌的禁锢,突破技术壁垒,赢得更好的口碑。

15 华为经历了哪 4 次重要转型

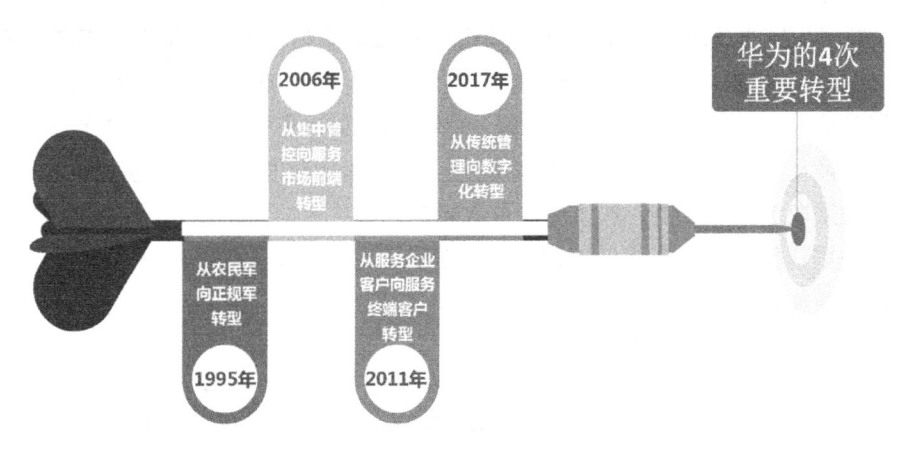

一、华为的 4 次重要转型

华为的 4 次重要转型如图 3.2 所示。

图 3.2 华为的 4 次重要转型

第一次是从农民军向正规军转型。1995 年,华为首次提出要成为国际一流大型企业的企业战略愿景,并制定了"3 年生产和管理国际接轨,5 年营销国际接轨,10 年内科研国际接轨"的宏伟目标。

第二次是从集中管控向服务市场前端转型。2006 年,华为进入国际市场,提出"让听得见炮声的人呼唤炮火",先后开展财务、IT、管理和授权的变革。

第三次是从服务企业客户向服务终端客户转型。2011 年,华为启动从面向运营商与企业的服务到面向终端消费者的服务的转型,启动自有品牌手机业务,一跃成为全球手机前 3 强。

第四次是从传统管理向数字化转型。从 2017 年开始,华为明确全面提升企业的数字化能力。

二、在转型过程中,华为不回避问题

华为经历过选择失误、市场失利、研发低效、员工流失、高层腐败、山头主义等

问题，有些问题解决了，有的问题缓解了，有的问题还在恶化，还在产生新问题。华为在转型过程中，奋力突破 10 个方面的问题。

① 在思维模式上，聚焦于专注、危机意识，自省和自知。
② 在战略上，战略聚焦、战略转型。
③ 在企业文化上，重视情感温度、动力机制、开放包容。
④ 在组织能力上，强关联，激活组织体系。
⑤ 在组织变革上，以能力为先，提高吸收能力。
⑥ 在人才能力上，学习军队的管理效率，形成利益共同体。
⑦ 在组织学习上，提倡工作即学习、训战结合、知识为要。
⑧ 在研发创新上，有控制地创新，进行全球布局。
⑨ 在市场竞争上，企业内部高效协同，采用从农村到城市的策略。
⑩ 在管理体系上，整合企业一切力量，充分利用平台支持。

16 什么是"一杯咖啡，吸收宇宙能量"

华为很注重让高级干部和专家走出去参与国际交流，参加各类国际会议和论坛，"一杯咖啡，就可能吸收国际能量"，擦出创新的火花。而在 2013 年以前，任正非还表扬华为人不喝咖啡，将别人喝咖啡的时间都用来埋头干活了。

然而，2014 年任正非提出一个响亮的宣传语："一杯咖啡，吸收宇宙能量。"

为何出现这么大的反差？这要从 2013 年说起。当时华为的年销售收入为 395 亿美元，首次超过爱立信的 353 亿美元，成为全球通信设备供应商巨头。此时任正非要求华为人主动改变自我，加强国际交流，而咖啡是最好的工具。

如今，在华为东莞松山湖基地，每个休憩的小火车站内都建有漂亮的咖啡厅，小火车将每栋楼连接在一起，三五个人，成群结队，品咖啡、谈合作，惬意得很。咖啡是载体，而产生更大规模的对外开放和合作才是咖啡厅诞生的内涵。

喝咖啡通常是西方人的消费习惯，任正非就是要让员工主动融入当地社会，参与滑雪、打球、水上运动等，一切都是为了能更加贴近客户。华为有 20 名"顶级科技外交家"，任正非要求他们每年必须花费超过 1/3 的时间到全球各大高校或者高端科学论坛，与全球顶级的科学家"喝咖啡"，对未来世界的不确定性进行充分的预判，让华为的发展方向更为精准。这批"顶级科技外交家"将全球最新的技术和思想带到华为总部，并以不同方式（如召开务虚战略会）进行研讨，探索未来技术的发展方向。

在"咖啡外交"的催化下，华为与国际市场接轨的力度更大。华为正用心构建一个数字化、智能化、国际化的企业供应链。在咖啡的芳香里，华为的科学家、数据专家和工程师共同努力，通过大数据、算法，逐步建立了人工智能赋能的供应链。至2015年，华为搭建了ISC信息化管理平台，从ISC向全球供应链逐步变革，再向终端供应链进行优化。华为建立了系统性的供应链IT、流程和管理体系，也支撑了华为国内、国际业务的双循环发展。

伴着咖啡，从2016年开始，华为推行了3年ISC+变革，不断驱动前端销售和产品变革，并朝着智慧供应链的方向迈进，实现从客户端到供应商端，从内到外的全环节、全流程贯通。这些转变体现在以下几个方面。

一是与客户数字化连接，与客户在线协同，实现业务自动化、智能化，从被动响应向主动服务转变。

二是与供应商数字化连接，业务透明，风险可控，产业链协同，多级供应商供应能力的风险可预警。

三是与华为内部数字化连接，供应链智能主动，处理时间缩短，库存周转天数缩短，物流成本降低，仓储面积减少，自动化作业增多，持续供应能力增强。

这几个方面的转变让华为与主动型供应链管理目标更近了一步。华为作为一家传统的通信企业，其数字化供应链建设和成就就是最好的广告宣传，自带光环，起到标杆示范作用。

华为供应链与全球知名国际企业供应链的"落后、追赶、超越、领跑"，从被动转变为主动，就是供应链管理中国化的最佳实践。中国企业要抓住历史机遇，在数智供应链转型方面，不做旁观者，要做践行者。咖啡文化已融入华为全球170多个国家和地区的办事机构，华为在企业内部还设有"企业级院士"，这是华为研发人员的最高荣誉，也是通过和IBM专家"喝咖啡"学习借鉴而来的。

"用最优秀人，培养更优秀的人。"华为是崇尚学习的企业，华为目前拥有专人兼职培训教师超过千人，并拥有三四十个核心教授。只有人才更出色，华为才会拥有更多的新机遇，跑在全球前列。

"一杯咖啡，吸收宇宙能量。"咖啡文化让华为更具包容性，也让华为与世界走得更近、融为一体。小小一杯咖啡，大大一个世界。

第4章

华为供应链及 ISC

17 华为供应链 4 个阶段的深入剖析

任正非曾经讲过:"在电子信息产业中,要么成为领先者,要么被淘汰,没有第三条路可走。"华为在企业管理和企业发展目标上,瞄准全球业界最佳企业,在制订产品研发及供应链管理规划时,向这些企业学习,并且研究如何超越它们。华为认为只有瞄准业界最佳企业,才有生存的余地。

从 ISC 功能覆盖深度的维度(企业供应链维度)可将华为供应链划分为 4 个阶段:华为供应链的功能建设阶段、华为 ISC 阶段、华为全球供应链阶段和华为 ISC+变革阶段。华为供应链的 4 个阶段如图 4.1 所示。

ISC变革是华为供应链的里程碑级事件,源于"5个得益于":

☑ 一是得益于华为高层的充分重视;
☑ 二是得益于华为在国内率先引入并推行ISC和SCOR模型的前瞻性探索;
☑ 三是得益于华为以流程切入IT系统落地执行;
☑ 四是得益于华为的内外部协同;
☑ 五是得益于华为坚持以一线部门为中心

华为ISC+变革阶段
2015年至今
三大军团、新五大军团、十大预备军团

华为全球供应链阶段
2005—2014年
供应中心、国际物流、计划体系、全球制造、海外ERP系统

华为ISC阶段
1998—2004年
流程化、专业化和职业化

华为供应链的功能建设阶段
1987—1997年
生产管理、质量管理、计划管理、采购管理、物流管理

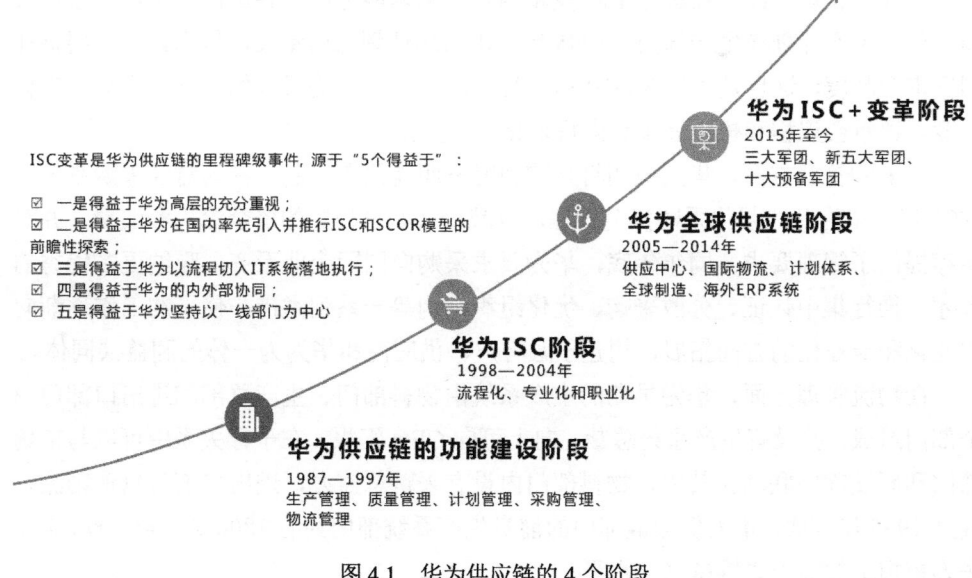

图 4.1 华为供应链的 4 个阶段

☑ 第一阶段：华为供应链的功能建设阶段（1987—1997年）

这一阶段是华为的创立和生存期，当时的供应链只能被称为生产系统，还谈不上供应链管理。在此阶段，华为尚未设立供应链管理部门，供应链业务分散于企业内各部门。1993年，华为在德国西门子公司的帮助下重塑了整体生产流程，并通过建立内部统一的物流体系，完善质量、生产控制和管理环节，完成ISO 9000质量体系认证和MRP II，从而减少物料流通、缩短生产周期、提升华为的产品供货能力。1997年，华为引入日本企业的精益生产理论，强调技术和管理一体化，至此，初具供应链思维。

在生产管理方面，华为在1994—1997年大力提升产能，从1994年月产交换机200万线提高至1997年月产400万线，人均产值提高至500万元。1994年，华为对生产系统提出"生产无故障"的要求，从生产现场质量管理升级到全面标准化建设。1997年，华为对生产管理系统进行全面改革，建立了统一的分专业加工中心，按产品分类建立产品加工部门，目的是用好华为的共同资源，打通生产加工系统，避免重复建设，并以建设国际一流生产工厂为目标进行转型升级，华为的生产总部逐步演变为"企业制造部门"。

在质量管理方面，华为的产品管理部门从制造部门独立出来，并延伸工作职责和内容，逐步覆盖全企业、全流程，建立了长期跟踪质量体系。

在计划管理方面，在进行ISC变革前，计划职能分散在各部门，市场计划在市场部门，生产计划在生产部门。1995年，由市场计划部门牵头，华为建立了要货计划评审会制度，这也是华为S&OP的前身。1997年，华为又开始建立分产品评审会制度，评审会议程和模板逐步走向规范化。

在采购管理方面，华为最初将采购和财务职能放在一起，称为财经采购系统。1995年，华为开始强化采购资金管理，以减少采购过程中的资金流失和浪费，并对库存提出了管理要求。同年年底，华为要求采购向国际企业看齐，吸纳更多优秀的人才，推行集中认证、分散采购、优化组织结构等一系列举措，使采购工作逐渐向职业化和专业化的方向拓展，构建了融客户、供应商和华为为一体的利益共同体。

在物流管理方面，华为早期的生产系统由物料部门、生产总部和进出口部门3个部门组成，并设有生产系统总裁，向上可向CEO汇报，在平行关系中可以与市场部门和研发部门联动。其中，物料部门内设有采购总监办，进出口部门负责物流。截至1995年年底，华为供应链部门的前身生产系统部门约有1800人，至1998年在华为校招扩招前一直维持这一水平。

至此，华为在供应链管理领域逐步建立起生产、质控、计划、采购、物流五大管理功能。

☑ **第二阶段：华为 ISC 阶段（1998—2004 年）**

华为 ISC 变革经历了流程化、专业化和职业化的阶段。在这一阶段，华为形成内部能力的集成，以提供更加低成本的优质服务。1998—2004 年，华为启动 ISC 变革，实现华为供应链内部计划、采购、订单、制造、物流等核心基础能力的提升，并逐步实现华为供应链和研发、销售、服务交付等流程的变革和集成。

ISC 是由供应商、生产商、分销商、零售商和客户组成的链状网络，通过对信息流、物流和资金流的重新规划、设计和控制，实现在正确的时间，将正确的产品和服务配送到正确的地点，并减少供应链总成本的管理目标。任正非在 1997 年就认识到供应链管理对企业的重要性，并且非常重视引入 IBM 的 ISC 管理。

任正非曾讲过："ISC 解决了，华为的管理问题基本上就解决了。"供应链管理可以提升企业的运营效率、降低企业的运营成本，是华为的核心竞争力。华为要通过重整企业供应链、优化供应链，不断提升其服务客户的能力。

华为在 1998 年开始全面引入 IBM 的 ISC 管理，规划未来 3~5 年需要的业务变革和 IT 项目。这些变革和 IT 项目主要由 IPD、ISC、财务"四统一"和 IT 系统重整等 8 个分项组成，其中以华为 ISC 和 IPD 两个最为重要，它们都是以流程变革为核心推动企业管理升级的。华为开始从"小米加步枪"的战斗模式，逐步迈向"正规集团军"作战模式，企业供应链管理能力直线上升。

ISC 变革成为华为的改革主线，贯穿华为供应链变革的全过程，让华为供应链的组织变革顺利推进。ISC 是一套现代化和科学化的管理制度。基于 ISC 变革，华为进一步建立起以客户需求为导向、以流程高效化为运作框架、以端到端优质交付为呈现结果的低成本和全过程的供应链运作体系。

☑ **第三阶段：华为全球供应链阶段（2005—2014 年）**

在这一阶段，随着业务的拓展，为了实现更加贴近客户、更加快速响应的目标，华为供应链开始向全球供应网络转变，从而实现华为在全球物流交付方面的生态布局。在这一阶段，华为不断强化全球供应链的建设，打通整体供应链，建立海外供应中心和区域 HUB（中转仓），并升级华为供应链和采购流程及 IT 信息系统。华为的全球供应网络布局如图 4.2 所示。

在这一阶段，华为供应链聚焦于客户体验，从被动响应向主动服务全面转身，对内实施数字化供应链建设，对外提高协同能力。这一阶段的智慧物流和数字化仓储项目成为华为供应链变革的核心之一，具体剖析如下。

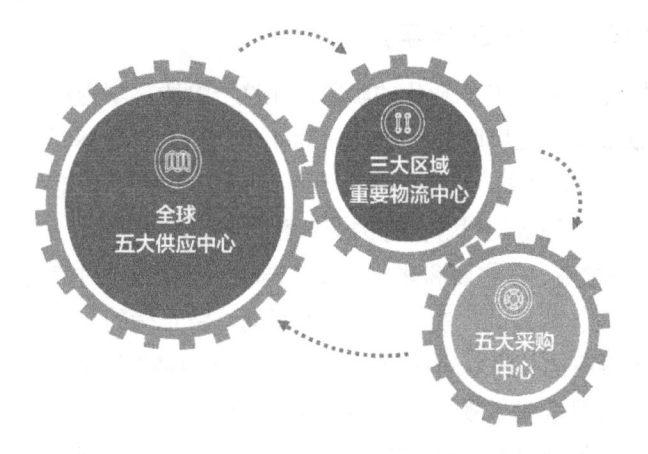

全球五大供应中心
中国、墨西哥、巴西、印度和匈牙利

三大区域重要物流中心
中国、荷兰和阿联酋

五大采购中心
美国、日本、德国、中国大陆、中国台湾

图 4.2 华为的全球供应网络布局

（1）建设原因。华为 ISC 变革从国内延伸到国际，形成全球供应链。随着海外业务的不断拓展，2005 年，华为的年销售收入达到 838 亿元，增长超过 81%，海外销售收入占华为整体销售收入的比例为 58%，首超国内销售收入。当时，华为的生产还是深圳单一供应网络，海外仅有研究机构，没有供应链组织，全球交付能力不足成为棘手的问题。飞速增长的海外业务也倒逼华为进行供应链变革。2005 年，华为提出建设全球供应链项目，将 ISC 的流程、IT 系统和组织移植到海外，建立海外供应链网络，实现华为供应链的全球化。

（2）供应中心。华为在全球共设有五大供应中心，分别位于中国、墨西哥、巴西、印度和匈牙利。其中，华为匈牙利供应中心可以实现欧洲和北非国家两周以内及时到货。另外，华为还在中国、荷兰和阿联酋设立了三大区域物流中心。在采购方面，华为在美国、日本、德国、中国大陆、中国台湾设立五大采购中心并成立对应的采购组织，实行集中认证、分散采购的策略。

（3）国际物流。华为的海外业务通过第三方、第四方物流进行运营和配送。目前，在国际物流这一领域，华为的控制力相对有限。

（4）计划体系。华为建立覆盖全球的需求管理流程，涵盖需求汇总、平衡、评审等环节，统一归集为全球的需求计划。

（5）全球制造。华为在全球化过程中，也在积极推进国际市场本土化生产，实现贴近客户服务、缩短交货期、减少响应时间的目标。华为在欧洲与国际排名靠前的电子制造服务企业合作建厂，这些工厂由华为供应中心管理，使产品和服务能够被更加顺利地交付给当地客户。这些工厂聘用当地的员工，促进了华为和地方部门的交流与品牌推广。

（6）海外 ERP 系统。2004 年，华为 ISC 变革完成，但海外 ERP 系统的效率依然较低。华为的供应链部门和财务部门共同建设了国际版 ERP 系统，整合海外代表处的运作流程。由于海外税收和各地海关政策不同，华为花费了大量的精力才完成海外 ERP 系统的建设，大大提高了海外业务的运营效率。截至 2008 年，华为国际供应链端到端的交付初步实现，形成完整的全球供应链网络，这也支撑华为在当年完成整体销售收入 1591 亿元，其中海外销售收入的占比达到 75%，国际市场比例进一步增大。华为的全球供应链网络如图 4.3 所示。

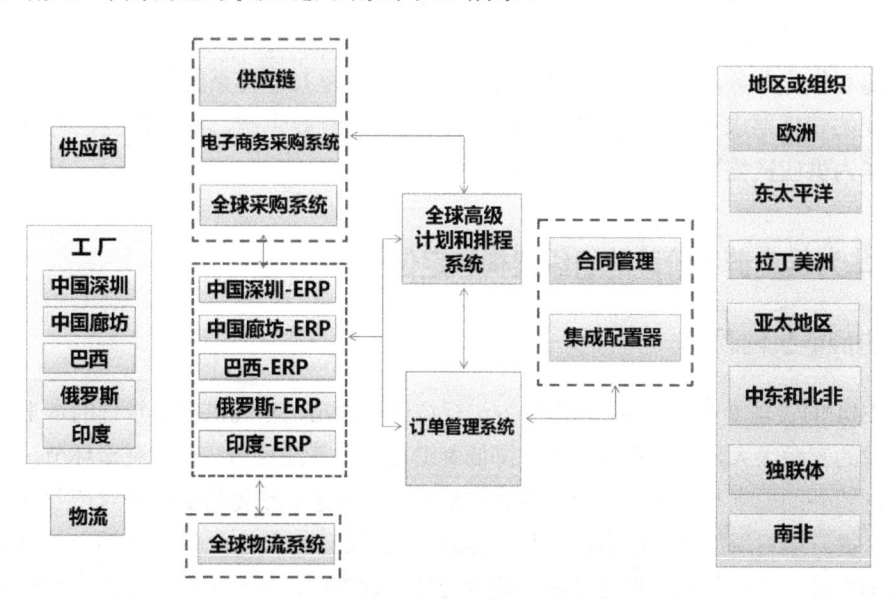

图 4.3 华为的全球供应链网络

华为全球供应链网络的构建有效地支持了华为海外业务的拓展。ISC 变革贯穿了华为各职能部门和供应链上的各组织，而全球供应链变革则贯穿了全球范围内各国家和地区的组织，形成华为在全球范围内供应链的有效集成和协同，对于国际企业的有序发展具有重要价值。

☑ **第四阶段：华为 ISC+变革阶段（2015 年至今）**

从 2015 年至今，华为供应链生态体系建设和数智化深入推行。华为在原有的三大军团基础上，成立新五大军团、十大预备军团，向着构建万物互联的智能世界全面迈进，触及的业务领域也不断扩大。

三大军团包括运营商 BG、企业 BG、消费者 BG。

新五大军团包括煤矿、海关和港口、数据中心、智慧公路、智能光伏。

十大预备军团包括互动媒体（音乐）、显示芯核、运动健康、园区网络、数据中心网络、站点及模块电源、数据中心底座、机场轨道、政务一网通、电力数字化服务。华为会给予预备军团一段运作时间，以具体效果来判定是否让其转正。预备军团的大多数负责人有20年以上的从业经历，并有海外工作经历。

ISC变革是华为供应链的里程碑级事件，有效地支撑了华为业务的快速扩张。总结起来，这一变革的深入落地源于"5个得益于"：一是得益于华为高层的充分重视；二是得益于华为在国内率先引入并推行ISC和SCOR模型的前瞻性探索；三是得益于华为以流程切入IT系统落地执行；四是得益于华为的内外部协同；五是得益于华为坚持以一线部门为中心。

随着华为业务涉及的领域不断增加，对应的华为ISC体系也更为复杂和庞大，对企业的管理要求更高、更苛刻，如何有效研发、有效生产、有效供应、有效交付成为华为供应链需要解决的重要问题。

18　华为供应链各阶段的组织架构和定位

一、供应链机构调整

IBM的管理专家在1999年对华为进行调研后指出，华为供应链管理的水平与国际企业的差距很大，中国企业更关注降低制造成本，其注意力往往在制造环节，很少关注制造外的成本与效率，综合运营成本处于失控状态。华为需要提高对产业链的控制力，提升端对端的整合能力，于是在2000年引入IBM的ISC管理体系，对企业的组织架构进行重新优化，设立了统一的供应链管理部门，承担采购、制造、客服及全球物流等职能。华为供应链的组织架构"金字塔"如图4.4所示。

图4.4　华为供应链的组织架构"金字塔"

这项改革对于华为之后的全球业务拓展，提升产业链、价值链、供应链管理的能力，起到至关重要的作用。

二、各阶段的组织架构和定位

（1）供应链的整合期（1998—2004 年）。1998 年，华为推行 ISC 变革。在完成 ISC 变革后，供应链管理部门开始独立运作，承担华为端到端的供应保障职责，全面负责供应、质量、降本和库存控制等任务和工作。在 ISC 变革启动后，华为成立供应链管理部门，由华为高层担任总裁。华为供应链早期的组织架构如图 4.5 所示。

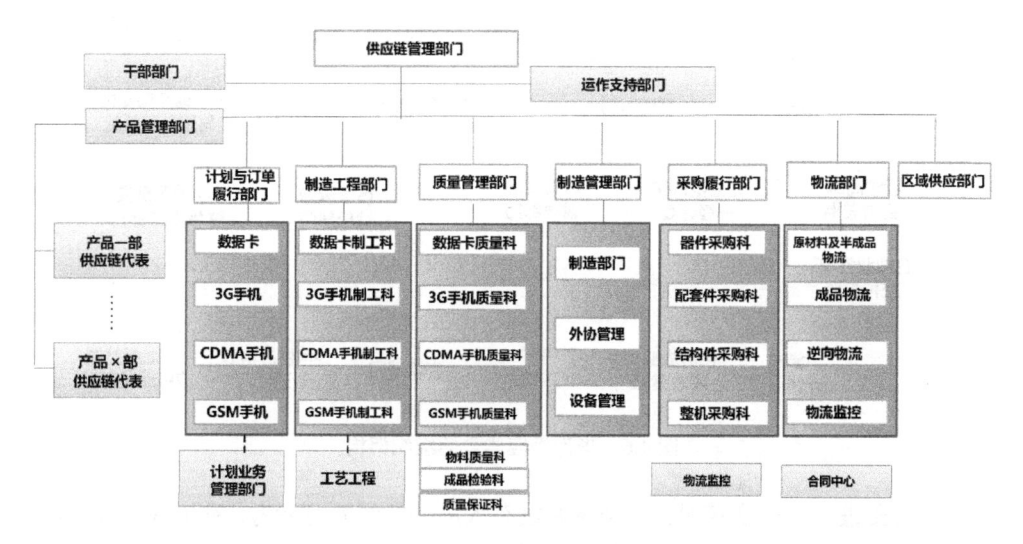

图 4.5 华为供应链早期的组织架构

（2）供应链国际化期（2005—2011 年）。2005 年，华为进入全球供应链建设阶段，供应链开始支撑多场景、多产业、多区域生产交付任务。此时，华为重点建设海外代表处的供应链和海外供应中心（包括订单部门、计划物流部门、本地采购部门和制造部门），打通了端到端的国际交付流程。全球供应链项目实现全球计划、全球订单履行、全球供应网络的设计。2008 年，华为实现产品全球大生产、全球大交付，形成全方位的全球供应网络；截至 2011 年，华为在全球形成具有五大供应中心、三大区域重要物流中心和五大采购中心的供应网络布局。

（3）供应链三足鼎立期（2012 年至今）。2012 年，华为的供应链管理部门曾改名为供应链管理服务部门，后又改回。2015 年，华为将采购认证部门和制造部门独立出来，华为供应链组织趋于稳定，形成供应体系，并由独立的供应链管理部门、采购认证部门和制造部门组成，形成三足鼎立的局面。但在华为的企业层面，依然由 CSCO 负责整体供应体系管理和建设。CSCO 也在华为的董事会序列，供应链成为华为的核心竞争优势。

在全球范围内，华为以增加销售收入、降低运作和交易成本、快速响应客户需求为供应链管理和集成优化的目标，建立了覆盖全球的集成 IT 系统，协调全球供应链活动和流程，最终实现了企业的财务目标和服务目标。华为供应链体系的组织架构如图 4.6 所示。

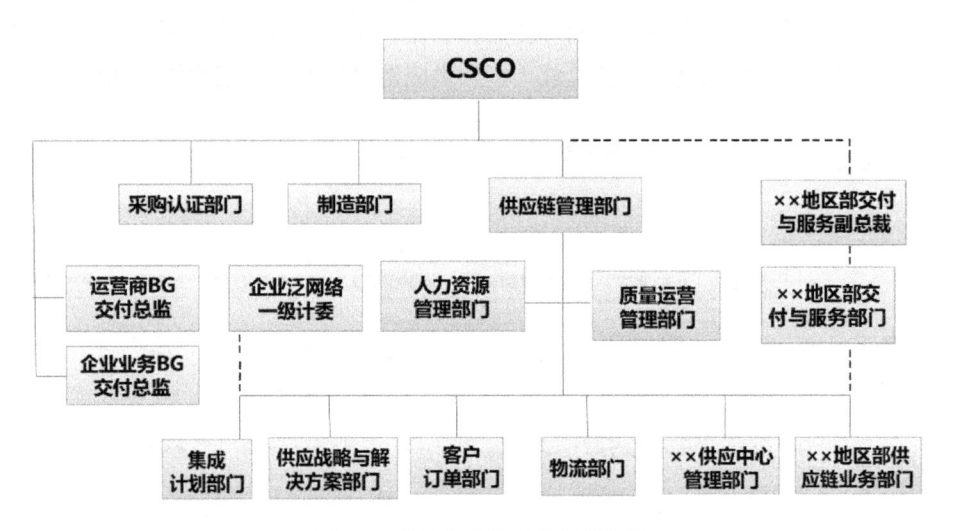

图 4.6 华为供应体系的组织架构

华为在进行 ISC 变革时，在全球并没有太成熟的经验可参考。在 IBM 管理专家及咨询公司的帮助下，华为实现从内部整合到外部客户和供应商的整合，在供应链管理方面不断取得提升。然而，华为当前仍然面临供应链敏捷性、适应性和一致性等方面的挑战，如何避免因供应链运营流程相关机制固化而失去企业的灵活性，产生"大企业病"，是华为目前需要解决的问题。

三、华为供应链管理部门的设置及功能

根据业务属性，华为的供应链管理部门可分为 To B 和 To C 两类。

☑ **To B 供应链管理部门**

To B 供应链管理部门也称泛网供应链管理部门，面向运营商业务，从原来的华为技术有限公司的供应链管理部门演变而来，根据国际行业通行规则，被命名为 CSCO。这个大部门具体由供应链管理部门、采购认证部门和制造部门组成。

（1）供应链管理部门。企业内部包括集成计划部门、物流部门、生产计划与采

购履行部门，以及在全球各地的华为供应中心等相关服务部门。供应链管理部门更加国际化、贴近客户交付。随着供应链管理部门内部的集成计划部门与客户订单部门的职能细化分离，华为内部的生产计划开始按产品进行划分。

集成计划部门负责华为的运营商项目、硬件和软件产品的总体需求计划。集成计划部门负责在客户订单部门之前制订客户订单履行交付的计划，其以客户为导向的特征明显。

物流部门负责成品和物料的物流运输和交付工作，分为面向客户的物流部分和面向制造的物流部分：面向客户的物流部分包括国际运输，一般外包给国际排名靠前的 LSP（Logistics Service Provider，物流承运商），如联邦快递、DHL、UPS 和德国邮政等；面向制造的物流部分包括仓储物流，也称物料配送，定位为企业制造配套部门，外包给 LSP，如中外运、DHL、中国邮政、顺丰速运等，由专业物流公司提供服务。

生产计划与采购履行部门负责采购订单的需求发放、采购订单的执行和处理，以及 MRP 等工作。

华为供应中心具体负责华为供应工作的落地执行，全面实现华为供应链管理部门指定的供应链物流区域内的交付工作。

（2）采购认证部门。采购认证部门主要负责华为供应商的寻源、认证、考核等。华为将华为终端公司的采购认证部门独立出来，并与华为的物流认证部门合并，形成华为新的部门——采购认证部，负责海外销售物料的市场性采购。

（3）制造部门。制造部门主要负责华为部分高端产品的生产制造、新产品的导入验证等。

泛网供应链将生产制造和采购认证这两个职能独立于供应链管理部门，而供应链管理部门则主要承担交付供应单位的职能，成为华为业务的具体支撑部门，这属于传统思路，与现在所定义的大供应链运营管理的概念不同。

制造部门负责华为各 BG 全球业务制造平台的建设，覆盖华为所有的产品，立足于华为总部，覆盖全球，既是华为全球制造技术和能力的孵化中心，又是全球制造的管理中心。制造部门负责车间管理、制造工程、新产品导入、物料配送，以及 EMS（Electronic Manufacturing Services，电子制造服务）管理等。该部门是从原来的供应链管理部门独立出来的。2015 年，华为的制造部门升级为一级部门，为响应国家的战略，形成由制造部门、供应链管理部门、采购认证部门三大部门联合组成的华为供应体系。

☑ To C 供应链管理部门

To C 供应链管理部门也称终端业务供应链管理部门，是 2011 年以后建立的。华为终端公司的供应链管理部门在华为被称为集成交付管理部门，由计划部门、物流部门、采购认证部门、订单履行部门及地区供应中心等组成。

华为的制造部门也是独立的职能部门，为了响应制造强国战略，华为其他相关的 EMS 生产外包工厂和自制工厂由华为的采购认证部门和制造部门交叉管理，不由集成交付管理部门管理。

其中，华为终端公司作为相对独立的事业部门，其供应链体系也相对独立，更具灵活性、市场性和独立性。华为在终端供应链运作之初，建立了集成交付管理部门，负责终端产品供应体系工作，包括战略制定、终端产品供应、采购、成本质量管控、流程 IT 管理、网络安全和变革管理等。该部门内设有集成计划部门、物流部门、采购认证部门、订单履行部门和海外供应中心等，其中采购认证部门由集成交付管理部门和集团首席采购官双重领导。终端制造部门由华为的制造部门管理，华为自制工厂只承担部分高端产品的生产任务，大部分元器件由外包工厂生产，外包工厂则由华为的制造部门和采购认证部门共同管理。

☑ **供应链管理部门的年度 KPI 指标**

供应链管理部门的年度 KPI 指标由 4 个部分组成，合计 10 项指标，权重之和为 100%。

一是客户指标（2 项：供应客户满意度、战略目标，权重为 15%）。

二是财务指标（3 项：规模上的为销售收入，成本上的为交付成本率和供应成本率，权重为 30%）。

三是内部业务指标（4 项：效率上的为全流程 ITO、企业客户供货周期；质量上的为合同及时齐套到货率、站点及时齐套到货率，权重为 40%）。

四是学习与发展指标（1 项：组织干部人才目标，权重为 15%）。

19 华为供应链的问题诊断

IBM 的管理专家经过诊断认为华为存在 5 个领域的表象问题（涉及流程、IT 系统和组织 3 个方面）、78 个详细问题（归纳为 9 类业务领域问题），并拟采取 7 项流程变革，最终实现华为供应链的再造。

一、存在的问题

华为在进行 ISC 变革前，尽管企业的销售收入依然连年增长，但销售利润呈现逐年下滑的趋势，企业人均效益仅为 IBM 和思科等国际领先企业的 16%~33%。应该说，华为当时的成就其实是华为人加班加点赶出来的。

当时的华为供应链管理水平已无法支持其业务的扩张，华为开始深入思考如何通过供应链管理来应对企业的爆发式增长。但是，对于 ISC 管理，IBM 也处在探索阶段。对于 ISC 变革，IBM 负责提供供应链管理的理论指导，华为的管理层负责根据华为的实际情况探索和设计落地的具体管理细则。

华为存在的 5 个领域的表象问题包括：① 产品质量不合格率偏高；② 需求变更频繁，无法及时交付产品；③ 订单和生产能力不匹配；④ 需求预测和生产计划的准确性低；⑤ 物流运输部门经常发错货。

调查显示，当时华为的订单及时交货率仅为 50%，行业平均水平为 94%；华为的库存周转率为 3.6 次/年，行业平均为 9.4 次/年；华为的订单履行周期高达 22.5 天，行业平均水平为 10 天。这些问题极大地降低了华为产品的市场竞争力。

二、诊断的结果

1999 年，IBM 的管理专家对华为供应链进行全面、深入、系统的诊断，他们以第三方的身份对华为的客户进行访谈调查，通过总结华为在合同谈判、合同签订、工程安装、备件维修、交接货、售后服务等方面的表现，以及客户的真实需求和期望，整理、分析、提炼出 78 个供应链问题，这些问题的分布区域如图 4.7 所示。

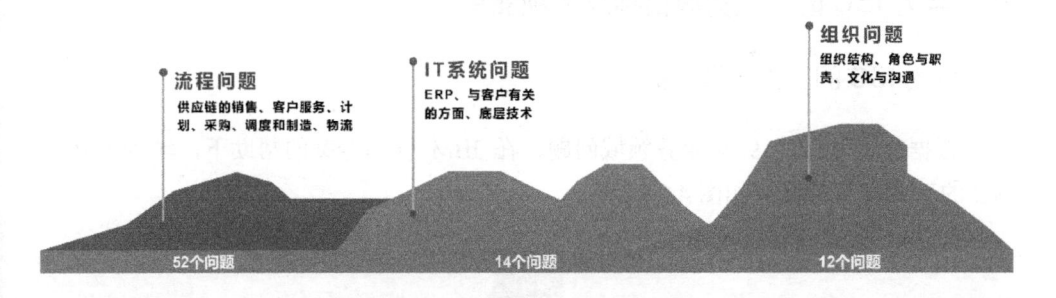

图 4.7 华为供应链问题的分布区域

华为供应链的问题涉及流程、IT 系统和组织 3 个方面，归纳为 9 类业务领域问题，简称"华为供应链九不"，具体包括：① 需求预测不准；② 采购供应商管理不精；③ 订单履行不好；④ 订单准时交付率不高；⑤ 生产效率不佳；⑥ 客户服务不优；⑦ IT 系统不通；⑧ 供应链评价标准不全；⑨ 企业组织机构不畅，具体问题如图 4.8 所示。

图 4.8 华为供应链的 9 类业务领域问题

IBM 的管理专家诊断问题的项目范围，经过 3 次深入讨论，从泛泛 5 个关注细节的最初目标，到最终理论上提炼出的 9 类业务领域问题，并落实到华为供应链管理将要执行的 7 项流程变革，可谓系统思考、抓住要害、精准施策、分层实施。

20　华为 ISC 的三大变革目标及 7 项变革

一、华为 ISC 的三大变革目标

根据前文分析的 9 类业务领域问题，在 IBM 管理专家的帮助下，华为确立了 ISC 的三大变革目标，如图 4.9 所示。

图 4.9　华为 ISC 的三大变革目标

52

（1）建立以客户为中心的 ISC。华为建立 ISC 的核心目的是最大限度地满足客户的需求，提升企业的服务能力和服务水平，践行"为客户服务是华为存在的唯一理由"的理念。

（2）建立成本最低的 ISC。降低供应链运营成本，增加企业利润，让供应链成为华为"第三利润"源泉。随着通信技术发展及市场竞争的白热化，产品的市场售价会呈现下降态势，华为要想在竞争中获得优势，势必要在成本方面下足功夫，而提升供应链的整体运作水平，可以有效地降低管理成本。

（3）提高供应链的灵活性和快速反应能力。华为要提高其供应链各组成部分的集成度，如在不同职能部门和组织之间实现供应链的协调同步，缩短供应链的整体运作周期、提高运作效率，形成华为的组织韧性。

基于以上三大变革目标，华为重新设计企业整体供应链的相关运作流程，厘清企业内部各流程的角色定位，对 IT 系统的集成需求和组织变革提出新的方案，通过建立 KPI 来持续评估华为 ISC 变革的成效。

华为构建了新的供应链内部流程体系，建立以需求计划为核心的驱动要素，使采购、生产、物流、销售等要素协作，相互结合、相互协同，形成更为高效和规范的供应链管理体系。

二、华为 ISC 的 7 项变革

华为的管理者和 IBM 的管理专家共同设计了华为 ISC 模型。该模型梳理了各流程的角色，提出 IT 系统需求和组织变革方案，根据企业的现实情况和未来发展规划量身定制华为 ISC 变革项目解决方案，并设置了评估华为 ISC 变革效果的几项关键指标。华为在若干特定生产线、区域和特定客户及供应商处开展了 ISC 模型的测试，并在测试结束后，在企业内部正式推行 ISC 模型（包括流程、组织和 IT 系统）。

华为 ISC 主要从 7 个方面实施变革，变革前后的对比如表 4.1 所示。

表 4.1 华为 ISC 7 项变革前后的对比

变革内容	变 革 前	变 革 后
1.销售及订单管理	① 销售部门先签合同再进行合同评审。 ② 企业的订单状态不够透明，华为的销售人员无法真实、直接了解相关订单及合同执行情况。 ③ 客户对订单的进展不清楚，容易产生不满情绪	① 可视化。改变原来销售端缺乏生产状态可视性的问题，优化华为原来的 MRP Ⅱ 系统，让销售人员随时可以访问，以便了解相关订单的最新生产过程；可以支撑销售人员对客户给予更加准确的承诺和快速的响应。 ② 检视化。新增合同检视服务环节，杜绝了合同执行中的错误。 ③ 集成化。在销售流程中引入集成销售配置器，缩短订单交付周期

续表

变革内容	变革前	变革后
2. 计划及调度	① 需求管理和需求预测不够科学，缺乏真正有效的预测方法和相关的预测工具。 ② 企业产品销售预测准确度不高。 ③ MRPⅡ系统不能承诺排期和数量	① 推行 S&OP。在华为计划流程中引入 S&OP，实现有效资源综合平衡，让营销、计划、制造、研发、财务和采购等部门协调一致。 ② S&OP 的内容。S&OP 包括产能规划、客户订单计划、采购计划、生产计划及库存管理计划等。 ③ 实施全面订单管理模型。将华为的业务计划和战略规划细化为各环节的运作计划，引入全面订单管理模型来管理计划和订单，将业务规则固化到应用系统中，减少人为干预，提升规范化管理水平
3. 采购	① 物料专家团（Commodity Expert Groups，CEG）在研发早期阶段，对供应商选择的介入不充分。 ② 供应商数量和质量不一致，增加管理难度。 ③ 缺乏长期战略采购协议。 ④ 采购方法的步骤过多，采购成本居高不下	① 统一采购流程。强化财务部门的配合，规范统一采购流程，由供应商直接寄发票至财务部门。 ② 组建 CEG。对采购物料进行分类管理，针对不同物料组建 CEG，与核心供应商建立战略合作伙伴关系，加强采购绩效管理。 ③ 推行供应商认证流程。以技术、响应、品质、交付、成本和环境保护 6 个要素来认证和选择供应商，实现降本提质，获取采购供应链的竞争优势。 ④ 战略供应商提前介入研发。在产品研发阶段，采购部门引导供应商在设计环节提前介入，与优质战略供应商共同研发企业的新产品
4. 制造	① 生产计划不完备，生产所需部件不能及时到位，只能组装部分到货部件，导致产品不齐套发货。 ② 部件到齐又导致延期发货。 ③ 产品通用器件少。 ④ 半成品库存积压严重。 ⑤ 生产协作不足，生产能力跟不上企业的发展	① 全面质量管理。制造部门建立不同的生产模式，满足订单生产、库存生产、JIT 生产等方式，实现企业的全面质量管理。 ② 简易生产外包。成熟的部件还可由 EMS 外包工厂进行生产。 ③ 聚焦于高端生产。让制造部门集中生产设备和人力，去生产工艺难度相对较大的产品及企业的新产品，提高企业的人均生产效率和制造柔性
5. 物流	① 物料从接收到发出的周期长、效率低，影响生产环节的进度和产品的及时交付。 ② 物料库存不合理，大量库存影响效率，增加运营成本。 ③ 物料的采购、库存、运输影响生产效率	① 信息技术赋能。运用条形码、射频识别等技术，提高库存周转率、减少损耗。 ② 自动化设备赋能。建立自动物流和立体仓储，减少物料移动，提高仓库和物流作业效率

续表

变革内容	变革前	变革后
6. IT 系统	① MRP Ⅱ 系统的数据准确度不高，未广泛应用。 ② 在 CRM 支持上，企业的数据孤岛造成数据不完整，缺乏合同管理工具。 ③ 在底层供应链技术上，没有企业级的工作流，数据库信息不完整，使用率低	① 优化系统。优化原 MRPII 系统，增加及增强功能，建立生态节能优化管理工具。 ② 打通数据接口。将各部门分散的数据孤岛集成到华为统一的信息平台上。 ③ 集成工作流程。新的 IT 系统将集成原 MRP Ⅱ 系统、高级计划和排程系统、电子采购系统、订单履行系统、人力资源管理系统、物流管理系统、计算机辅助设计系统，以及其他 ERP 和 CRM 系统，有效集成华为的计划、调度、采购、工程、生产、物流和客服等工作流程
7. 组织结构	① 组织结构无法支持 ISC 的有效运作，原有华为供应链的组织结构层次太多，需要协调的难度大，也带来了额外的业务处理时间及分散的决策点。 ② 部门之间缺乏沟通与合作	① 部门整合。通过 ISC 变革，优化改造原有制造管理委员会，将旧的制造、计划、采购、进出口、认证、运输和库存管理部门整合为一个新的更大的供应链管理部门，称为 CSCO，并由副总裁分管这个供应链管理部门。 ② 领导挂帅。任正非亲自督导成立变革指导委员会，力促 ISC 变革务必成功

21 华为 SCOR 的底层逻辑

为达到 IBM 的管理专家提出的"科学识别流程"的要求，华为深入对标全球最佳供应链的运作流程，即 SCOR，通过流程模型来建立华为底层的供应链理论体系，以便支持此次华为供应链的变革。

SCOR 这一概念由国际供应链理事会（Supply Chain Council，SCC）率先提出，是适用于不同工业领域的供应链运作参考模型，如今已被推广至更多领域。

一、SCOR 的特点

1997 年，SCC 首次发布 SCOR，目前已升级至第 12 个版本。SCOR 可以有效帮助企业供应链实现从基于职能管理，大踏步迈向基于流程管理的转变和升级，建立企业内外部有效运行的供应链管理体系。

SCOR 定义的供应链涵盖了供应商及客户的客户，提供端到端的全流程解决方案。

在国际上，从纵向管理流的角度来看，SCOR 由 4 个部分组成，也称 4P。① 流程（Process）：SCOR 的核心，对企业供应链的流程进行定义。② 绩效（Performance）：

用来描述流程绩效和定义战略目标。③ 实践（Practice）：对供应链最佳实践的描述。④ 人员（People）：人力资源方案，供应链软件产品的赋能选择信息。

从横向业务流的角度来看，SCOR 一般将供应链定义为计划（Plan）、采购（Source）、生产（Make）、配送（Deliver）、退货（Return）5 个流程，具体描述了相关流程的定义和流程绩效的衡量指标。SCOR 示意图如图 4.10 所示。

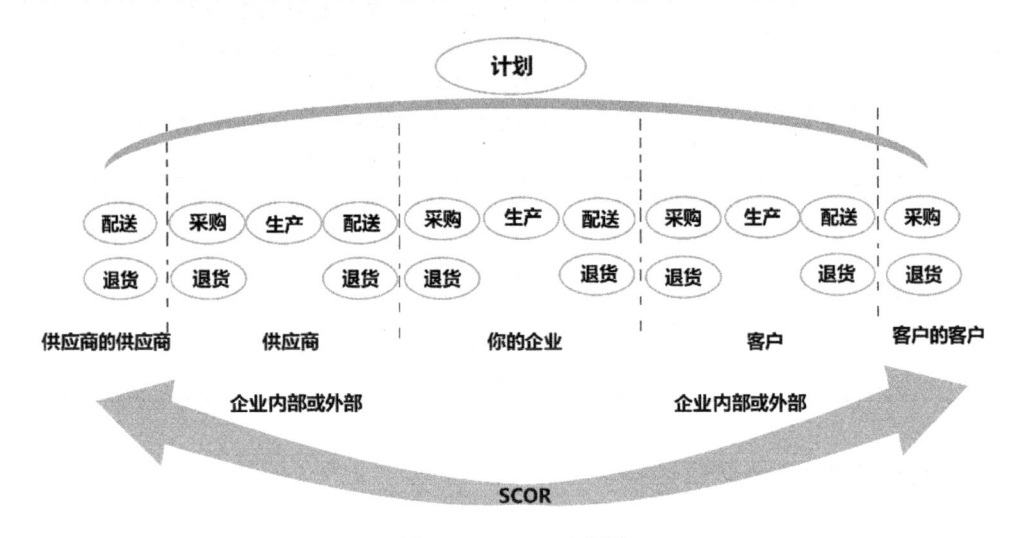

图 4.10　SCOR 示意图

SCOR 的特别之处在于将业务流程、绩效指标、人员职能和企业实践集成到一个统一的、跨功能的系统软件框架中，并围绕 5 个基本供应链管理流程（计划、采购、生产、配送、退货）来运作，涉及客户与供应商的所有往来活动、所有物料的传送，以及所有市场需求信息的互动，为供应链上下游所有供应商和客户提供端到端、全流程贯通的供应链解决方案。

SCOR 将业务流程重组、流程评测和标杆比较等都集成到跨功能的框架之中，帮助管理者聚焦于管理问题、有效沟通、管理内部供应链、衡量供应链绩效等。

二、SCOR 的 5 个基本供应链管理流程

（1）计划。计划是指需求和供应的规划与管理等一系列供应链活动，包括：① 客户需求信息收集；② 可供应资源信息提供；③ 需求和供应差异平衡；④ 协调解决缺供短缺等。这一流程将评估企业产品供应链的整体生产能力、需求计划，以及针对分销商制订的生产、库存、分销、物料生产能力等计划。另外，计划还包括实施采购和制造决策的制定、生产能力和资源的规划、供应链结构的设计、产品

生命周期的确定和管理等方面的内容。

（2）采购。采购是指供应商选择、物料收取、原材料仓库管理、物料运送安装和采购支持等活动，具体包括：① 采购寻源，选择提供产品或服务的供应商；② 明确采购流程，与供应商明确并建立定价、交期、付款、收货、运输、仓储等合作事项的管理流程；③ 强化采购机制，建立监控和改善采购流程的全套机制。

（3）生产。生产是指生产运作和生产支持业务等，也就是将物料转换为成品或者服务的全过程，具体包括：① 安排生产；② 实施组装；③ 开展测试；④ 进行包装等活动。制造是供应链管理之中管理内容和细节最多的部分之一，需要企业从质量、产量和效率等方面加以控制。

（4）配送。配送是指订单、库存、运输安装和配送支持等管理工作，其中的重点工作是物流，即按照客户需求做好配送渠道决策、配送存货管理、配送品质把握等，具体包括：① 交付安排，即安排交付时间和数量；② 仓储管理，即建立仓储机制；③ 配送服务，即提货、送货；④ 收付款，即收发货和收付款系统建立等环节。

（5）退货。退货是指原材料退回和产品退回等供应链的售后处理工作，这是由客户向企业的逆向流程和体系，具体包括：① 逆向物流，即不良品或多余产品接收；② 残次品管理，即不良品处置；③ 售后服务，即客户支持服务等。

22 华为的 SCOR——中国式供应链管理最佳实践

一、华为供应链基于 SCOR 的"3 步走"

1999 年，华为引入 ISC，这个流程就是基于 SCOR 模型设计而来的。华为引入 ISC 并结合自身实际将其中国化，从供应商到客户，实现"3 步走"。

第一步：区分主流程和赋能流程。主流程用于业务作战，对应业务部门。赋能流程用于能力建设，对应运营和行政管理部门。流程包括计划（设计）、采购、制造（生产）、销售、交付（服务）等全链条和全环节。

第二步：制定供应链战略。供应链战略涵盖所有流程，体现出供应链战略和执行的重要性。供应链战略是华为经营和生产战略的重要组成部分。

第三步：强化计划和订单流程。华为的客户订单就是供应链的入口，接入销售环节，计划是供应链的中枢环节。通过 SCOR，华为将流程逐层分解，形成 PBA 架构（从上至下建立的流程架构），满足流程性的组织建设要求，避免企业重复建设，实现分层、分级的管理。例如，将供应链的计划业务流程细化为要货计划、S&OP、主计划、采购计划和生产计划等次级流程，每个次级流程都可以被继续细分，如要货计划可以继续细分为客户要货、市场一线要货、服务要货、独立需求要货等再次级流程，倒逼实现层层分解、环环相扣的计划业务流程架构。

二、华为的 SCOR

通过对华为的深度了解，IBM 的管理专家发现华为供应链主要存在 3 个方面的问题：流程问题、组织问题和 IT 系统问题。华为的管理层根据上述问题，结合 SCOR 的要求，决定对流程和 IT 系统进行再设计，主要包括 5 个方面的流程再造：计划流程、采购流程、生产流程、销售流程和交付流程。在流程再造过程中，华为将 ISC 界定为计划、采购、生产、销售、交付五大流程，厘清每个具体流程的职责和角色，建立相关的关键绩效指标并加以评估。华为的 SCOR 示意图如图 4.11 所示。

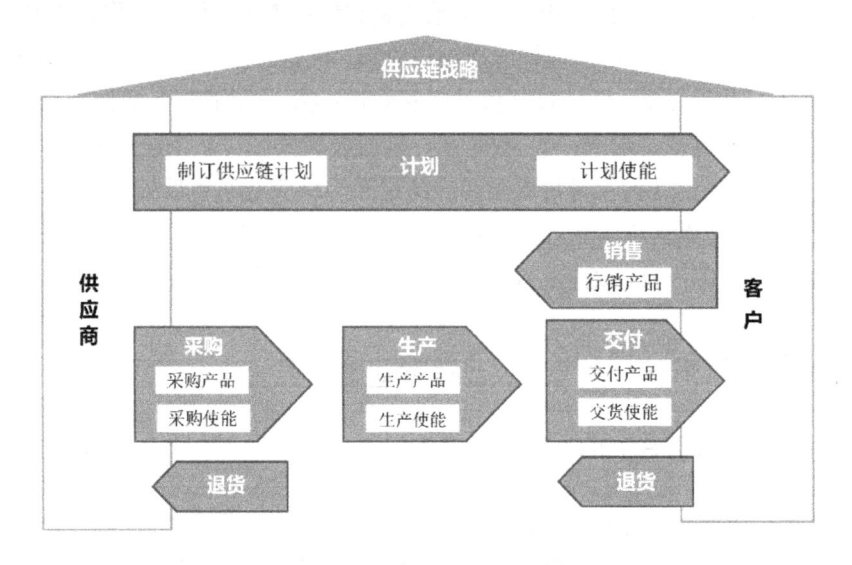

图 4.11 华为的 SCOR 示意图

这五大流程对应《国务院办公厅关于积极推进供应链创新与应用的指导意见》中明确指出的设计（计划）、采购（采购）、生产（生产）、销售（销售）、服务（交付）这 5 个流程。可以说，华为供应链模式是对该文件中国化的精准落地，华为是中国式供应链管理的最佳实践企业，是我国第一家引入并系统性思考企业供应链管理的典型样板和实践案例。

三、对五大流程的深入解读

☑ 计划

一是针对每条生产线都实施 S&OP，优化订单、生产、采购和库存管理计划，将战略规划和业务计划纳入企业的整体运作计划之中。

二是审视客户需求变化带来的影响，及时调整可行的计划。

三是对紧急订单设定时间栏，保证传递给生产部门的生产计划具有可行性。

四是通过采购、销售和库存部门的信息充分交流，提高项目、BOM（Bill of Material，物料清单）、工艺路线的准确度，保证计划科学且合理。

☑ **采购**

一是从战略高度和长期角度开展采购流程标准化工作，建立供应商间的合作关系。

二是突出供应商的可持续研发能力、质量保证和技术能力，开展竞争性评估。

三是与关键供应商建立互惠互利、共同发展的战略合作伙伴关系。

四是在产品设计的前期，可让已明确的华为战略供应商共同参与华为产品的研发和采购，提高物料的可获得性，降低物料成本和库存水平。

五是让供应商及时了解华为产品需求的变化，将需求预测数据与供应商共享，提升物料齐套性和响应及时率。

☑ **生产**

一是改善物料供应环节，保证生产过程的供应及时性。

二是对资源设立优先级，提高生产计划质量，改善生产质量，实现资源的最佳利用。

三是为不同产品选择不同的制造模式进行生产。

四是 ISC 的生产目标是按订单制造模式，提高企业在生产方面的柔性和灵活性。通过论证和分析，IBM 的管理专家将华为的核心竞争力定位于供应链的技术领先和市场销售优势，并指出华为在企业发展中需要把握核心竞争力，将其他非核心环节通过生产外包方式，让专业的企业来参与。从 2000 年以后，华为加大业务外包力度，一些非核心业务逐渐被华为"砍掉"，主要包括华为的各类生产环节，如制造、包装、组装、发货及物流等。

☑ **销售**

一是强调通过产品营销和市场营销增加企业订单。订单管理是连接华为内部组织和客户的桥梁，包括订单输入、报价、客户信息维护、分配订单、产品价格等数据维护，以及合同管理等。

二是深入完善 MRPⅡ系统的功能，将系统延伸到每个地区及办事处，为销售人员提供订单状态查询功能及可承诺交货量信息，提升订单在生产运营过程中的可视性，更加方便销售人员对客户的需求做出快速、正确的有效响应。MRPⅡ系统将集成客户的所有相关信息，如合同内容、详细地址、产品配置、调试安装、服务流程和历史交易记录等相关信息，供销售人员查询和参考。

三是引入集成销售配置器，提高订单配置的准确性。

四是在合同管理上优化处理流程，缩短订单处理周期。

五是为销售人员提供具有排程功能的合同管理工具等，保证产品及时交付。

六是打通华为供应链销售体系。销售预测和运作计划是一体化的，只有二者集成，才能更好地完成运营工作。集成的呈现形式是召开销售、生产和采购3个部门的月度例会，把需求和供货能力的差距找出来，并拿出措施来弥补差距，以便更好地满足客户的需求，同时满足采购、发货和生产计划的要求。

☑ 交付

交付主要涉及物流、配送、合同、库存、工程安装、应收账款、收货和发票管理等环节。华为为减少手工操作和键盘输入，利用条形码、射频识别、标签打印等技术提高发货效率和物流管理自动化水平。华为实施库位管理，采用库、架、层、位的定位方式，提高库房吞吐量，方便货物位置查找和有效管理。

四、华为 SCOR 的两项支撑

☑ IT 系统升级支撑

华为 ISC 变革依赖于集成的 IT 系统，ISC 要求将华为原来的分段 IT 系统改造升级为 ISC IT 系统，如图 4.12 所示。该系统将相关系统统一集成到一个平台上，将原有的 MRPⅡ系统整合到 ERP 系统中，上线电子采购模块和 B2C 的 SCC 采购软件平台。华为引入高级计划和排程系统，计划 IT 系统的升级发展，联合改造 CRM 模块，支撑端到端的供应链交付服务。

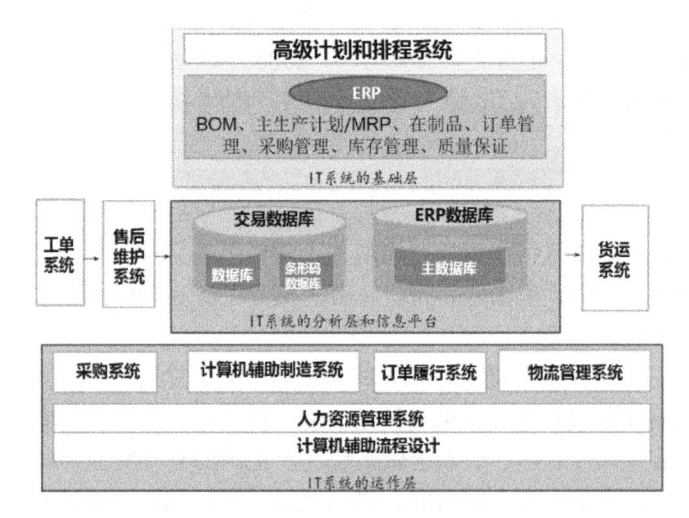

图 4.12　ISC IT 系统

☑ **组织变革升级支撑**

供应链系统的变革需要辅以组织变革，华为采取项目管理的方式，对变革项目进行管理，并分别成立临时性项目组织。华为在企业层面成立变革指导委员会，由部门负责人承担并协调变革责任；在变革指导委员会下再成立变革项目团队组织，组织 ISC、IPD 等变革项目的实施工作。同时，美国美世咨询公司还协助华为设计了 EMT，作为日常经营的最高责任机构，变革指导委员会受此机构直接领导。

变革指导委员会由销售、采购、物流和生产部门的负责人构成，他们都是变革的直接利益相关方。华为根据运作流程和 IT 系统，又分别成立计划、采购、生产、订单履行、销售、物流、财务、IT 系统 8 个子项目，子项目负责人就是各部门负责人，承担设计、落地、执行的直接责任，在企业内部推行这些新流程和系统。

在华为 ISC 供应链组织机构变革前，华为内部没有供应链管理的概念。在 ISC 模型设计完成后，根据 IBM 管理专家的建议，结合 ISC 流程再造的要求，华为将原来的计划部门、制造部门、采购部门、认证部门、进出口部门、运输部门和库存部门等统一整合为新的部门——供应链管理部门。供应链管理部门负责管理供应链运营工作，华为高级副总裁被任命为供应链管理部门的负责人，在部门内部形成新的计划、制造、采购、质量、物流和订单履行等职能。

供应链管理部门不是简单地将不同部门合并，或者换一个称呼，而是在企业内形成一个新的组织管理体系，来统筹华为的整体供应链管理工作，成为华为对内降低成本和库存水平、提高产品供货质量、提升企业资金周转率，对外提升供货速度和工程质量的综合服务与管理平台。变革后的华为供应链管理的组织架构如图 4.13 所示。

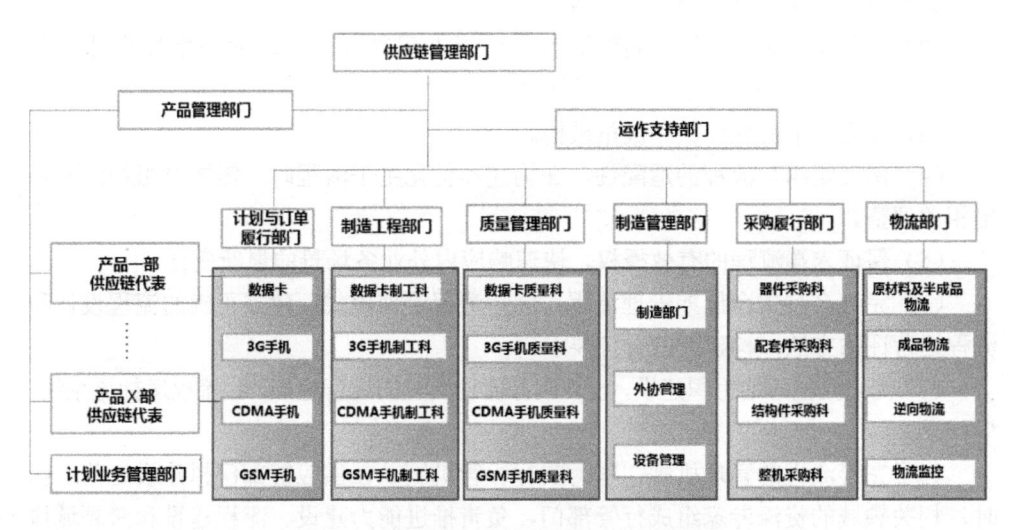

图 4.13 变革后的华为供应链管理的组织架构

23　华为供应链流程责任人管理是怎么回事

华为在流程建设中发现的问题主要有流程不通、场景不匹配、过度管控、流程和组织不适配、没有体现客户需求等。针对这些问题，华为设立了流程责任人，而最好的流程责任人就是业务主管。华为供应链流程责任人示意图如图4.14所示。

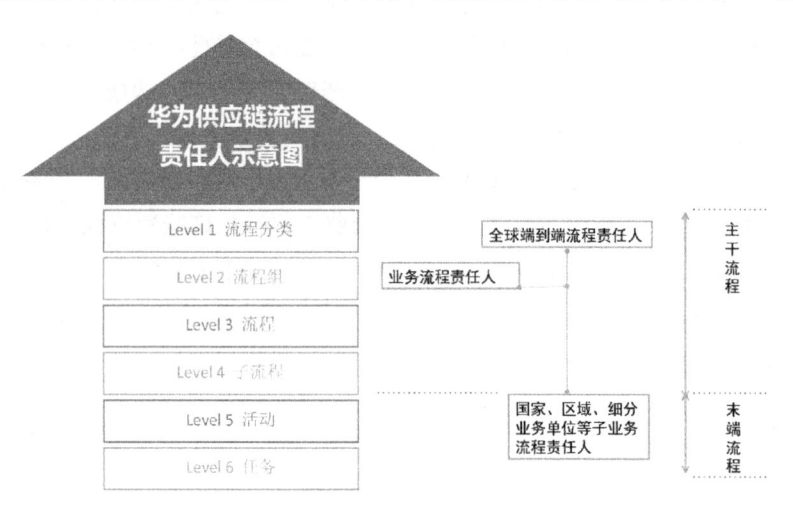

图4.14　华为供应链流程责任人示意图

为了保证 ISC 的顺畅运行，华为要做好 7 个方面的工作。

（1）明确全球端到端流程责任人，使其负责主干流程，抓住主要矛盾、主要流程、关键节点，保证流程的主干简洁。

（2）流程 IT 部门为全球端到端流程负责人配置资源，协助和指导全球端到端流程负责人进行流程设计、流程优化。

（3）设立主干流程仲裁和决策机构。

（4）保证组织与流程的适配性，在构建和优化主干流程时，需要对组织结构做出相关调整。

（5）保证末端流程的有效授权，快速响应内外业务场景的最新变化。

（6）完善产品生命周期管理流程，创新流程管理模式，建立正确的流程设计和流程运营评估方法，构建新的管控要求。

（7）优化流程落地组织建设，设立确保流程质量的运营组织，让流程运行更系统、更科学。

为了完善流程的管理机制，华为实行行管机制。在供应链部门拟建设运营组织时，相关领域的资深专家组成行管部门，负责推进能力建设、流程建设和跨领域协调，抓流程、IT 和专业化工具。

华为将业务问题分为无流程文件、流程不完善、流程执行不到位3类，分类精准施策。其中，供应链流程文件由流程、规范、指导书、模板、工具、工艺规程和质量手册等组成。华为每年都会梳理一次流程和规范，每半年更新一次指导书，至于其他方面，则根据实际情况进行调整优化。华为在流程执行上强调"三按两遵守"，即按照流程、按照指导书、按照规范执行、遵守劳动纪律、遵守工艺纪律。华为将企业的内控机制运用到供应链管理事项上，形成供应链管理流程上的自检、稽核和内审机制与模式。

华为在供应链流程评价上，推行流程覆盖率、流程完善率、流程遵从率，即"流程三率"，确保执行不走样。

24 华为ISC究竟带来怎样的变革成果

2004年，华为ISC基本建成，新流程、新IT系统、新业务指标衡量体系使华为供应链焕然一新，更具竞争力。ISC的建成给华为的生产带来了极大的提升：2005年，华为的订单履行周期从两个月缩短至两周；生产模式从按计划生产升级到按订单生产；售后响应能力和客服能力也取得了巨大进步。

自此以后，华为的供应链管理能力在国内首屈一指，在国际化道路上也能"纵横驰骋"。华为ISC变革大大改善了运营效率，华为在2012年国际研究机构Gartner发布的供应链组织亚太地区排名中位列第5。

华为供应链有4个方面的重大变化。

变化一：供应链效率提升。1999—2003年，华为全面推行ISC变革，整合内部订单、采购、制造、物流、交付等环节的流程，供应链效率获得大幅提升。华为ISC变革指标的提升情况如表4.2所示。

表4.2 华为ISC变革指标的提升情况（1999—2003年）

指　　标	变　革　前	变　革　后	变　化　情　况
预期客户满意度	—	—	提升30%
库存周转率	3.6次/年	5.7次/年	提升58%
订单履行周期	25天	17天	缩短32%
订单准时交付率	50%	65%	提升15%

数据来源：于东海，2015。

截至2005年，华为的生产模式由原来的按计划生产，成功转型为按订单制造，生产线的灵活配置转换时间从1天缩短到1个小时；生产计划每天执行一次。ISC变革让华为的响应能力、客户服务能力、灵活性都得到极大的提升。

变化二：建立标准化流程。华为的采购与供应链团队建立选择和管理供应商的"三阶九步法"，实现管理需求、执行采购、供应商评审的科学采购流程。

变化三：建立供应链绩效评估体系。在 ISC 变革后，华为将供应链管理列为企业的核心工作，并对供应链管理建立全套绩效评估指标，如客户满意度、交付周期、订单准时交付率、库存周转率、总成本降低率、现金周转天数、资产使用效率等。

变化四：供应链管理理念植入。在 ISC 变革前，华为内部并没有供应链管理的概念，由制造部门牵头协调工作；在 ISC 变革后，制造部门等 7 个部门合并为供应链管理部门，形成合作共享的团队文化，外部客户和供应商成为华为供应链的一部分，交付和研发协同，供应链成为企业"第三利润"源泉。

华为 ISC 变革的成功极大地提升了华为的整体竞争力，也为"国内华为"走向"国际华为"奠定了坚实的管理基础。华为从 2005 年开始尝试在全球建立 ISC，服务全球客户。

25 华为供应链管理中有哪些特色工具

起家靠产品，壮大靠制度。华为在产品研发和项目管理过程中，十分注重制度和信息化的力量，其 ISC、IPD、全球供应链、SCOR 等，无不是工具等规范管理的集成。

按流程工作，可以减少损耗。研发和项目管理的核心是将复杂问题简单化、简单问题流程化、流程问题标准化、标准问题再优化。如果在茶壶里煮饺子，倒不出来，就得不到饺子。工具模板化是让员工快速进步的法宝，各流程管理部门要善于运用已优化并证明行之有效的工具和工作模板。

笔者根据了解，列举了华为十大管理工具，并进行分析阐述，以便让大家更好地了解在华为的研发及各类管理中存在的有效的工具。

☑ **工具一：目标 5W1H 法**

5W1H 法即 5 个 W、1 个 H。
① 何时（When）：什么时候做？
② 何地（Where）：在哪里做？
③ 何人（Who）：由谁做？
④ 何因（Why）：为什么要做？
⑤ 何事（What）：需要做什么事情？
⑥ 何法（How）：采取何种方法去做？

管理者需要根据这 6 个要点和实际情况，对目标进行详细分析，明确目标。

☑ 工具二：项目工作分解结构

在项目计划明确后，需要通过分解任务的方式，将主要可交付的成果分成易于管理的单元，这就是工作分解结构（Work Breakdown Structure，WBS）。将复杂的问题分解成若干简单的子问题，若子问题仍复杂则再分解，直到满意和清楚为止。工作分解的目的是将大项目细分、拆解，变成一系列可操作和可实现的小项目。就像盖房子，需要先设计，再平整土地、打地基、盖主体、进行内外装修，每一项又被分解为细小的步骤。WBS 可按时间、地点、部门分解。WBS 是项目管理的基础核心工具，从思想和技术上进行分解和简化。WBS 排列或配置图如图 4.15 所示。

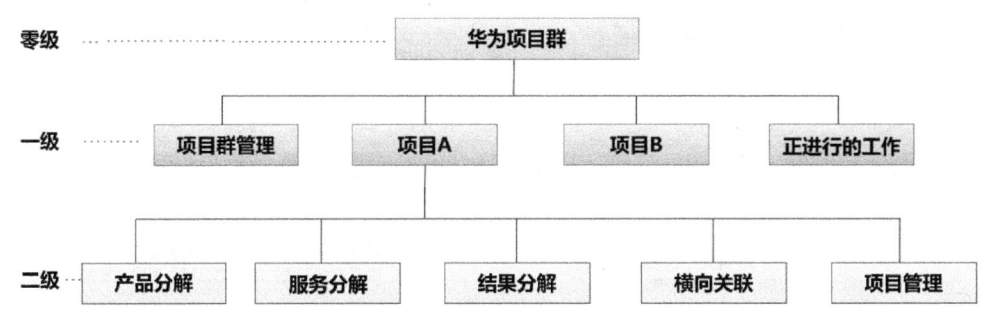

图 4.15 WBS 排列或配置图

一般 WBS 需要控制在 4~6 层，这样更方便管理。WBS 的分解思想就是划分项目实施过程中的项目职责。责任到人，这是项目管理的核心，每一项 WBS 划分都要明确责任划分归属，与底层唯一责任人和部门对应，分解标准是"能够分配，可以交付"。华为在实施 WBS 后，避免了传统项目管理"三边六拍"（边规划、边实施、边修改、拍脑袋、拍胸脯、拍肩膀、拍屁股、拍桌子、拍大腿）的不良情况发生。

2001—2006 年，华为逐步形成项目管理体系，引入 IBM 工程项目管理体系，采用"客户经理+项目经理"的全过程交付方式，使项目交付质量得到进一步提升。2006 年，华为推行端到端的项目管理，项目经理全流程参与，掌握交付关键点，项目管理水平得到快速提升。2011 年之后，华为将项目管理作为企业的核心竞争力，以及企业的品牌和产品向外输出。

☑ 工具三：项目管理"六步一法"

项目经理制订可行性计划的要点包括确定项目目标、制定交付物清单、编制项目时间表、将支持计划列入项目计划 4 项。

华为的项目计划管理可归纳为"项目三要"，即目标要远大、准备要充分、计划要细腻。华为目前采用"六步一法"的项目管理方法，对于重大项目的启动、计划、监控、实施、收尾等全过程各阶段的活动给予规范化、标准化的管理，同时做出了关键路径的安排。华为项目管理的"六步一法"示意图如图4.16所示。

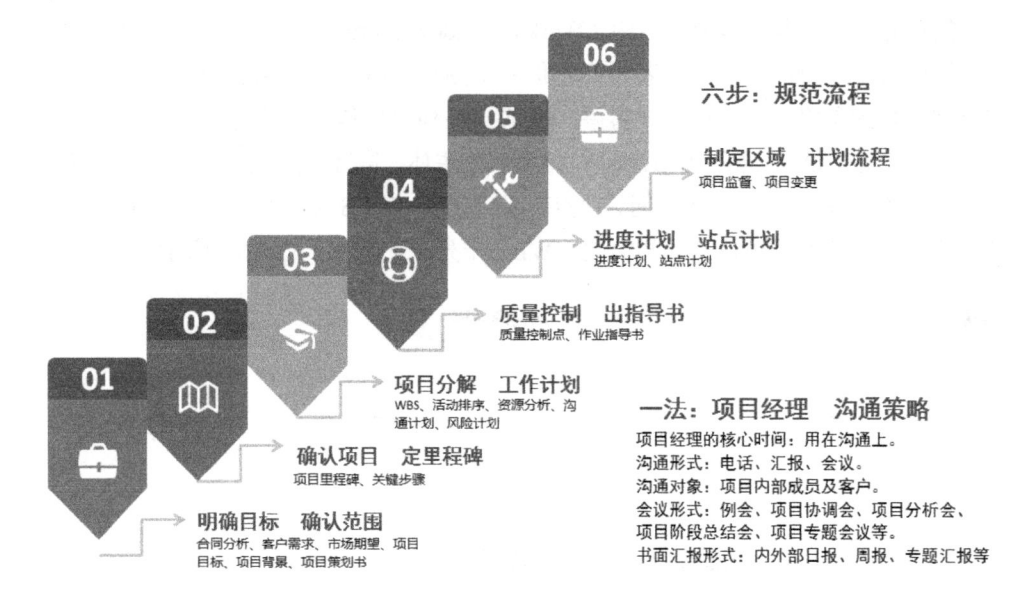

图4.16 华为项目管理的"六步一法"示意图

六步：规范流程
- 06 制定区域 计划流程：项目监督、项目变更
- 05 进度计划 站点计划：进度计划、站点计划
- 04 质量控制 出指导书：质量控制点、作业指导书
- 03 项目分解 工作计划：WBS、活动排序、资源分析、沟通计划、风险计划
- 02 确认项目 定里程碑：项目里程碑、关键步骤
- 01 明确目标 确认范围：合同分析、客户需求、市场期望、项目目标、项目背景、项目策划书

一法：项目经理 沟通策略
项目经理的核心时间：用在沟通上。
沟通形式：电话、汇报、会议。
沟通对象：项目内部成员及客户。
会议形式：例会、项目协调会、项目分析会、项目阶段总结会、项目专题会议等。
书面汇报形式：内外部日报、周报、专题汇报等

华为项目管理的"六步一法"极大地规范了项目经理的项目管理方式，让华为的项目管理体系更好推广、优化及固化，也让华为在项目实施过程中宝贵的项目管理经验得以沉淀和传承。华为项目管理的"六步一法"分解示意如表4.3所示。

表4.3 华为项目管理的"六步一法"分解示意

步　　骤	主要工作	深入说明
第一步	明确目标 确认范围	☑ 分解：合同分析、客户需求、市场期望、项目目标、项目背景、项目策划书。 ★具体内容：对项目合同进行充分解读，由项目经理召开本项目的合同交底会（参与人员有客户经理、分项经理、技术负责人、市场产品经理），对项目干系人的目标、交付范围、分工界面等信息逐一进行解读，其中明确交付范围是项目交付的关键要素
第二步	确认项目 定里程碑	☑ 分解：项目里程碑、关键步骤。 ★具体内容：结合客户的需求，产品生产、输出的区域和交付周期等指标，确认单一产品的里程碑，这样更有利于项目的活动分解
第三步	项目分解 工作计划	☑ 分解：WBS、活动排序、资源分析、沟通计划、风险计划。 ★具体内容：项目分解是项目计划阶段的核心步骤，其中分解质量又是项目能否取得成功的基础，一般会采用WBS等相关工具，以项目的范围、目标、里程碑、工勘计划、备货计划、本期技术方案、客户配套计划，最终输出项目进度计划，以及项目活动分解的初稿

续表

步　骤	主　要　工　作	深　入　说　明
第四步	质量控制出指导书	☑ 分解：质量控制点、作业指导书。 ★具体内容：项目质量要符合项目干系人的需求；质量控制的输出为质量控制管理计划书
第五步	进度计划站点计划	☑ 分解：进度计划、站点计划。 ★具体内容：这两项计划是在项目执行过程中，各层级人员实施项目的重要基础，输入为项目进度计划初稿、活动分解、人力计划等内容，输出则为项目进度计划。这样可以使华为及时掌握各阶段的企业资源分布和资源投入，以及向华为的分包单位提出相关人力需求，进行业务分包采购
第六步	制定区域计划流程	☑ 分解：项目监督、项目变更。 ★具体内容：用心制订分项目组和分区域的管理计划，其中项目站点计划可实现集成每个站点的监督实施、资源的有效投入，是产品项目管理的核心，也是华为绩效管理的重要基础数据和基本流程
一法	项目经理沟通策略	项目经理的核心时间要用在沟通上，将项目的进度要求、质量要求、计划安排和实施策略等细致地进行部署，落实到项目的各个层级，确保项目的目标统一，以及项目朝预期的方向有序推进。沟通形式包括电话、汇报、会议等。沟通对象包括项目内部成员及客户。会议形式包括例会、项目协调会、项目分析会、项目阶段总结会、项目专题会议等。书面汇报形式包括内外部日报、周报和专题汇报等

☑ **工具四：在工作进度管理上使用甘特图**

甘特图是由亨利·L.甘特发明的，以活动及时间刻度形象地展示特定项目的持续时间和顺序。横轴表示时间，纵轴表示工作种类，这样可以让人更直观地了解工作进度是提前、落后还是正常。甘特图中的事项不宜超过30项，以便更清晰地进行展示。工作进度管理的甘特图示例如图4.17所示。

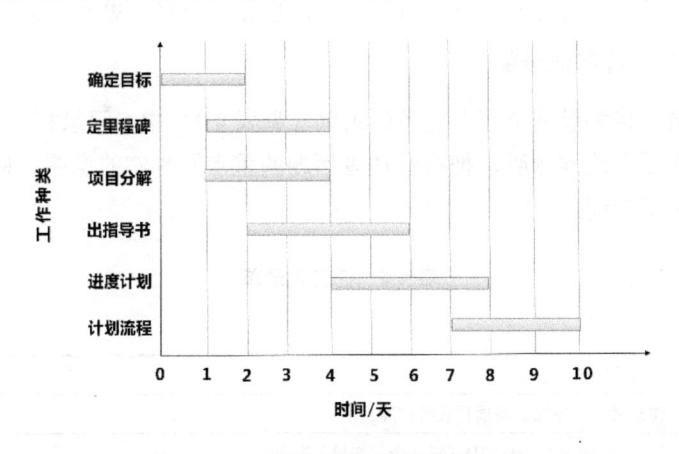

图4.17　工作进度管理的甘特图示例

☑ 工具五：在执行时间表上设置关键控制点

关键控制点也称关键完成点，目标、活动或者程序都可以作为关键控制点。关键控制点应选择有关键意义的因素，如交工期限、生产率等。根据关键控制点，阶段性开展检查，发现问题。华为发布了企业内全球统一的业务流程架构，每个流程都确认关键控制点和流程负责人，并发布全球流程控制手册及职责分离矩阵。设置关键控制点，可以避免出现工作延误。

☑ 工具六：项目管理执行里程碑计划

为了达到项目特定里程碑，华为会开展一系列的活动来对重要环节进行监督，而不是对每个环节都进行监督，这样可以降低实施风险、提升效率。华为项目管理的里程碑计划示例如图 4.18 所示。

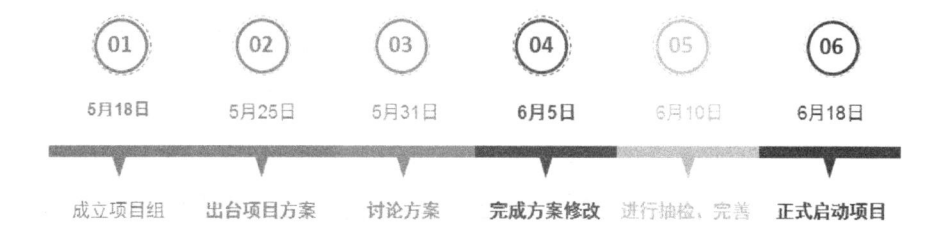

01	02	03	04	05	06
5月18日	5月25日	5月31日	6月5日	6月10日	6月18日
成立项目组	出台项目方案	讨论方案	完成方案修改	进行抽检，完善	正式启动项目

图 4.18　华为项目管理的里程碑计划示例

☑ 工具七：项目管控目标量化

对于项目工作，要确定事项优先级，并更多地关注能带来重大价值的相关工作任务。越量化，越明确，越利于执行，其中时间量化、数量量化和质量量化是 3 个关键的指标。数字化将提升目标的可执行性，也让绩效目标更易于衡量和评价。

☑ 工具八：任务记录单

华为的员工将关键词填写在任务记录单（见表 4.4）中，记录相关任务的重点。华为的员工需要专注地倾听，把握管理者话题的重点及真实的意图，标注关键词和管理者的情绪状态词。

表 4.4　任务记录单

2022 年第 23 号

发布日期	2022 年 10 月 20 日
任务类型	排除故障（排除上海项目设备故障）
完成时间	2022 年 10 月 23 日，3D（以 3 个工作日为期限）

续表

建议方案	张三协助研发部门进行支撑
	研发部门支援（由张三做好协助工作，需要时由研发部门进行支援）
	张总对此事非常重视，务必解决（记录管理者的情绪状态）
预期效果	零故障（以故障排除为最终目标）

2003 年，IBM 管理专家的企业管理流程变革项目完成，华为累计向 IBM 的管理专家交纳的学费达到 10 亿美元。这次变革先后历时 5 年，涉及华为价值链的全环节，也是华为历史上影响最广泛和最深远的一次变革，IPD 变革和 ISC 变革是华为发展的一个重要转折点。IPD 流程就是一套产品研发模式、理念和方法；ISC 体系就是集成网络，服务客户。

☑ **工具九：RACI 矩阵**

在工作任务分解完成后，就需要规划 RACI 矩阵，进一步明确团队职责。RACI 是指谁负责（R 代表 Responsible）、谁批准（A 代表 Accountable）、咨询谁（C 代表 Consulted）、通知谁（I 代表 Informed）。

RACI 矩阵可以帮助讨论、交流项目中的各角色及其相关职责划分，辨识流程，找到各项活动，明确活动中的角色，完成方格单元，让每个流程都只有一个 R 的角色，解决工作交叠和缺口问题。

☑ **工具十：技术评审点管理**

新产品导入（New Product Introduction，NPI）由制造、研发、采购及工程部门的人员负责，他们负责产品从试制到量产阶段的验证，这也是保证产品能够高质量交付的核心环节。华为松山湖园区自制工厂一般会承担部分新产品试制工作，有些工作则需要外包工厂配合完成。NPI 试制长则半年，短则两三个月。根据华为 IPD 的流程要求，产品从试制、验证到发布有很多流程和控制点，NPI 团队工程师会驻厂，指导工人开展试制工作，直到产品直通率超过 80%，方可进入量产阶段。产品在被试制出来以后，还需进行大量的可靠性测试，才能最终上市销售。

IPD TR X 是指 IPD 流程中的 7 个技术评审点，包括 TR 1、TR 2、TR 3、TR 4、TR 4A、TR 5、TR 6。这些节点用于检查 IPD 实施后的技术成熟度，洞察遗留的技术问题，评估可能存在的技术风险，并给出技术改进建议。

第 5 章

华为的 IPD

26 华为 IPD 的实施背景及面临的问题

IPD 是华为创造价值的核心流程之一,支撑华为打造出可信的、高质量的产品解决方案。1998 年,华为开始从"游击队"向"正规军"转型,核心是建立产品研发机制,IPD 成为华为重点学习和引进的管理项目。IPD 是很多国际知名企业了解华为、确认华为可以做出优秀产品和提供优秀服务的重要保障,也是华为取信于客户及合作伙伴的重要手段。

2004 年,华为进入英国通信市场,华为的谈判代表向英国专家展示了企业正在应用的 IPD 系统。英国专家纷纷对华为的产品研发体系给出"优秀"的评价,这让华为的员工备受鼓舞。华为的员工认为 IPD 系统是华为与国际市场接轨的重要举措,并从 IPD 项目中日益感受到华为研发效率的巨大提升。

一、何为华为 IPD

IPD 是一套产品研发的模式、理念与方法,其流程包括市场需求获取、研发目标设定、最终产品研发、上市实验验证、产品正式上市、产品生命周期维护等。IPD 通过严格的流程,将组织糅合一起,按时间节点和交付件来实现产品研发,并通过企业运作和测试人员,在强大的执行力下实现项目的基本质量保障,可以说,IPD 消除了华为早期无序产品研发的现象,使华为的产品质量更有保障。

华为 IPD 变革是让华为成长为国际企业的重要转折点,也让华为的产品研发周期大为缩短(从 2003 年的 84 周缩短至 2007 年的 54 周)、产品故障率大为降低(从 2001 年的 17%降至 2006 年的 1.3%),并且让华为的研发和营销部门实现了真正的以客户为中心。

随着市场上产品竞争的加剧,产品内涵已得到扩充,从单纯的产品竞争走向"产品+质量+服务"的全产品竞争,供应链正成为市场竞争要素的重要部分。

二、华为 IPD 的实施背景

20 世纪末,华为颁布《华为基本法》,统一了企业的经营理念和思想。然而,《华为基本法》解决不了产品供应链的研发质量和成本管控问题,因此华为又引入 IPD。IBM 的管理专家担任咨询顾问,对华为的产品和流程进行重新优化,对项目管理体系重新进行细致梳理。除了 IBM,波音、诺基亚、思科、杜邦等知名企业也采用 IPD 模式。在华为 IPD 项目启动前,IBM 的官方报价为 5.6 亿元,约相当于华为当时一年的企业利润,但任正非并没有砍价,只提出让 IBM 确认必须成功。

1998 年,华为开展首个 IPD 试点,成立第一个产品研发团队(Product Development Team,PDT),至 2003 年形成集成组合管理团队,将 IPD 系统推广到整个华为。近 5 年时间,华为研制成功 IPD 模式,建立了高效的研发机制。IPD 系统提供了标准化的工作流程和工作模板,便于培训员工按流程进行产品研发。华为在进行产品研发时,注重将长期战略预研和短期产品研发充分结合,让产品贴近市场应用。贴近市场的产品更易推广,战略预研技术储备的产品能为华为未来的发展做好储备技术支撑。华为 IPD 的形成过程如图 5.1 所示。

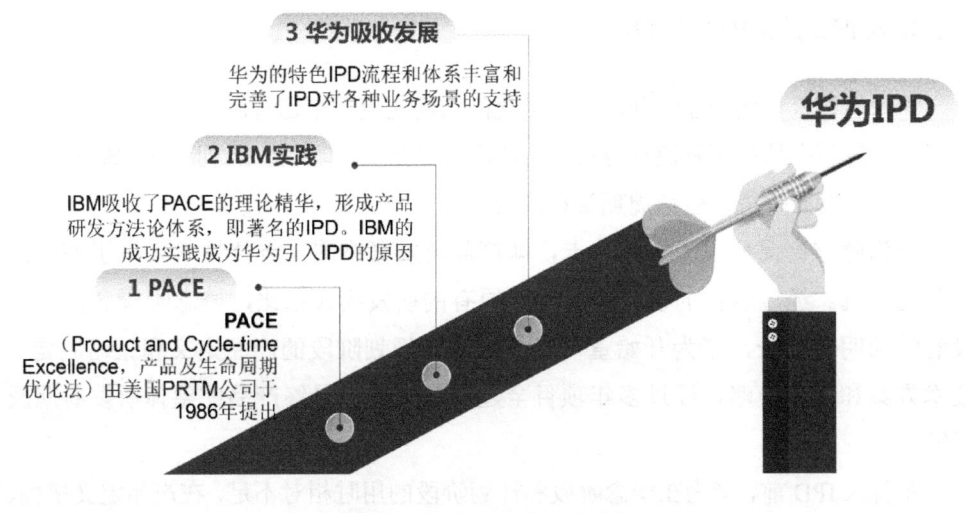

图 5.1 华为 IPD 的形成过程

三、华为 IPD 面临的问题

IBM 帮助华为推行管理变革,前后历时 14 年,先后有 70 余位专家参与。这些专家每小时的收费高达 300~600 美元。IBM 对华为在变革前的研发管理现状做了详细、深刻的画像和诊断,认为华为的研发管理存在五大问题。

一是研发需求不清:没有准确前瞻的客户需求采集体系,反复做无效工作,形成企业浪费;研发部门往往将研发时间大量花费在应对客户的紧急需求上,并非投入更有价值的客户未来需求和共性需求研究中。

二是研发流程不足:跨部门运作过程割裂,无跨部门结构化流程,各部门各自为政。

三是研发组织不畅:本位主义,部门之间存在壁垒,内耗严重。

四是研发规范性不强:专业技能不足,作业不规范,依赖个人,无法复制。

五是研发计划无序:研发项目实施混乱;项目计划无效,缺乏变更和控制。

华为 IPD 是一套成熟的现代化企业管理制度,明确了企业的"行和止""放与禁",可实现研发流程高效运作,以及端到端的优质交付。任正非为了推行 IPD,提出"先僵化、后优化、再固化"和削足适履的硬性口号。

27 华为 IPD 流程的 6 个阶段及任务分析

一、华为 IPD 流程的 6 个阶段

华为倡导流程化企业管理,按标准化的结构化流程来运营。

华为将新产品的研发流程分成 6 个阶段,包括概念阶段、计划阶段、研发阶段、验证阶段、发布阶段、生命周期管理阶段。

华为建立产品研发流程袖珍卡,即产品研发概略图,方便技术人员了解产品研发的全貌。经过这样的设计,与华为原有的研发模式相比,概念阶段和计划阶段的时间明显变长,华为开始重视产品供应链规划阶段的产品定义和策略制定、技术方案和实施策略,经过多年项目全过程的实施,最终产品的整体研发周期反而缩短了。

在引入 IPD 前,华为在概念阶段和计划阶段的用时相对不足,在产品定义模糊、方案不够具体时就匆忙进行研发和验证,导致研发和验证的周期延长,最终导致产品的整体研发周期加长,"磨刀不误砍柴工""有时,慢即是快",研发前期的精力投入增多,则后期研发的速度会加快。华为 IPD 系统框架如图 5.2 所示。

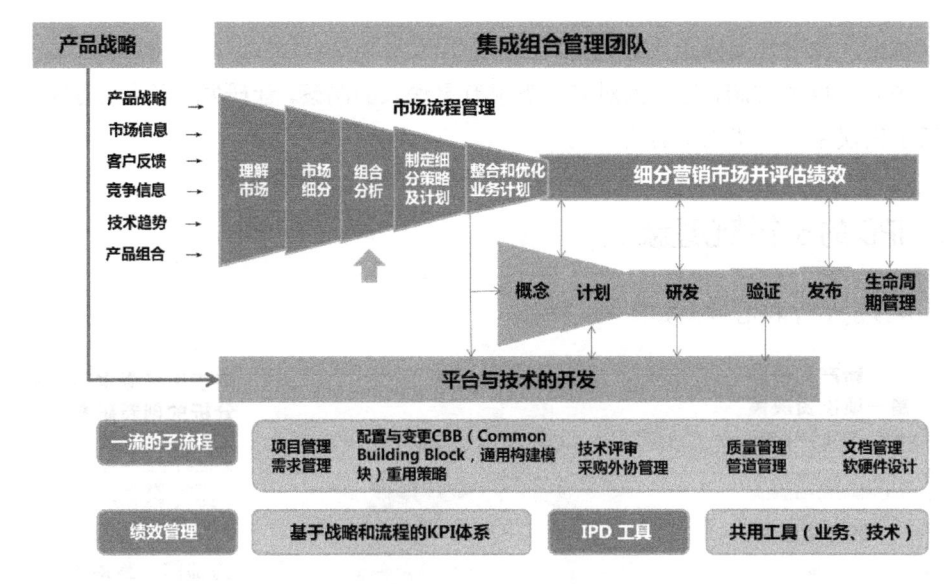

图 5.2　华为 IPD 系统框架

二、华为 IPD 流程 6 个阶段的任务分析

华为 IPD 产品研发流程 6 个阶段的任务分析如下。

概念阶段：分析华为即将研发的产品的市场机会和总体吸引力，与华为的总体研发策略是否相符合；分析市场机遇，制定备选方案，明确业务计划、产品需求和产品概念等。

计划阶段：主要是定义产品，制订项目计划及最终的商业计划，也可以明确早期的客户清单。由于有些产品的研发周期短，因此概念阶段和计划阶段的任务容易合并，但其实它们是两个不同的任务。

研发阶段：这是周期较长的一个阶段，需要提供样品进行测试，同时完成产品配置器研发和详细的产品发布计划，华为有一半的人员在从事此阶段的工作，产品质量的好坏也与这个阶段的关系最大。

验证阶段：在这个阶段，测试工程师和研发工程师需要紧密配合进行测试工作。华为针对发现的测试问题，会制定一个指标——遗留缺陷密度，这个指标的值超过一定数值，产品就无法交付，也过不了流程考核点。

发布阶段：在发布产品前，华为会小批量跑流程，小批量生产若干产品，进行市场验证，并让采购和供应链的符合度达到要求，之后才可以正式发布产品。

生命周期管理阶段：针对发布后的成熟产品，华为会进行产品维护和终止，这时产品将被转到维护部门，由维护部门对应处理网络上反映的问题，直到产品生命周期结束，在市场上停止服务为止。

华为 IPD 的实施，让华为对客户需求有更深入的洞察，让研发的流程更加科学，降低了失误率，让华为更容易成功。

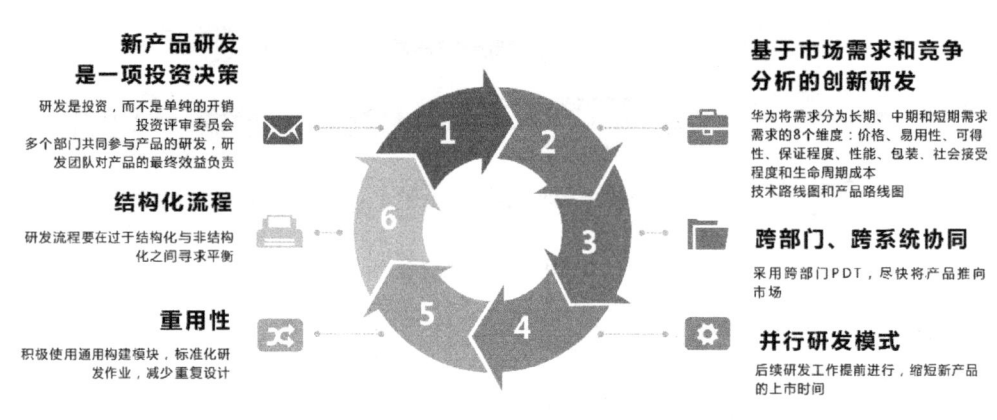

28　IPD 的 6 个核心理念

IPD 的 6 个核心理念如图 5.3 所示。

新产品研发是一项投资决策
研发是投资，而不是单纯的开销
投资评审委员会
多个部门共同参与产品的研发，研发团队对产品的最终效益负责

结构化流程
研发流程要在过于结构化与非结构化之间寻求平衡

重用性
积极使用通用构建模块，标准化研发作业，减少重复设计

基于市场需求和竞争分析的创新研发
华为将需求分为长期、中期和短期需求
需求的8个维度：价格、易用性、可得性、保证程度、性能、包装、社会接受程度和生命周期成本
技术路线图和产品路线图

跨部门、跨系统协同
采用跨部门 PDT，尽快将产品推向市场

并行研发模式
后续研发工作提前进行，缩短新产品的上市时间

图 5.3　IPD 的 6 个核心理念

第一，新产品研发是一项投资决策。华为在进行新产品研发时，通常会进行有效投资组合分析；在研发过程中，设置研发检查点，通过阶段式的项目评审，确认该研发项目是继续、取消、暂停，还是调整方向。

IPD 有一个基本思想："研发是投资，而不是单纯的开销。"华为会在内部成立最高级别的跨部门团队，用于研发决策，这就是投资评审委员会（Investment Review Board，IRB）。该委员会由研发、营销、采购、制造、供应链、财务、法律和中研这些不同部门的人员组成，决定是否投资某一款产品或者某一项技术，即决定是否立项。投资评审委员会有效把控华为产品研发和技术研发的发展方向。华为 IPD 的思想要求华为多个部门共同参与产品的研发，其中单一研发团队要对某一产品的最终效益负责。

第二，基于市场需求和竞争分析的创新研发。一开始，华为就要求自己做正确的事。华为将需求分为长期需求、中期需求和短期需求，并可用客户需求分析工具 $APPEALS 框架来深入分析。需求会被分为 8 个维度，具体包括价格、易用性、可得性、保证程度、性能、包装、社会接受程度和生命周期成本。

华为每年都会对企业的未来需求进行专项分析，并且每年上半年都会形成一份

面向未来 5 年的战略规划，下半年则会将这份战略规划扩展成为未来一年的商业研发计划，并且给予专项资金预算。对于华为新产品研发，战略规划和商业研发计划的核心内容就是技术路线图和产品路线图。

第三，跨部门、跨系统协同。采用跨部门 PDT，尽快将产品推向市场。

第四，并行研发模式。后续研发工作提前进行，采用异步研发模式，通过紧密接口和严密计划，缩短新产品的上市时间。

第五，重用性。不断提高华为新产品的研发效率及研发质量，积极使用通用构建模块，标准化研发作业，减少重复设计。

第六，结构化流程。产品研发项目往往具有相对不确定性，这就要求华为的研发流程要在过于结构化与非结构化之间寻求平衡。要基于标准模板和标准工作流程，依靠严谨和科学的规划指导，认真开展各类产品的研发工作，而非单纯依赖员工个人的能力。经过 IPD 培训的员工一般都可以胜任更多的产品研发工作，这样研发过程更加可控，研发结果也更容易评估。

2000 年 5 月，华为无线业务部门启动华为 IPD 首个试点项目，即大容量移动交换机 VMSC6.0 产品。这个试点项目在 IBM 咨询顾问的悉心指导下，历时 10 个月研发成功并进行了首次试运行，3 个产品先后经过一年的试点，总产品的研发时长缩短了 50%。IPD 流程在华为的实践取得了较为理想的效果。

华为明确表示从 2002 年开始，所有新项目均需按照 IPD 的流程启动和运作。IPD 流程体系，按规定在产品规划和设计的阶段就已经被市场、用户服务、生产、财务、采购等方面的代表评审，这些代表拥有同等的发言权和投票权，在所有代表均同意后，形成业务计划书并提交给产品线投资管理委员会进行最后评审。

华为在自主研发的交换机取得成功后，便将交换机销售获得的利润全部投入光网络和智能网产品的研发工作中；在这些新产品赚钱后，又将收益投入无线通信产品的研发工作中，反复循环。这种研发思路极大地推动了华为的快速发展。

在引入 IPD 系统后，华为创新研发的绩效得到了明显提升：产品研发产生的浪费减少了 65%；新产品的收益增加了 100%；产品投入市场周期缩短 50%；产品研发的生产效率提高近 30%。

华为引入 IPD 系统的最大价值是改变了企业陈旧的研发理念，使研发工作开始由技术导向转变为客户需求导向，更加贴近市场和消费者。

华为 IPD 的 6 个核心理念的落地执行，让华为远远领先于国内的其他企业。华为在 IPD 系统的更新迭代方面，花费了大量的时间与精力，让员工有足够的时间去适应渐进式的变革和新的管理方式，从而不断提升华为的研发效率和研发质量。直至今日，华为每年都在推出新的中国化的 IPD 版本。

IPD 变革是推动华为向国际企业迈进的重要转折点。

29 华为的产品质量经历的 3 个阶段

华为的产品质量经历的 3 个阶段如图 5.4 所示。

1 低质量、低成本阶段
　　创业初期 产品质量较低 售后服务弥补

2 高质量、低成本阶段
　　从1996年开始引入ISO 9001质量标准认证
　　体系化建设

3 高质量、高成本阶段
　　2010年以后
　　外部环境发生变化
　　不走低价格、低成本之路
　　高质量、高成本、高价格将
　　是华为要走的道路

图 5.4　华为的产品质量经历的 3 个阶段

☑ **第一阶段：低质量、低成本阶段**

在创业初期华为就处于这个阶段，产品质量较低，只能依靠华为在全国的多个维修点做好售后服务来弥补欠缺。

☑ **第二阶段：高质量、低成本阶段**

从 1996 年开始，华为引入 ISO 9001 质量标准认证，企业进入体系化建设的阶段。

☑ **第三阶段：高质量、高成本阶段**

2010 年以后，华为的外部环境发生变化，低成本不再是华为的竞争优势，华为不走低价格、低成本之路，高质量、高成本、高价格将是华为要走的道路。任正非曾经讲过，"爱马仕不会灭亡，会灭亡的是地沟油"。

这个依次发展的策略，与我国推行的供给侧结构性改革和满足人民群众对美好生活的追求的高质量发展思路不谋而合，适应了社会经济发展和消费者成长的需求变化。

30 华为 IPD 的奥妙

要说华为的成功之道，就不得不说其斥巨资引入的 IPD。IPD 已成为华为行之有效的一套整体产品研发理念、模式和方法，基于此，华为还建立了一套全球一流的研发管理体系。这套体系经过 20 多年的吸收、消化和优化，已经覆盖了华为各业务体系和产品体系，成为华为最具竞争力和扩张力的核心管理能力。华为在应用之初就采取"先僵化、后优化、再固化"的方法，狠抓执行、狠抓效果。

一、华为 IPD 流程体系的力量

引入 IPD，让华为在各类新品研发上如获至宝、如虎添翼。

起初，华为在 IT 产品和手机领域不太强，但只要这些业务在 IPD 流程体系中保持运转，梯次进攻，螺旋提升，就会使华为在新商业模式和质量上超越很多竞争对手，实现速度、技术、竞争力上的全面领先，以及销售收入的大幅增长。从 1998 年开始，华为邀请 IBM 等多家知名咨询公司先后开展了 IT S&P（企业信息战略规划）、IPD、ISC、IFS 及 CRM 等综合管理变革项目。

通过"先僵化、后优化、再固化"的方法，逐步将 IPD 纳入华为的企业管理之中。

（1）僵化就是让流程先在企业内部"跑"起来。

（2）优化就是在理解之上，再持续地优化。

（3）固化就是在"跑"的过程中去理解和学习相关流程。

经过 20 多年的持续努力，华为建立起整套中国式集中统一管理平台和完整的流程体系，成效显著，这也支撑华为快速迈向 ICT 全球领先者的霸主地位。

二、华为 IPD 研发的战略思想

任正非一再强调"西为中用"，将西方百年锤炼的现代企业管理体系移植到中国，系统学习，建立宏观管理体系，并且实现"中国化""中国式"落地，让企业整体的 IPD 流程可控、可调用，让 IPD 流程体系成为支持中国企业使命和战略的"核动力"，实现从人治到法治再到流程治。

一是 IPD 流程体系的战略考虑。华为强调从全局高度审视整体管理架构，需要建立进步性、系统性、建设性的管理体系，打通端到端的流程，避免部门之间的壁垒。顶层设计是企业的大脑，流程体系则是业务骨架，通过顶层愿景和战略目标，建立企业标准化的运营流程体系。高效的产品研发可以研究出更加适合市场的新产品及配套解决方案，并且获得提前满足客户期望的"窗口期"。而高效研发的过程就是体系化、结构化和高质量的研发流程，需要企业着力强化和持续把握。

二是 IPD 流程体系的指导思想。没有流程体系的企业是散乱无力的，不合适的流程体系是低效无能的，不清晰的流程体系也是失控无效的。流程体系要与企业的价值模型和战略相互结合，支持业务体系的灵活应用，并且主干清晰、末端灵活、与全局统一，通过例行的梳理，实现体系的灵活性和高效性。流程要以客户为中心，反映业务的本质和组织匹配。

三是 IPD 流程化思维的提炼和运用。华为注重流程化思维，事事皆流程、处处见流程、人人遵流程。流程化思维优于散点式思维，高于经验主义，有序有章法。流程管理需把握客户、价值、流程、相互关系、输入、输出这 6 个要素。华为人形成了解决问题需要的流程化思维。

华为提炼流程化思维，将复杂问题简单化、简单问题规范化、规范问题标准化、标准问题流程化、流程问题 IT 化。

华为采取 ECRS 分析法来解决流程化问题。

① 取消（Eliminate），完成了什么，是否必要，以及为什么。

② 合并（Combine），若不能取消，则能否与其他动作合并。

③ 重排（Rearrange），对工作顺序进行重新排列。

④ 简化（Simplify），工作内容和工作步骤的简化，也是动作的简化。华为在供应链上的管理变革也是业务驱动，最终固化到流程，并通过 IT 落地。

31　华为 IPD 8 个方面的管理工作

一是产品研发强调端到端的管理。产品研发不仅是技术体系单一部门的工作，还需要其他相关部门组成跨部门团队共同来完成，以便保证产品能真正满足消费市场的需求。华为认为产品研发需要市场人员挖掘产品需求、制定产品的宣传推广方案，销售部门提供销售预测和渠道建立方案，技术部门提供技术实现和成本达成方案，制造部门提供产品生产及试制研发方案，只有各相关部门共同参与，才能完成产品研发，实现端到端产品研发管理，而项目经理是产品研发团队的领导。

二是将研发分为预研和开发。在 IBM 咨询顾问的指导下，华为将研发切分为预研和开发两类。华为将研发体系的重点分成产品预研、产品开发、技术预研和技术开发 4 项。其中，产品预研就是在市场前景不明或者技术难度很大的情况下，判断产品与企业战略的相符度和产品成为新市场增长点的可能性，若两项条件达标，则具备可行性，可以立项研究，条件成熟转到产品开发阶段。产品预研目的是验证或引导客户潜在需求，抓住市场的未来机会，为今后的发展蓄能，也防止出现风险。技术预研是指验证产品技术方案或技术储备。技术预研的实现难度更大，对进度和结果的考核权重小。技术水平高的人进行技术预研，开发倾向工程化。开发人员在华为内部也被称为"工程商人"。

三是研发引入项目过程审计。为保证研发流程体系执行到位，华为引入过程审计的概念，由 PQA（Product Quality Assurance，产品质量保证）人员承担过程审计任务。在产品研发项目启动时，质量部门为项目指定 PQA 流程专家，由其负责项目过程引导、培训项目团队成员，并使其熟悉流程及管理制度，组织技术评审，选择评审专家，撰写评审报告，进行过程审计，监督项目团队成员执行华为规定的研发流程。

四是研发注重培养项目经理。华为 IPD 亟须两类人：一是项目经理，二是系统工程师。为了培养项目经理，华为专门制订了培养计划，并对资格条件标准进行规定。华为通过和外部合作，建立了全套项目经理管理能力标准、培训平台与课程、认证平台和程序，并在 2002 年重点培养了 100 名种子项目经理。华为以知识、技能、行为与素质这 4 个领域的知识进行认证，并将项目经理分为 5 个级别，从第二层级开始规定了资格认证条件。

五是研发实行技术管理双线。华为将研发项目管理分为技术线和管理线，在研发项目团队内，由项目经理（管理线）和系统工程师（技术线）分别体现其职能。PDT 项目经理组织研发团队对结果负责，全面负责新产品的研发。PDT 项目经理通常来自研发、市场或制造等领域。另外，系统工程师负责将市场需求转化为产品包需求，实现产品预定的需求及规格，还负责产品总体架构研发并推动产品集成与测试和研发计划的实施。华为的项目管理模式成为中国企业学习和借鉴的重要标杆内容。

六是研发突出目标量化管理。"看不到目标，比死更可怕。"目标管理是项目管理的核心工作之一。很多人或很多项目不是无法实现目标，而是不知道目标是什么。没有目标，就很难到达胜利的彼岸，因此目标一定要量化、具体化和可测评。目标明确体现在以下 4 个方面。

① 明确谁来执行：目标是独立实现还是协作实现。
② 明确做到标准：目标希望达到的质量、数量、状态等务必清楚。
③ 明确期限时限：目标究竟何时必须实现。
④ 明确具体措施：目标实现需要采取的详细做法。

七是项目实施轻重矩阵管理。一个组织结构决定行事风格和生命周期，华为在项目上的组织结构分为轻型矩阵和重型矩阵。轻型矩阵针对项目集中技术攻关，在项目完成后，被调集的人员回到原岗位，这样可以提高效率、缩短磨合期，适合固定任务和简单任务。当项目规模较大或者复杂度较高时，就需要采用重度矩阵组织结构，让项目经理承担项目研发和管理职责，同时赋予研发、市场、营销、客服等人员和设备决策机制，使其拥有调动执行项目所需资源的职权，让责权相等。

八是项目研发"永远在路上"。IPD为华为成为全球第一通信设备服务商奠定了坚实的基础。1998年，华为的年销售收入为89亿元，员工有几千人，在引入IPD流程后，华为2008年的年销售收入突破1591亿元。IPD是一套标准化的项目研发流程，就如制造业的标准作业程序（Standard Operation Procedure，SOP）一样，针对每步都设有详细说明和考核标准，可提升研发的一致性和质量，可以说，IPD的推进也伴随着华为的不断发展。然而，2010年后IPD的研发效率开始有些下降，企业产品效率的提升不仅仅靠业务流程，企业的组织和文化等综合元素也会对产品效率产生影响，在不同阶段，企业都需要在组织和管理上进行相应配套的改革，华为的项目研发"永远在路上"。

小贴士

华为产品供应链的5个阶段

对一个企业家来讲，有些时刻不做什么比做什么更能考验人的素质。

只有拒绝赚快钱的诱惑，坚守最初的本心，才能笑到最后。

任正非要求华为的研发人员在研发领域做"窄频带、高振幅"的研发专家，即研究的面要窄，但研究的深度要深，以便实现真正的技术突破，为华为创造价值。华为的产品也是如此，每个产品都要进入行业排名前列。从产品科技领先维度来看，华为产品供应链的5个阶段包括艰难创业供应链阶段、国内领先供应链阶段、国际先进供应链阶段、全球引领供应链阶段、华为生态供应链阶段，如图5.5所示。每个阶段都有每个阶段的发展举措和核心产品。

华为坚持聚焦于ICT行业，始终认认真真地抓自我的技术、抓以客户为中心，才能在风口来临之际一飞冲天。

不忘初心，方得始终，华为做"长跑选手"，不在乎一城一池的得失。

第 5 章 华为的 IPD

1 艰难创业供应链阶段 1988—1995年 从代理走向自主研发	2 国内领先供应链阶段 1996—2003年 由模仿追随走向国内领先	3 国际先进供应链阶段 2004—2010年 从国内领先走向国际先进	4 全球引领供应链阶段 2011—2018年 从国际先进走向全球引领	5 华为生态供应链阶段 2019年至今 从全球引领走向华为供应链生态
1988—1990年：代理销售交换机 1991—1992年：研发交换机 1993—1995年：自主研发程控交换机 仿制首款产品：BH03交换机（1991年） 标志性产品：万门数字局用交换机 C&C08（1994年）	运营商业务产品研发：从模仿到部分领先 企业业务产品研发：抢占思科的市场 消费者业务产品研发：松动进入，积累经验	运营商业务产品研发：以投入获先机 企业业务产品研发：提供端到端解决方案 消费者业务产品研发：手机从定制走向自主品牌	运营商业务产品研发：营收超越爱立信 企业业务产品研发：部分领域已触及思科 消费者业务产品研发：智能手机成为全球3强	运营商业务产品研发：全球第一 企业业务产品研发：新增五大BG事业集团 消费者业务产品研发：物联网阶段 底层设计产品研发：鸿蒙操作系统、海思芯片 提升华为供应商产品的国产化率
用户交换机 程控交换机 多个能信产品领域	程控交换机 多个能信产品领域 手机等3C产品	通信设备 自主品牌手机	通信设备 手机、笔记本电脑、穿戴设备	通信设备 3C数码办公（手机、笔记本电脑、平板电脑、音响、穿戴设备） 行业信息化解决方案、操作系统、芯片、智慧家居、互联网汽车

图 5.5 华为产品供应链的 5 个阶段

第6章

华为供应链管理的未来

32 《华为基本法》是如何诞生的？价值如何？与华为供应链有何关系

1994年，华为独立研发了C&C08数字程控交换机。这款产品问世后，迅速吸引了社会的广泛关注，华为也从一个默默无闻的小企业，一跃成为中国热门通信设备供应商。地方政府官员花了一上午的时间视察华为，称赞华为氛围好、企业文化也很优秀。当政府官员离开后，陪同领导视察的华为高管们却面面相觑，领导们口中的"企业文化"，他们不知是何含义。后来这件事在集团高层会议上被进行讨论时，也没有人能够讲清楚。任正非在会后也陷入沉思，华为的企业文化到底是什么？华为的未来之路该如何走？

☑ 《华为基本法》的诞生过程

华为和中国人民大学的多位教授进行了对接，全面梳理华为的企业文化，总结华为自创办以来的成功经验。《华为基本法》由中国人民大学的退休教授黄卫伟联合数名专家共同撰写而成，核心价值观是：实现顾客的梦想。此举奠定了华为后面20年的价值趋向，并且以内部"法"的形式进行明确。《华为基本法》八易其稿，先后经历了两年多的时间，在华为内部上下被反复讨论，并且融入许多西方的管理思想，也充分提炼了华为10余年发展的成功实践，可谓中西合璧。《华为基本法》从1995年初萌芽，至1998年才最终获得华为高层会议的审议通过，并正式成为华为的"企业宪法"。

《华为基本法》第1版的命题和结构回答了彼得·德鲁克关于企业发展的3个问题。

一是企业如何有前途，包括企业的使命、愿景和目标，以及实现愿景的理论。

二是工作如何有效率，包括企业如何高效运作、企业的决策机制和效率、组织机制和原则、内部价值链（研/产/销）运营协同机制、制度化建设等内容。

三是员工如何有成就感，包括人在组织内的地位、人力资源机制和制度设计、用人理念、员工价值和成就感目标的实现等。然而，这个主题被否定。

黄卫伟教授起草了第 2 版的内容，同样是回答问题，但更加贴近华为的过去、现在和未来。

一是华为过去为什么成功：回答过去成功的核心奥秘。要对过去系统总结、提炼和升华，《华为基本法》必须基于历史成功经验，方能贴近企业，有亲切感，让员工不感到陌生。

二是华为过去成功因素的取舍：哪些持续帮助华为取得成功？哪些已成为华为取得成功的障碍？既要继承，又要创新、自我批判，引入新的思维，实现自我超越。

三是华为未来获得成功依靠什么：基于企业内外部的变化，系统思考面向未来的成功之道。

两版的不同之处在于，第 2 版总结了华为过去的成功，而不是空中楼阁式的幻想，更贴近真实的华为，能够挖掘到企业成功的内在奥秘。

☑ 《华为基本法》的地位

《华为基本法》是华为的纲领性文件，涵盖战略、研发、生产、销售、行政、人事等各方面的详细内容，是贯穿华为管理思想的管理条例。也可以说，《华为基本法》是华为供应链管理的基本法，是华为制度和流程的里程碑。

这是华为的顶层设计，富有国际视野，也具有中国特色。《华为基本法》用最简单的方式告诉世人华为为什么能够走向成功，也将困扰华为人的问题聚焦于其中，通过企业基本法的方式，对华为认为正确的思维和行事原则提供保护，加强并固化，从而保证企业后期的目标得以实现。

☑ 《华为基本法》的内容

《华为基本法》是企业的内部规章，共计 6 章、103 条，近 2 万字。这是中国现代企业最完备、最规范的一部企业基本法，具有超前的眼光和智慧。《华为基本法》包括公司的宗旨、基本经营政策、基本组织政策、基本人力资源政策、基本控制政策、接班人与基本法修改 6 个方面的内容，采用法律条文的格式编写。

《华为基本法》明确了华为的使命、愿景、人才理念、核心价值观、经营哲学等这些决定企业未来发展的纲领性内容。《华为基本法》的制定和实施是中国民营企业首次对未来发展方向的深刻、全面思考。借用此法，华为吸收了西方国际企业的优秀管理理念，并形成"以人为本、以客户为中心"的核心企业管理思想。《华为基本法》也成为华为人的行为规则。《华为基本法》的内容金字塔如图 6.1 所示。

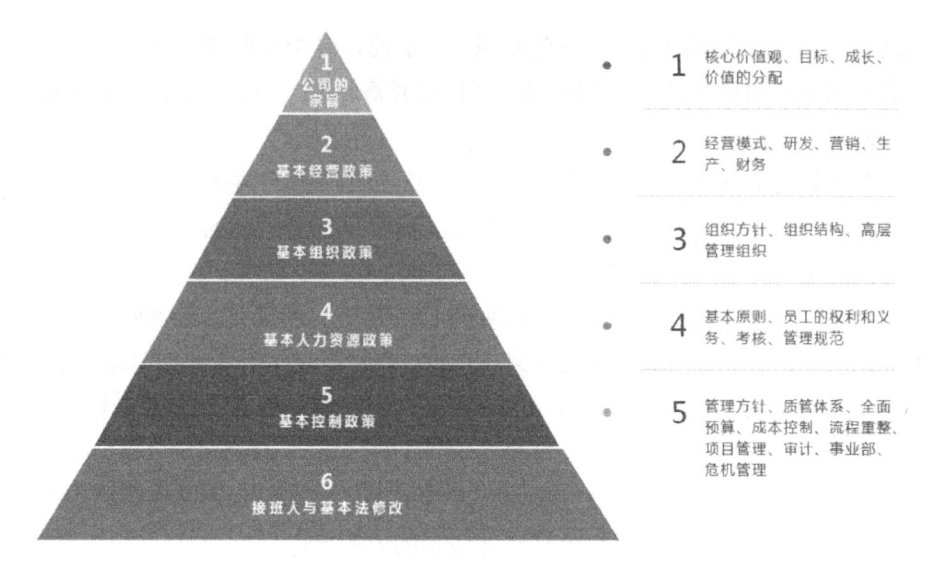

图6.1 《华为基本法》的内容金字塔

☑ **《华为基本法》对供应链领域的重要描述**

笔者选取部分，窥一页而知全貌。

生产供应链质量方面。质量是华为的生命，绝不走"低价格、低成本和低质量"的道路。华为的价值观是从低成本走向高质量，华为努力创建敏捷的供应链和交付平台，打造数字化全链接企业。

研发供应链投入方面。《华为基本法》还明确，每年将至少10%的年销售收入用于研发。只有拥有核心技术知识产权，才能参与国际竞争。聚焦于主航道，坚持"压强原则"，有所为，有所不为，力出一孔。

企业供应链增长方面。追求长期有效增长，从以规模为中心，转向有效益的增长。未来的竞争是管理的竞争，华为企业管理的目标是建设流程化组织，从客户中来，到客户中去，用"一杯咖啡，吸收宇宙能量"。

供应链管理文化方面。3句话、3个核心点："以客户为中心，以奋斗者为本，长期坚持艰苦奋斗。"用6个字高度概括："开放、妥协、灰度。"这是任正非和华为高层领导的集体体悟。

33 华为与思科多年的竞争对我国经济的发展有何启示

"创业，何其艰难。"企业家表面上看着荣光，背后却经常是"高空走绳的杂技表演者"，永远充满了焦灼和忧虑，战战兢兢，永远没有尽头。华为和思科在国际通信市场上进行了多年激烈的竞争，在市场澎湃的大潮中，华为也走向成熟。

2003年1月23日，思科以知识产权的名义起诉华为。2012年10月，美国国会以国家安全名义禁止华为等中资企业进入美国市场。知识产权和国家安全无非是利益之争，这也是思科等美国企业在国内十余年游说和运作的结果。

（1）思科的背景。思科成立于1984年，较华为早，但思科的起点更高。其创始人为美国斯坦福大学计算系计算中心主管奥纳多•波萨克，以及商学院计算机中心主任桑迪•勒纳。思科发展快速，2009年，思科已在《财富》世界500强榜单中位列第57，而且思科当年的企业毛利率高达65%；2017年，思科的毛利率依然维持在60%以上。

（2）双方的交叉。思科和华为本是业务不相关的两家企业，华为是通信设备供应商，思科是网络解决方案供应商。然而，到了1999年，华为进军网络领域，推出接入服务器、路由器及以太网，于是与思科出现业务交集，仅仅两三年，华为在中国国内市场上的占有率就已趋近思科，并开始进入美国市场。当时华为的产品稍弱于思科，但价格仅为思科产品的一半，配以好的服务，其吸引力很快超过思科的产品，这也是华为战胜国际几大巨头的主要原因之一。由于产品供应链成本远低于竞品，因此华为在美国打出"唯一不同的就是价格"的广告，剑指思科。美国是华为全球战略的最后一环，华为一旦突破并且扎根美国，思科将"全线崩溃"。2002年年底，思科当时的CEO钱伯斯将华为列为其全球范围内的第四代对手，并在美国国内制造"华为威胁论"和"华为抄袭思科"的舆论。美国国内也普遍存在这种认识，"高精尖新技术"从来就是"欧美专利"，中国企业就是"落后"的代名词，如果可以造出，那肯定是"窃取"了美国的相关技术或者专利。

（3）诉讼博弈。2003年1月，思科向美国得克萨斯州东区联邦法庭提出诉讼，状告华为存在21条罪名，全文共有77页之多。华为"兵来将挡，水来土掩""敢打才能知，小输就是赢"，在法庭内外两家企业相互较劲，但形势很不利于华为。在紧要关头，华为采取了打国际市场的经典做法，先是更换了律师团，并请他们前往华为中国总部进行实地考察，考察华为的实力及管理体系。"百闻不如一见"，他们在参观华为后，看到了中国及华为的时代变迁，态度也大为改观，于是建议华为抓住思科的"私有协议"这一条，控诉思科打压华为的目的是保持其垄断地位。在美国，垄断属于重罪，很多大型企业因为垄断被美国政府多次拆分，这一"死穴"被华为巧妙地挖掘到，并发力"点穴"，效果非常好。

（4）握手言和。华为在美国各大媒体上也加大宣传攻势，并请IBM等友商发声，扭转华为的负面形象；同时，邀请斯坦福大学数据通信专家前往华为，核对研发流程，认定两家企业的性能重合度不到2%，华为并未侵权。2003年3月，两家企业在法庭上对峙，华为坚称思科的行为是遏制竞争。华为还出奇兵，与思科第一代对手 3Com 联合组建合资企业，销售通信产品，将敌人的敌人转换成自己的伙伴，让美国公司为自己站台。最终华为和思科打成平手，2004 年 7 月，双方握手言和，各付各的诉讼费，各卖各的产品，无赔偿、无道歉，法庭还判定思科今后永久不得就同一问题起诉华为。在这场"世纪诉讼"中，华为获利更多，其在海外的名气也飙升，业务翻番式增长，产品进入欧洲和美洲的市场。2010 年，华为超过 70%的销售收入来自海外市场。华为成为思科在国际市场上最大的竞争对手。因官司而成长，因官司而名声大噪，这让思科始料不及。

（5）华丽转身。华为在面临全球竞争对手时，也在逐步改变观念，加大研发投入，拓展全球通信市场，并充分利用知识产权来保护和维护自身的利益，在开放和创新的道路上，越来越坚强和坚定。时至 2012 年，华为已在全球建立 16 个研发中心，累计获得专利超过 3 万件，并且加入了 123 个国际标准组织，华为成为思科的"头号敌人"。1995 年，华为启动全球市场策略，起点为非洲和亚洲国家，经过 6 年拼搏初见成效。1998 年，华为开始布局欧美市场。截至 2005 年，华为的产品进入美国等 14 个欧美发达国家，并且当年华为的海外销售收入首次超过国内销售收入，约占总体销售收入的 58%（至 2008 年，提升到 75%）。截至 2017 年，华为的研发人员超过 8 万人，占企业总人数的 45%以上。华为的知识产权部门经过"思科大战"后，在华为内部的地位也空前提高。华为学会"用美国的方式"在美国当地打赢官司。

（6）美国干涉。2012 年 9 月 13 日，美国众议院情报委员会质询两家中国通信企业——华为和中兴，质询持续了 3 个小时，这是中国企业第一次参加此类政府听证会。该委员会在 10 月 8 日发布调查报告，称华为和中兴对美国国家安全构成威胁，使得华为在美国的发展开始频频受阻——收购摩托罗拉遭拒，参与网络建设的竞标遭拒。美国从市场行为演变到政府行为，阻止华为的行径越来越恶劣。

2017 年，华为的年销售收入终于超过思科，然而思科在技术、品控、个人效率及企业管理链等方面，依然有很多东西值得华为学习。如今，华为已成为行业领跑者，高处不胜寒，真正可怕的，并不是竞争对手，而是时代和自己。"烧不死的鸟才是凤凰。"伟大就是被对手"烧"、被资本"烧"、被客户"烧"、被员工"烧"、被政策"烧"，更要被时代"烧"和被自己"烧"。

美国企业和政府行为给我们带来至少 3 个方面的启示。

一是提高和完善行业审查制度。美国以国家安全为由，拒绝中国企业进入美国通信市场，使得中国企业在美国的发展受阻，而外资企业思科当时在中国却长驱直入，在政府和相关行业核心领域占据绝对份额，这对中国的信息安全形成潜在威胁。中国在后期也越来越重视通信安全和国家安全。

二是企业要自主搭建信息城堡。要加强本企业的自主研发，减少受制于人的核心领域，一定要将"大国重器"掌握在自己手中，不能"等、靠、要"，指望他人。

三是加强国家和企业的顶层设计。从"摸着石头过河"到"领导者顶层设计"，从"道"到"术"，要借鉴发达国家的成功模式，创造适合本土落地的方法，集中国家和核心企业的优势资源，有针对性地进行顶层设计，确定核心技术攻关对象和攻关目标，因为没有核心技术，就会永远受制于人。

34　华为的全球化战略和全球供应链是怎样的

华为认为，好的国际企业要拥有核心技术、优秀的管理和外部合作关系。敢于打破自身已有的优势，创造新的优势，不在乎一城一池的得失，华为要的是整个世界；而且，"最好的防御就是进攻"。华为在全球供应链上，要像德国、日本企业一样，重视生产制造环节，生产制造与研发、设计同样重要，也是产品供应链的一个重要环节。

☑ **华为全球化战略上的 4 招**

一是华为坚持发展核心业务，聚焦于主航道，并且不在非战略机会点上消耗企业的战略竞争力量。任正非认为，企业很难做到使每项业务都优秀，一定要聚焦于某个领域，抓住战略机会点，成为行业领先者。华为力出一孔，先聚焦，不断加大主航道的投入，取得突破，再在主航道上不断拉开与相关竞品的差距，提升企业战略的集中度。

二是华为在全球发展上坚持营销"压强原则"。华为在已选定的战略生长点和成功关键因素上，会举企业的全力，配置超过主要竞争对手的能力和资源，要么不做，做则必定集中企业的人力、物力和财力，实现一鼓作气、重点突破，集中优势打好市场"歼灭战"。要敢于投入，用最先进的产品来武装自己，把"天下"占领，自然会获取更多的企业效益。"单点突破"的胜利，往往会产生巨大的榜样作用和示范效应，若据此进行国际案例的行业复制，则会有数倍的发展和利润。

三是华为在国际化拓展上坚持"三板斧变革"。为了更好地实现国际化，适应全球化发展的需要，华为积极推进企业职业化管理和国际化人才管理。华为从 3 个方面着手变革。

① 人力资源管理变革。1997 年，华为在合益集团的帮助下建立了全套职位体系、任职资格体系、薪酬体系、绩效管理体系和员工素质模式，并且形成了员工的"选、育、用、留"原则，以及干部的选拔、任用、培养、考核原则。

② 质量财务审计变革。华为聘请德国国家应用研究院作为其质量管理顾问，聘

请普华永道会计师事务所作为其财务顾问，聘请 KPMG 开展审计工作。

③ 业务流程管理变革。1998 年，华为开始与 IBM 合作，深入重构华为的业务流程，在 IBM 成功实践的基础上，创建了华为 ISC 和 IPD 管理流程和体系，并通过 IT 建设串联起华为的各海外机构，加强华为内部的管理优化和管理提升，让华为企业供应链获得重生和再造。

四是华为国际化的关键是海外员工本土化。要实现企业国际化，人才是根本。在国际化的竞争中，比技术、比服务、比产品，本质还是比人才。什么人更适合国际化？答案是当地人，因此人才本土化至关重要。人才本土化既能为地方带来新的就业岗位，又能通过当地人更容易与地方政府进行沟通，让企业更加快速地融入当地社会。华为在国际化道路上，不断提升海外本土员工的聘用比例，年均增长 15%以上。2008 年年底，华为的海外本土员工占海外员工的比例已达 43%，到 2018 年时，海外员工本土化率在 70%以上。引入外籍员工，特别是引入高素质的外籍员工，是华为拓展海外市场的重要武器。若一家企业的海外员工占比未在 60%以上，则企业的本土化还远未结束。

☑ **华为全球供应链上的 4 点说明**

一是华为逐步完成供应链全球化。华为在不显山、不露水之中，默默完成全球化的版图布局。华为的国际化拓展，既有硬件建设，又有软件服务提升，逐步夯实了华为优质国际企业的形象。华为在国际化中，建立了规范的服务体系和服务流程，同时为海外客户提供个性化服务，帮助客户提升业务水平。华为的国际化，不仅是产品的输出，还是服务的扩张，提高了国际客户的认可度。

二是华为的 5G 供应链引领全球。越努力，越幸运，经过 30 多年的艰辛发展，华为已经实现产品研发、管理机制、人才和营销 4 个方面的国际化，海外市场屡创新高。2G 时华为是"闯入者"；3G 时华为是"参与者"；4G 时华为是"领军者"；5G 时华为则走向"无人区"，成为"独领风骚者"，并坐稳全球信息通信行业头把交椅。

三是华为全球供应链成本领先。华为分析客户需求，明确 16 字方针：去粗取精、去伪存真、由此及彼、由表及里。华为先将市场信息"揉碎掰开"，重新组合，再做出总结和判断，最后拿出解决方案，通过解决方案引导投资，实现华为全球供应链的"低成本、高价值"产品研发，并且关注产品的质量、成本、可用性、可服务性，让其产品一推出就能满足不同国家客户的需求。

四是华为全球供应链重视潜在市场。华为明确表示，针对战略产品和战略市场要奋力争夺，针对有巨大容量的潜力市场要长期研发，这些是华为全球市场营销的核心，要不惜代价加大投入。战略产品是指华为在特定区域乃至全球市场，具有未来战略意义的重要产品，它关系到华为今后是否能渐入佳境。对战略市场的进入，将深刻影响未来国际市场竞争格局的形成。

华为正走向国际，在保证技术和产品高质量的基础上，其价格还具备超强的竞争力，往往低于许多老牌国际供应商的 30%以上，这正是"中国研发"和"中国制造"的供应链的成本优势，这让华为在国际市场的拓展中势如破竹。

35 华为终端供应链是什么？如何崛起

"终端"是什么意思？

这是华为根据其"工程师文化"为产品取的名字，就是"通信终端"。华为终端经历了从"不受待见"到"神终端"的发展，作为华为配套的产品线，其市场地位日渐提升。2003 年，华为成立手机业务部门，2004 年改名为华为终端公司，那时华为的 B2B 业务发展迅猛。华为终端公司在成立时仅有 100 余人，其中供应链部门在 20 人以内，由部门领导和物流仓库员工组成。2005 年，华为终端公司获得手机生产资质，形成无线终端、手机终端、固网终端三大产品线，产品涵盖手机、数据卡、机顶盒、固定台等全系列通信终端产品。此时，华为终端公司以运营商贴牌生产为主，2008 年，华为终端公司的年销售收入约为 40 亿美元。

《2017 中国手机消费与品牌引力指数报告》显示，在被调查的中国 7 万多名智能手机消费者中，有 50%左右的消费者会每两年更换一部手机，并和 2010 年的调查数据基本保持一致，可见手机终端市场的潜力巨大。华为是一个有勇有谋、无惧无畏的红海战士，在消费终端这个红海里，受过冷眼嘲笑，经过激烈的战役，在技术创新和模式创新的双重变革下，逐步站稳并主宰了部分海域；华为能够随时嗅出市场危险的味道，面对强大的竞争对手，保持清醒，弄懂规则，明确定位，披荆斩棘，在红海里进行厮杀，最终成为行业赢家。

☑ **华为消费者 BG 崛起**

2011 年，华为在三亚会议和华为终端公司高管座谈会后，确定了后面将实施端、管、云的发展战略，其中重点突破终端业务。经过整合，华为终端升级为华为消费者 BG（内部是华为终端公司），开启大发展之旅，并放弃运营商定制贴牌业务。而且华为根据产品生命周期，对应采取更加合适的供应链战略。由于社会上手机的更新换代周期不断缩短，有些手机甚至上市半年就会退市，因此对应的产品供应链也要因势而变，实现华为终端供应链"五快"：快速响应、快速爬坡、快速上量、快速齐套、快速清尾。

☑ **华为终端的"3 个面向"**

一是面向普通消费者：加强软件和外观的设计，更关注消费市场。

二是面向高端市场：取消贴牌机、非智能手机，在华为手机上印上醒目的Logo。

三是面向开放渠道：华为将其产品划分为4个系列——D、P、G、Y，并将手机机型缩减了80%。

在"3个面向"供应链战略执行后，2013年，华为的消费者业务首次突破90亿美元大关，智能手机更是达到年出货5200万部，列全球前3位，消费者业务的盈利能力也大幅提升。华为终端公司迎来高歌猛进的"黄金年代"。2018年，华为终端公司的业绩占据华为业绩的半壁江山，终于"封神"。

在不同的产品生命周期有不同的供应链战略，一般产品生命周期的供应链管理图如图6.2所示。

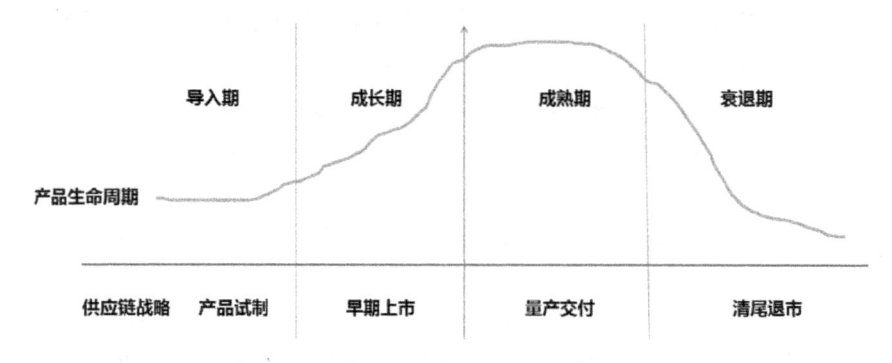

图6.2 一般产品生命周期的供应链管理图

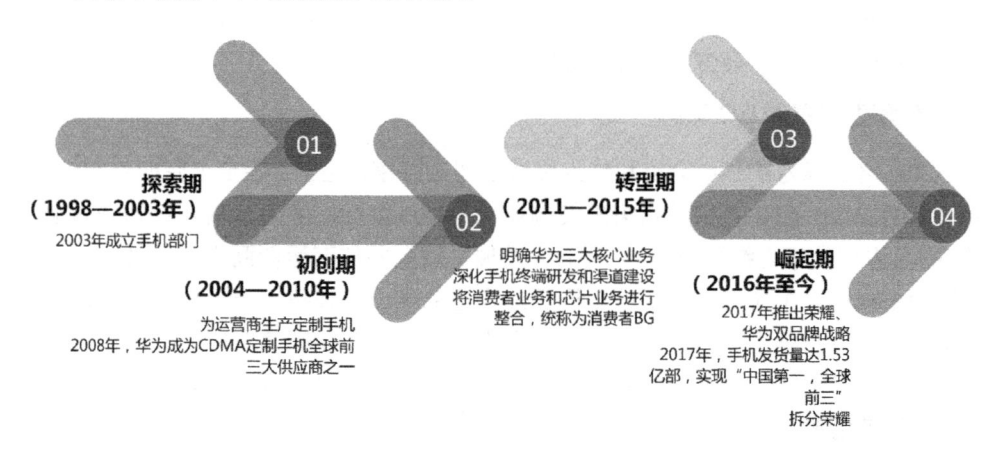

☑ **华为终端的4个时期**

华为终端的4个时期如图6.3所示。

图6.3 华为终端的4个时期

探索期（1998—2003年）。探索期的道路曲折，2003年，华为成立手机部门，决定正式进入终端业务领域。

初创期（2004—2010年）。华为手机为华为技术系统做配套服务，为运营商生产定制手机。2007年，华为的数据卡销量连续5年位居全球第一。华为手机2007年出货2000万部。2008年，华为成为CDMA定制手机全球前三大供应商之一，但利润微薄。在2008年金融危机时，华为曾一度欲出售华为终端公司。

转型期（2011—2015年）。华为进军美国通信市场受阻，重新明确消费者业务、运营商业务、企业网业务为华为三大核心业务，并深化手机终端研发和渠道建设，主动进攻，还将消费者业务和芯片业务进行整合，统称为消费者BG业务，开启华为终端业务的腾飞之路。

崛起期（2016年至今）。华为将麒麟芯片应用于高端手机。2016年，华为的M系列和P系列产品火爆销售，华为在高端市场逐步奠定其"江湖地位"，其海外市场的增速也超过国内。2017年，华为推出荣耀、华为双品牌战略，P9和Mate 9两款手机的产销量突破1000万部。2017年，华为的消费者业务实现年销售收入2360亿元，手机发货量达1.53亿部，实现"中国第一，全球前三"。在美国要求以"断供"打压华为的背景下，华为加大笔记本电脑等终端销售，拆分荣耀。脱离华为后的荣耀也快速增长，华为终端最终扛住了美国的举国打压。

☑ **华为终端的领域拓展**

华为终端经历了落后、追赶和超越，消费者业务不断崛起，并极大地提升了华为的品牌形象和企业声誉。华为终端围绕零售、渠道营销、品牌营销、生态系统、技术创新、用户经营、人工智能、云服务、供应链、精细运营、流程IT等，持续构筑华为强大的体系化的供应链运营能力，最终形成华为终端的六大核心竞争力（产品、品牌营销、用户经营、渠道经营、生态系统和供应链）。终端供应链的崛起让华为在业务模式和方法、工具等方面，形成更为领先的企业管理模式。

☑ **华为终端的几大特点**

华为是目前能够成功兼顾B2B和B2C两方面业务的全球少有的企业。2011年，华为将终端业务正式纳入华为战略，从此进入新的赛道，而且是红海赛道，华为的组织、商业和文化等都面临着空前的挑战。华为开辟了B2C消费市场，也产生了B2C供应链服务。B2C供应链和原来的运营商B2B供应链模式完全不同，它有几个主要特点：供应链随技术变化、合作伙伴众多、终端产品库存管理至关重要、供应链数字化和可视化要求高等。

☑ **华为终端面临的问题**

一是缺芯片。没有独立自主的高品质芯片一直是中国电子制造业的软肋，中国处于产业链的低端，赚取低廉的组装费，而行业利润却被苹果、三星等自主研发芯片的企业占有。在高投入、高风险、高产出的芯片行业，一般手机商都从高通订货。2012 年，华为生产出独立研发的海思麒麟芯片 K3V2，但落后的 40nm 制程技术让用户体验极差——加载缓慢，发热严重。

二是供应不足。供应链赶不上，要么上市缺货，要么成为库存，形成恶性循环。海外市场经常在数月后才能实现新产品上市，错失商机。外人以为是"饥饿营销"，其实是产品供应不足。

三是关键器件短缺。闪存器供应严重不足，核心器件的性价比不及美国、日本、韩国等国家的企业。

☑ 华为终端的问题应对

一是战略部件，重点管控。针对战略器件和部件，华为采取自研或扶持国内供应商的做法，避免国外供应商在关键时刻"卡脖子"；扶持"备份"和培养"供应商竞品"，在关键生态的供应链领域，与战略供应商共享利益、共享发展，做大关键部件"蛋糕"。

二是识别规律，提前备货。华为借鉴苹果的做法，找出交付规律，提前铺货。新产品上市早期备货是关键，新产品上市期的销量可占到总销量的 1/3，甚至过半，而上市的第一周、第一个月又是关键中的关键。

三是跟随牵引，CISC 变革。终端业务开始 ISC 变革，即 CISC 变革，建设主动响应的供应链体系，将内部集成扩展到外部集成，形成华为手机的产业生态链，推行智慧物流、智能制造，最终实现效率、质量、成本和过程能力等指标在国际上领先。

☑ 华为的数字化供应链变革

为了应对供应链问题，华为从 2012 年开始构建敏捷智能的数字化供应链，达到快速、供应链协同、极致体验的要求，开展一系列终端供应链变革。主要措施如下。

一是建立全球化供应链。华为进行全球布局，满足全球销售供应链，以销定存、以销定产，实现差异化的供给。

二是提升消费者服务体验。供应商早期介入技术创新，为消费者提供全渠道、全品类、全场景的服务，支持新零售线上线下购物，提供逆向物流等服务。

三是强化产业链生态控制力。对于战略竞争器件，华为采取供应链投资布局；对于紧缺部件，华为采用排他性战略供应商方式。

四是打造数字化精益运营体系。建设数字化供应链的组织并培养相应的人才，做好供应风险、质量风险预警和管控，让企业的供应链控制体系更加智能和智慧。

华为终端供应链支持华为消费者 BG 业务突破 500 亿美元，并确立"交付学三星、质量学苹果"的管理目标，最终实现"供得上、供得快、供得好"。

36 华为成立新五大军团，意欲何为

没有危机意识，才是最大的危机。

任正非是一个运筹帷幄、深谋远虑的"战略家"。华为始终保持着强烈的危机意识，头脑清醒，不迷恋眼前的辉煌，不迷失自我。华为的各项业务在成长到一定程度时，就会成为新的军团，去迎接更大的挑战。

根据产品设计供应链的原理，华为需要开展面向需求的产品设计和面向成本的产品设计，要围绕服务的对象进行需求细分和场景细分。华为采用"军团模式"，将基础研究的科学家、产品专家、技术专家、工程专家、销售专家及交付服务专家等群体整合进入一个新的部门，以便缩短产品的迭代周期，从而更好地研发产品和服务某一类消费群体。

2021 年 10 月 29 日，任正非在军团组建成立大会上指出，没有退路，就是胜利之路，和平是打出来的，华为要用艰苦奋斗和英勇牺牲的精神，打出一个未来 30 年的和平环境。在此次大会上，华为正式成立了针对五大市场的新五大军团：海关和港口军团、智慧公路军团、数据中心能源军团、智能光伏军团、煤矿军团。这些军团与华为的运营商 BG、企业 BG、消费者 BG 属于同一级别，由任正非亲自督导。此这次大会，标志着华为面向新需求整合后的新业务构架已经形成。华为"3+5"军团的业务架构如图 6.4 所示。

（1）海关和港口军团：利用华为在海关智慧监管方面的优势和解决方案切入市场，开展包括协同指挥、场所管控、智能卡口、旅客检查和智慧查验等方面的工作；华为的智慧港口解决方案包括车路协同、智能理货、远程操控和智慧闸口等。

（2）智慧公路军团：包括精确感知、实时处理和云端边协同等，华为创新地提出"高速一张图"的概念，打造人、路、车的智慧协同。

（3）数据中心能源军团：搭建新一代绿色节能的数据中心，重构架构、重构温控、重构供电、重构营维。

（4）智能光伏军团：通过人工智能、云计算等新技术，与光伏深度融合，在发电侧打造智能光伏电站，实现高效发电、安全可靠、智能营维、电网友好的局面；在用电侧，面向企业，提供绿电解决方案，主动、安全，降低电成本；在家庭侧，推出 24 小时绿电解决方案，使家庭享受清洁电力。

（5）煤矿军团：提出"一网、一云、一平台"的智能煤矿解决方案，"一网"就

是 5G 接入等多种网络;"一云"提出煤矿云架构解决方案;"一平台"打通数据孤岛,形成集成化、标准化、数据共享的统一数字平台。

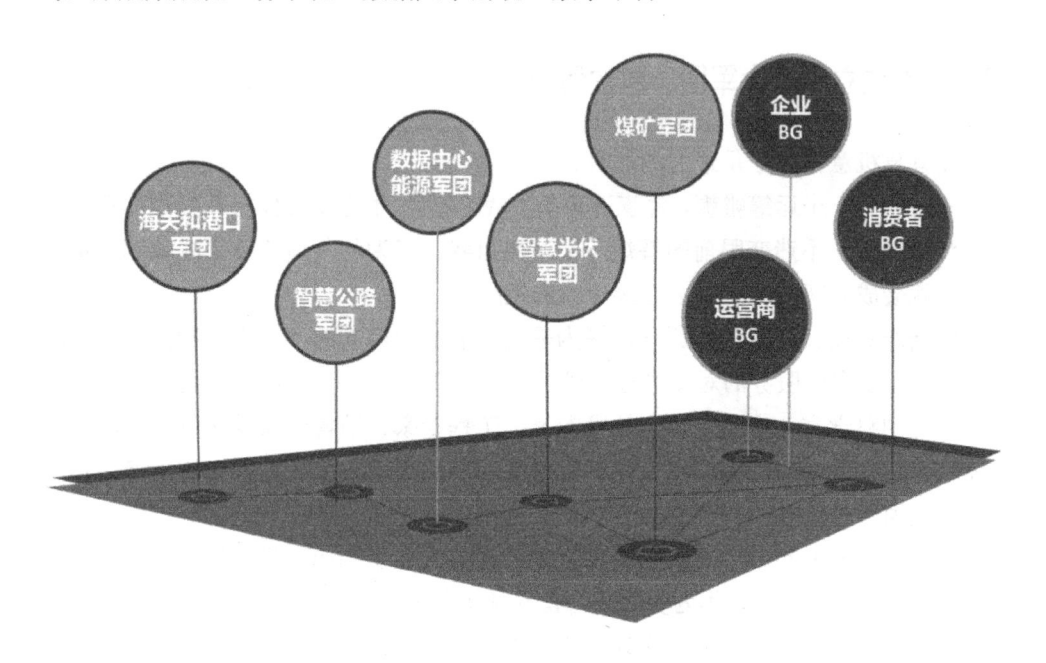

图 6.4 华为"3+5"军团的业务架构

华为的各大军团集结资源、穿插作战,做透、做深某个单一领域,多产"粮食"。这也是华为在手机等核心业务受挫的背景下,自我革命、自我刷新的重要战略布局。当华为的 To C 业务受困时,华为加大对 To B 业务的拓展力度,巩固自己的疆域和市场。任正非在企业发展中悟出"生于忧患,死于安乐"的道理,善于找到企业的短板并加以改善。

华为新的"军团模式",以及新五大军团,表明华为正从过去主要关注通信领域的研发与生产,开始转向应用领域,并向着实体经济特别是数字经济的运营商全面转型。华为从市场端、技术端、支持服务端向专业科学研究端发展,打造出一条完整的垂直产业链、供应链体系。

37 华为供应链评价指标突出哪些维度和哪些指标

不能有效测量,就不能有效管理。华为供应链 KPI 评价的多维度如图 6.5 所示。

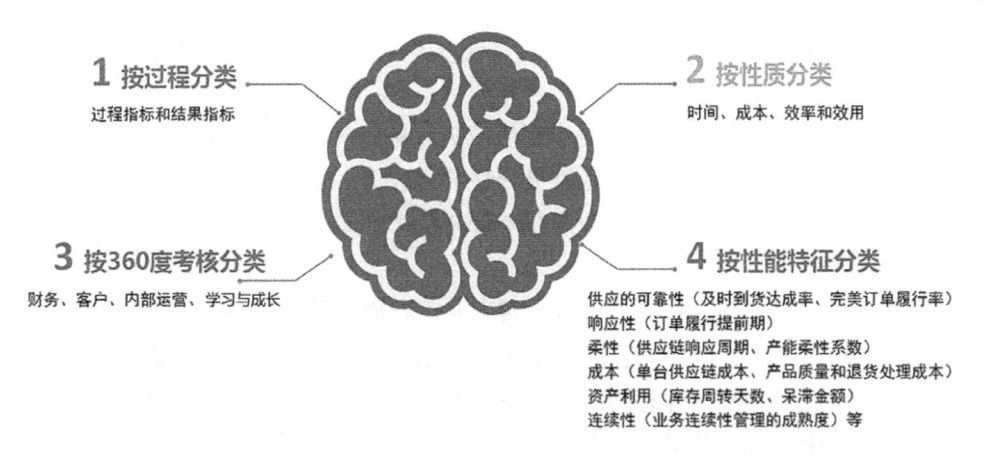

1 按过程分类
过程指标和结果指标

2 按性质分类
时间、成本、效率和效用

3 按360度考核分类
财务、客户、内部运营、学习与成长

4 按性能特征分类
供应的可靠性(及时到货达成率、完美订单履行率)
响应性(订单履行提前期)
柔性(供应链响应周期、产能柔性系数)
成本(单台供应链成本、产品质量和退货处理成本)
资产利用(库存周转天数、呆滞金额)
连续性(业务连续性管理的成熟度)等

图 6.5 华为供应链 KPI 评价的多维度

☑ **华为供应链 KPI 评价的多维度**

运营管理实质上是对运营过程和运营系统进行有效管理,以便使企业的投入产出比最大化,关注的目标有质量、费用、成本、效率、周期、柔性和客户满意度等。在 ISC 变革后,华为在更大范围内推行 KPI,分解企业的战略目标,争取最优,狠抓重点。华为十分注重以客户为导向,系统平衡各项指标,避免零和博弈。

☑ **华为供应链 KPI 体系**

华为供应链 KPI 体系由外在绩效和内部评价组成。

(1)外在绩效。外在绩效最重要的是质量和交付这两项。华为在质量方面采用大质量管理理念,将产品规划、研发设计、供应商管理、来料管理、制造生产和售后服务均纳入质量管控之中。

① 质量。在供应链质量管理上,华为从市场质量、产品质量和物料质量出发,涵盖产品全生命周期,并从来料端、制造端和客户端等维度分步衡量和设置 KPI。例如,在物料质量上,考核进料合格率、批合格率、来料批量不良次数等;在制造质量上,考核产品直通率、巡检合格率、开箱检查的不合格率及数量等;在客户质量上,考核市场返修率、市场批量事故次数、客户质量投诉天数等。

② 交付。产品须交付客户才能实现价值,华为主要用达成率和交付周期来进行评价。华为供应链交付指标由 EPD 达成率、ESD 达成率、OTD 达成率等组成。EPD 达成率是指内部交单承诺的达成水平,用于考核计划和制造环节。ESD 达成率是指内部发货承诺的达成水平,用于考核订单和运输环节。OTD 达成率是指最终客户要求的达成率,用于考核订单环节。

(2)内部评价。内部评价是基础,一般分为客户、财务、内部运营和学习与成长

4个维度,并覆盖可靠性、响应能力、柔性和成本等指标,近年又增加了供应连续性指标。

在供应链运作能力上,周期是引领供应链改善的关键指标,它易度量、能带来其他指标的改善,是实现供应链改善最合适的突破口,目前尚未发现更好的指标。

在供应链财务指标方面,一般有采购降本比率、单台物流费用、制造费用降低率、库存周转率等。

反映库存周转速度的指标有库存周转率和库存周转天数。库存周转率=库存周转金额/平均库存。库存周转率是某一时间段,库存周转的次数,周转的次数越多,说明存货的变现速度越快。库存周转天数=360/库存周转次数,是指企业从取得存货到生产制造、消耗、销售完为止,需要经过的天数。库存周转天数越少,说明存货的变现速度越快。

华为供应链KPI绩效管理:使主要KPI保持稳定,对次要KPI则根据业务动态调整,体现企业战略规划和业务规划,对不达标的KPI定期进行数据分析,并加以改善。

38 华为的轮值CEO制度是怎么回事

2004年,美国美世咨询公司建议华为建立EMT,由任正非担任EMT主席。然而,任正非因身体原因不愿担任此职务,于是提出一个新想法——轮值COO(Chief Operating Officer,首席运营官),由8位董事会领导轮流执政,每个人的执政期为6个月。这样,任正非可以远离经营,甚至管理,变成一个聚焦于华为企业文化层面建设的灵魂人物。华为的轮值COO制度,平衡了华为的矛盾,让华为均衡成长。

2011年,任正非进一步将轮值COO制度优化为董事会领导下的轮值CEO制度,由华为董事会的3位主管轮流担任华为CEO的职务,6个月一轮换。虽然由于轮值的时间相对短,轮值CEO更多地类似"罗伯特议事规则召集人",并未实际掌握企业的整体运行管理权,但轮值CEO制度也是企业管理中少有的创新管理机制。

华为几十年的发展与制度创新息息相关,组织和制度都至关重要。华为的轮值CEO制度可谓划时代的颠覆性创新。

2012年,华为开始全面开放、透明,几乎把所有"门窗"都打开了。轮值CEO、董事会成员接受全球媒体的采访,针对敏感问题坦然发表华为的观点。任正非也在2014年与中国20余家媒体记者主动交流,在2015年出席瑞士达沃斯论坛的闭门会,接受英国BBC访谈。华为的透明化管理提高了其公众信任度。

华为从2011年开始实行轮值管理的制度。华为的代表委员会投票产生董事会

（包括 1 名董事会主席、16 名管理委员），管理委员会选举 4 名副董事长，其中 3 名为执行董事。3 名执行董事在管理委员会的支持下，实行轮值管理制度，每位轮值董事长的任期为 6 个月。

华为有一句口号："先学会管理世界，再学会管理公司。"华为未来的接班人，必然是从各级干部和员工中自然产生的"企业领袖"。华为的轮值 CEO 中有数位经历过供应链总裁等岗位的历练。

无论是谁最后幸运地走上华为董事长的岗位，都会继续践行华为的供应链管理体系和企业文化，扛起华为精神支柱的大旗，实现"中华有为"的夙愿。

39 我国的供应链强国路

当今时代，供应链创新与应用已上升为我国的国家战略。

第一，国家层面推动。国务院办公厅 2017 年印发的《国务院办公厅关于积极推进供应链创新与应用的指导意见》指出推进供应链创新与应用的重要意义：落实新发展理念的重要举措；供给侧结构性改革的重要抓手；引领全球化提升竞争力的重要载体。

第二，高校加强培养。2018 年，中华人民共和国教育部正式发文设置高校供应链管理本科专业，市场需求也十分迫切。目前，在我国的供应链管理领域仍然存在人才匮乏、基础薄弱、治理机制极不完善等现状，我国需要加快培养多层次、多数量的供应链管理人才。目前，高校中的物流专业算是与供应链相关联的专业，其中包括采购管理、物流管理和物流工程等，主要侧重于供应链的采购和物流环节，但缺乏整体供应链思维和基本技能的锻炼，而其他专业，如工商管理、管理工程和工业工程等专业对供应链管理的知识涉及得很少。而且由于供应链管理专业对知识的要求高，高校普遍存在供应链管理专业的师资实践不足和缺乏实习条件的现状。

全国第一家开设供应链管理本科专业的院校是武汉学院，该校 2018 年在全国首开供应链管理本科专业。目前，全国有 39 家高校开设此专业，全国高校的供应链管理本科专业的发展如火如荼。

第三，职业道路设计。2020 年 2 月，中华人民共和国人力资源和社会保障部、国家市场监督管理总局、国家统计局正式发布"供应链管理师"新职业，并将其纳入国家职业分类目录，出台《供应链管理师国家职业技能标准（2020 年版）》，考核科目包括理论、技能和综合评审 3 个。供应链管理师的定义为运用供应链管理的方法、工具和相关技术，从事产品设计、采购、生产、销售、服务等全过程的协同，以控制整体供应链系统的成本，并提高准确性、安全性和客户服务水平的人员。

第四，行业成为分类。供应链作为一个新兴的行业，被纳入国民经济行业分类之中，供应链企业很多是从原有的新业态转型升级过来的，有物流企业、商贸流通企业等。

我国在国家标准 GB/T 4754—2017《国民经济行业分类》中，针对供应链管理这一领域的服务，明确单列统计类别为商务服务业-7224-供应链管理服务。该标准从 2017 年 10 月 1 日已正式实施。

《国民经济行业分类》指出，供应链服务是基于现代信息技术对供应链中的物流、信息流、商流和资金流进行设计、规划、控制和优化，并将单一、分散的订单管理、采购执行、报关退税、物流管理、资金融通、数据管理、贸易商务、结算等进行一体化整合的服务。供应链服务正式成为我国国民经济发展的重要分类方式之一，对于供应链服务行业和企业都有着深远的意义和积极的影响。

第五，竞争博弈所需。世界正以你意想不到的速度变化、升级。未来，社会将演变为智能社会，其广度和深度都无法想象。技术变革将推动供应链变革，企业的精细化管理在很大程度上就是供应链管理的能力。

企业间的竞争也是供应链管理和供应链生态之间的竞争。华为在西方国家的打压下，依然坚挺地"活着"，并且实现企业新的发展和突破，这就是华为供应链和华为供应链管理的能力所带来的。

华为开始逐步向基础理论研究的"无人区"迈进，只有坚持重大理论或是重大科技创新，才能发现"无人区"的真正生存法则。华为要用最优秀的人，去培养更优秀的人。华为通过供应链管理实现科技强国路任重而道远。

供应链的运作由供应链管理来实现，供应链管理的精髓就是通盘协调好供应链上下游的供需关系，实现生产、分销和零售等职能的有效分工和高效合作。

笔者希望本书能从供应链管理的角度带给读者更多深入思考和实践参考。

小贴士

华为如何做好细分行业的解决方案

华为针对不同行业和不同场景推行了众多行业解决方案，助力中国企业开展数字化能力建设。据了解，华为于 2021 年 9 月面向政府、能源、金融、交通、制造五大行业的客户，共发布 11 个创新场景解决方案。另外，根据安排，2021—2026 年，华为计划发布 300 余个场景化解决方案，逐步建立 200 个服务标准和发展 800 家以上的服务伙伴。

华为通过"场景、模式、伙伴"的深耕，助力客户进行数字化转型，以"咨询+

集成+辅助运营"的合作新模式，实现"懂所需、践所想、达所望"的目标。解决方案一般主要针对B端客户，并以铁三角项目制的方式加以实施，这也是华为在C端产品发展相对受困的背景下，加大发展力度、转型发展的手段之一。华为对细分领域进行深入研究，已提供的解决方案说明表（部分案例）如表6.1所示。

表6.1 华为细分领域解决方案说明表（部分案例）

领域	解决方案的名称	解决的问题
政府	一网统管、辅助运营、零信任安全	城市智能体三大核心解决方案，助力政府部门的业务和流程变革，建设宜居、创新、绿色、智慧、人文和韧性的新型智慧城市
能源	智慧电厂、智慧加油站	助力能源行业高质量发展，构建绿色、安全、低碳、高效的零碳智慧能源体系
金融	移动支付、分布式新核心	助力金融机构成长为更好的数字化生态型企业，共建全连接、全智能、全生态金融体系
交通	智慧机场、智慧空管综合交通	助务交通行业客户"人悦其行，物优其流"的数字化转型获得成功
制造	智慧车企	助力制造行业提升效率和客户体验，驱动创新发展

上篇知识点小结

1. 越来越多的大型企业将供应链部门作为企业的一个职能部门，并设立企业供应链负责人（通常由供应链副总裁和 CSCO 来担任）。

2. 狭义的供应链就是企业内部的供应链管理，由设计、采购、生产、销售、服务、数字化、金融组成；广义的供应链则是指 SCOR 定义下的企业供应链内外部全场景业务。

3. 供应链是以客户需求为导向，以提高质量和效率为目标，以整合资源为手段，实现产品设计、采购、生产、销售、服务等全过程高效协同的组织形态。这是《国务院办公厅关于积极推进供应链创新与应用的指导意见》中对供应链一词的定义。

4. 华为供应链管理就是以华为作为供应链的核心企业，从供应商、制造商、物流商、零售商，一直到最终的消费者，对企业供应链资源的高效协同和集成管理。

5. CSCO 和 CFO、CTO 等一起，成为企业经营发展的重要管理者。供应链构建是战略性工作，供应链管理者要成为优化全球网络的战略家、合作者和协调人。

6. 华为的名称来源于"心系中华，有所作为"的标语。

7. 华为全球近 20 万员工中研发人员约有 10.5 万人，占比高达 52.5%。过去 10 年，华为的总研发投入超过 7500 亿元，中国第一，全球领先。

8. 华为是全球将 To B、To b、To C 这 3 种销售模式跑通的企业之一，并且采用的是同一种人力模式和供应链管理模式。

9. 华为有两个供应链管理法宝：一是 IPD；二是 ISC。

10. 华为 ISC 管理模型设定了 3 个核心目标：建立以客户为中心的华为 ISC、建立成本最低的华为 ISC、提高华为供应链的灵活性和快速反应能力，并确定从流程、IT 系统和组织 3 个方面进行系统变革。

11. 客户满意度=客户感知-客户期望。

12. 一旦供应链问题解决了，也就基本解决了华为的管理问题。

13. 华为供应链分为 5 个阶段：产品供应链定位期、市场供应链复制期、供应链管理国标期、供应链管理生态期、供应链管理智慧期，逐步实现做成、做大、做强、做久、做智。

14．ISC 是指由供应商、经销商、制造商、零售商及客户等共同组成的集成网络，包括研发、采购、生产、销售、物流、客服、质量控制及市场协同等，是对产品或服务从供应到交付全过程的整合。

15．任正非提出："一杯咖啡，吸收宇宙能量。"他要求华为人主动改变自我，加强国际交流，而咖啡是最好的工具。

16．华为供应链的 4 个阶段包括华为供应链功能建设阶段、华为 ISC 阶段、华为全球供应链阶段、华为 ISC+变革阶段。

17．华为在原有的三大军团（运营商 BG、企业 BG、消费者 BG）基础上，成立新五大军团、十大预备军团，向着构建万物互联的智能世界迈进。

18．华为将 ISC 界定为计划、采购、生产、销售、交付五大流程，分别对各环节进行改善。

19．华为将新产品的研发流程分为 6 个阶段，包括概念阶段、计划阶段、研发阶段、验证阶段、发布阶段、生命周期管理阶段。

20．华为 IPD 有 6 个核心理念：新产品研发是一项投资决策，基于市场需求和竞争分析的创新研发，跨部门、跨系统协同，并行研发模式，重用性，结构化流程。

21．"研发是投资，而不是单纯的开销。"华为会在内部成立最高级别的跨部门团队，用于研发决策，这就是投资评审委员会。

22．华为的产品质量经历了 3 个阶段：低质量、低成本阶段，高质量、低成本阶段，高质量、高成本阶段。

23．华为供应链管理文化归结为 3 句话："以客户为中心，以奋斗者为本，长期坚持艰苦奋斗。"

24．华为供应链 KPI 体系由外在绩效和内部评价组成。

25．我国在国家标准 GB/T 4754—2017《国民经济行业分类》中，针对供应链管理这一领域的服务，明确单列统计类别为商务服务业-7224-供应链管理服务。

中　篇
华为供应链"怎么能"

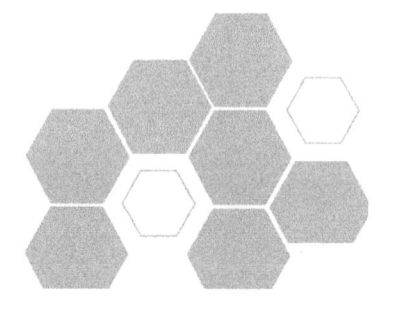

第7章

华为的供应链管理规划

供应链就像一个链条，将生产商、分销商、物流商和零售商等相关产业链的伙伴紧密相连，并且协调、优化和管理，最终实现实物流、信息流和资金流的三流合一。

供应链管理规划至关重要。

40　华为供应链管理的5个突出

华为从IBM得到启示，要脱下"草鞋"，换上"外国鞋"，充分用好外国企业的先进管理经验，全面推行IPD和ISC；要向国际大型企业学习，少走弯路，少交"学费"；要通过学习和借鉴，避免走别人花费几十亿美元代价走的老路。

华为决定采用"先僵化、后优化、再固化"的学习方式，通过供应链管理的中国化，逐步打造出自己的企业管理模式。华为基本建立了一个集中统一的管理平台和相对完整的企业流程体系，这些巨变支持华为进入ICT领域的全球领先企业行列。

华为设计的供应链管理突出5个方面："创新四高""PDT模式""极致专注""专利增长""工程商人"。

第一，华为研发设计"创新四高"。进攻才是最好的防守，创新可以使中华民族由弱变强。任正非认为，创新的目的是使所创新的产品具备"四高"特点，即高技术、高质量、高效率和高效益，进行新产品研发，未必就是创新，进行老产品的优化，未必不能创新。华为一定要对科研成果负责，要对产品负责，要全心全意为客户服务。

第二，华为研发设计"PDT模式"。华为原来的研发存在"闭门造车"现象。如今，华为明确一切以客户需求为导向，对于任何一个产品立项，都由市场、研发、制造、服务、财务、采购和质量等部门共同组成PDT，对研发的整体过程进行管理和决策，让产品的研发透明并与客户的需求保持充分一致。在原来的研发中，研发与销售部门之间存在互不关心的情况；而在IPD模式下，双方形成有效合力，推动更为有效的研发和营销工作。2009—2014年，华为的研发脱胎换骨，进入新的历史阶段。

第三，华为研发设计"极致专注"。要将有限的资源聚焦于自己最擅长的事。真正的高手必定专注到极致，极致到让对手感到害怕。要抓住重点，千万不要被"噪声"影响。特斯拉的创始人马斯克说过，他们从来不花钱做广告，而是将所有资金都用于研发、制造和设计工作，让汽车产品和服务变得更好。专注是企业和人格中强大的部分。

第四，华为研发设计"专利增长"。华为在国际市场竞争中，深刻理解知识产权，特别是研发专利技术的重要性，这也是华为从多年闯荡国际市场中学习到的宝贵经验。在2012年12月底时，华为在中国的专利申请量为3.8万件，其中发明专利申请量为3.4万件、实用新型专利申请量为1400多件、外观设计专利申请量为2200多件，其发明专利申请量位列中国企业前3。华为在欧洲的专利申请量为7000多件，在美国的专利申请量为3000多件，最终获得欧洲专利1500件、美国专利1500件。每个国家都将自己企业的知识产权作为核心资源加以保护和运用。在国际市场竞争的丛林中，企业稍有偏差，就可能万劫不复。

在知识产权制度领域，有两个极其重要的国际性规则和协议。

一是《巴黎公约》，全称为《保护工业产权巴黎公约》。《巴黎公约》在全球范围内保护工业产权，包括商品的发明专利权、工业品外观设计、服务标记、商标权、厂商名称、产地标记、原产地名称等。我国在1985年成为该公约的成员国。

二是《TRIPS协议》，这是加入世界贸易组织必须遵守的重要协议之一，也是世界范围内知识产权保护涉及面广、保护力度大、保护水平高、制约力强的一个国际公约，世界主要国家和地区均为其成员方。

华为最近几年的专利合作条约申请量排名世界第一，然而申请量不等于最终授权量，华为最终拥有的专利数量和质量与欧美主要竞争对手仍然有很大的差距。华为在欧洲和美国的主要知识产权竞争对手包括高通、微软、三星、苹果、思科、谷歌、摩托罗拉、诺西等国际巨头。

第五，华为研发要做"工程商人"。华为在产品技术研发上，消灭"工程师文化"，将工程师变为"工程商人"，还要求研发人员以客户需求为导向，消灭"技术导向文化"。华为对创新进行有效管理，强调创新是"70%的继承+30%的创造"，并不是推倒重来，并强调持续改进。

41　华为为何坚持拿出至少10%的年销售收入用于研发

华为在全球做了大量研发布局，网罗全球的科技专家和人才。华为在海外16个城市建有独立的研发机构、26个研发能力中心。华为全方位国际化，就是要实现4

个国际化，即产品研发国际化、管理机制国际化、人才国际化、营销国际化。

华为在全球产品研发供应链上有4种做法：全球研发模式、研发中枢机构、研发长期投入、创新的6项原则。

一、华为的全球研发模式

国际企业的全球研发机构有两类：一是研发导向型研发机构，即以产品研发为目的，为当地市场进行新产品研发而设立的研发机构，在汽车和机电行业较为普遍；二是研究导向型研发机构，以研究为目的，通常利用海外资源，基于企业总部研究前沿技术的研究机构，在医药和IT等行业较为普遍。从20世纪80年代开始，主要发达国家先是以建立研发导向型研发机构为主，进入90年代以后逐步建立研究导向型研发机构。

中国企业国际化的成功实践有4种，笔者认为华为模式（全球研发模式）是目前最成功的。

第一种是海尔模式：在全球设立海外制造中心，以全球制造为特点。

第二种是联想模式：以跨国并购为特点，通过并购或者合资方式进入全球市场。国内的TCL采取的也是这种模式。

第三种是格兰仕模式：特点是建立全球生产中心，利用生产、采购、销售、研发及管理的规模效应，发挥企业的低成本优势。

第四种是华为模式：特点是全球研发，建立全球研发网络，支持企业核心竞争力的打造。华为积极参与国际市场竞争，知识产权就是其核心优势。华为最有价值的东西，并不是宽大的厂房，而是拥有一系列完整知识产权的核心技术，这令华为可以保持持续增长。

二、华为的研发中枢机构

1995年，华为成立中央研究部门（以下简称中研部），建立中研部研发技术支撑平台，优化研发流程和加强制度建设，培训研发管理干部，并且向各业务部门及全球研发中心输出华为的管理方法、产品经验和技术能力。自此，华为的研发队伍从"游击队"走向"正规军"，这也标志着华为的研发和创新走向规范管理。

中研部负责加强技术管理的提升工作，包括研发公共技术平台的建立、核心技术追踪、技术管理方法的学习和实践、硬件设计和软件研发技术研究及输出、下步发展技术预研、对外合作、技术标准研究、技术工程师培养及水平鉴定等。中研部还建立了有不同专业分工的公共技术部门，包括研发产品规划部门、程控交换机平台发展部门、光接口技术部门、产品成熟度的中试部门、中央硬件部门、中央软件部门等。研发体系、技术人员和实验室设置让华为的新产品研发效率远高于其他企业，形成技术推动销售的良性发展格局。

华为研发的"产品化"基本上从中研部开始，向外地研发中心提供产品和管理人员上的支撑。各类管理流程、管理制度和组织上的变革也经常在中研部试点后才在全国各地推广。中研部从建立前瞻性的组织架构和人才选拔机制，到学习IBM的IPD流程，逐步在华为建立起更为国际化的产品供应链研发体系。

1999年，华为在印度的班加罗尔建立研发中心，华为的员工在这里可以接触到国内无法深入接触的先进技术。利用印度软件的研发优势，该研发中心迅速提升了华为软件的发展水平，也让华为成为国内企业中唯一能达到CMMI（Capability Maturity Model Integration，能力成熟度模型集成）级认证的企业。后来，华为在瑞典、俄罗斯、美国等地陆续建立海外研发中心，在细分领域技术的前沿之地，让全球的优秀人才为华为服务，为华为总部提供强大的产品研发支持。

三、华为的研发长期投入

为了将技术和产品做到极致，华为坚持每年将至少10%的年销售收入（注意，不是利润）用于研发。

华为的研发人员在1995年时不足千人，到2003年增至万人。华为的研发总投入从2015年的596亿元提升至2020年的1419亿元。华为最近几年都坚持每年将至少10%的年销售收入用于研发，即使在"断供"影响很大的2020年，其研发投入占比也高达15.9%。2011—2020年，华为的研发投入总计超过7500亿元。

2020年，华为的研发人员占比已超过50%，研发人员总数达10.5万人之多，成为中国国内研发人员最多的企业。

华为2015—2020年的研发投入情况分析如图7.1所示，华为2011—2020年的研发人员总数及研发人员占比如图7.2所示。

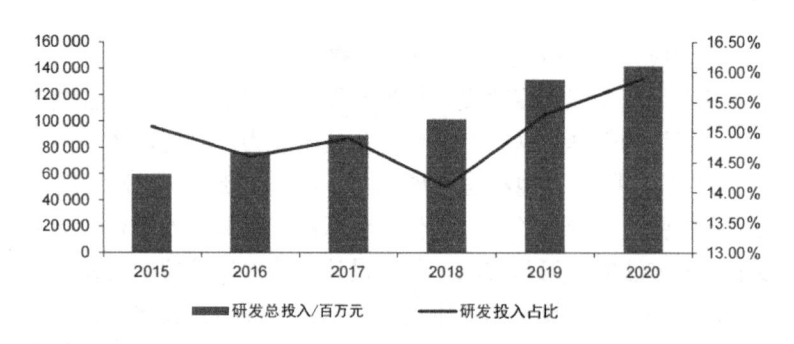

图7.1 华为2015—2020年的研发投入情况分析
（资料来源：华为年报）

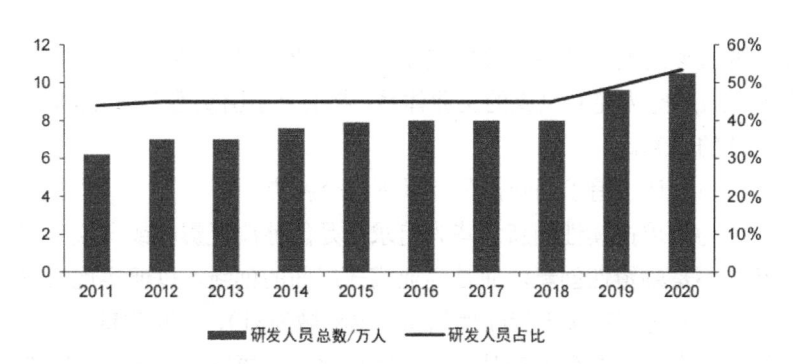

图 7.2　华为 2011—2020 年的研发人员总数及研发人员占比

四、华为创新的 6 项原则

华为创新的 6 项原则是华为创新的纲领性文件，具体如下。

① 鼓励创新，反对盲目创新。

② 以客户需求和技术创新实现双轮驱动，以客户需求为中心进行产品创新，以技术创新为中心做架构性平台，华为从"工程师创新"向"科学家和工程师共同创新"转变，注重"领先半步"。

③ 开放合作，以"一杯咖啡，吸收宇宙能量"。一定要开放，不开放就是"死路"。

④ 在继承的基础上创新，站在巨人的肩膀上进行创新，不做无边界的创新，敢于打破既有优势，不妄谈颠覆性。

⑤ 创新宽容失败，提倡功过相抵，给创新更大的空间。

⑥ 坚持自己拥有核心技术和知识产权，未来在全球诞生大型企业的基础就是知识产权保护。

42　何为华为研发供应链的持续性创新

没有创新力，就没有竞争力；没有竞争力，就没有发展力。

企业在科技上创新，不能太急功近利，往往需要二三十年的长期积累。华为走的是"从模仿到创新，再到替代"的坚实之路，面对国内外市场，让华为的产品接受不同场景的检验和挑战，最终"杀出一条血路"。华为的产品具备几个明显的特征：简单、标准化，并且终身免维护。

华为推崇"零缺陷质量管理体系"，美是华为的一种态度，华为要求产品尽善尽美。在这种对高品质的追求下，华为的产品赢得了消费者极好的口碑。最终，华为实现了用国货代替进口货，这在中国具有巨大的进步意义。华为也是后发经济体完成工业化,并快速追赶发达经济体的典型样板企业。中国需要的正是华为这种实业报国的企业,通过努力建立民族的工业体系,擦亮"中国制造"的名头,实现"中国制造"在全球的崛起。

华为在产品设计上追求创新,具有以下几个特点。

第一,华为追求持续性创新。华为追求的是能够广泛影响或者改变消费者日常生活的创新,不是颠覆性创新,而是商业模式层面的创新,以便实现战略资源的最佳重新整合。华为的创新属于持续性创新(也称微创新),不断改良,发现问题迅速解决,在解决一个个问题后,产品就越来越精致,大幅降低了产品故障率。华为推行持续性创新,每一步都得到实践检验,也会降低企业创新的风险。3种创新方式的比较如表7.1所示。

表7.1　3种创新方式的比较

创新方式	特　点	典型企业
模仿性创新	中国的互联网企业和科技企业的创新大部分属于这种创新,即将国外的新技术引入国内,做大做强;追求细节完善,而非整体突破	阿里巴巴、百度、早期的华为
持续性创新	循序渐进式创新,不会有太大突破,在常态化进行变革,但保持商业生态安全和文化、技术、方法论、思维方式的稳定传承,时间长了,与竞争对手的差距就显现出来了,可谓细水长流	30多年来的华为
颠覆性创新	包括技术和商业层面的重大创新,是将创新1.0升级为创新2.0甚至更高版本的一种突破方式。国外有些企业具有超强的无所畏惧的创新动力,也有冒险家精神	Meta、特斯拉、微软、苹果、谷歌等

第二,华为认为不创新是最大的危险。华为如今在国际上的地位得益于其30多年在研发上的持续巨额投入。当别人还在觉得搞技术是赔钱买卖的时候,华为却每年斥巨资进行技术研发,仅2017年的研发费用就近900亿元。华为从早期以低价取胜,到如今成为技术领先的企业,仅用了30多年的时间,其发展之快令人震惊。

① 华为的研发创新方向。华为批评部分研发人员,不能不顾市场,只顾埋头做研发,在华为,"小改进,大奖励""大建议,只鼓励",生存是第一要务。华为在研发产品供应链方面,密集投资,投资巨大。华为还积极走供应商共同研发之路。在科技研发上,任正非不倡导自主创新,更愿意采用合作伙伴解决方案,保持与业界最优秀的伙伴合作,用开放式思维保持与最先进的科技对接。

② 华为的研发投入数据。技术创新、技术投入是华为的生命线。华为十分注重技术积累,不做重复发明,充分利用全人类的知识存量为企业发展创造新的价值。2016年3月16日,华为以3898件专利申请量蝉联"全球专利技术条约"第一,这一申请量代表了申请组织的科技实力与国际化程度。研发是一件难事,可能投入数十亿元,几年时间却没有任何进展。华为每年将至少10%的年销售收入用于研发,

2014年约为15%，2018年超过128亿欧元。华为拥有全球20%的4G专利和15%的5G专利。

③ 华为的"专利制胜时代"。华为认识到，没有相应的专利技术，就必须在企业生产经营上支付昂贵的专利费，这样产品的价格优势会大为降低。华为从开办之初就逐步确立了技术突围之路，既要"中国制造"，又要"中国专利"，实现"中国智造"。只有拥有核心技术，才能进入全球竞技场，华为的C&C08数字程控交换机正是因为拥有核心知识产权，并且完全实现国产化，才能进入全球主流通信市场。在1994年的北京国际通信展上，华为特意将拥有独立知识产权的华为展台建在国际展区，让C&C08数字程控交换机的产品、商标、专利亮相国际舞台，让中国人扬眉吐气。之后，华为在核心技术的投入、专利申请量上，长年保持100%以上的增长率，专利为华为带来营销市场的突破；是否拥有知识专权意味着能否在海外市场，尤其发达国家进行销售；专利红利带来华为智能网用户数量全球第一、下一代通信网用户数量全球第二、传输网用户数量亚洲第一等不俗的业绩，这些业绩的背后有华为核心技术和自主知识产权的强大支撑。2003年，华为与思科的知识产权官司更是进一步提升了华为全体员工的知识产权意识。

④ 华为的研发成就喜人。2016年3月，第二届中国质量奖颁奖大会在北京举行，华为获得制造领域第一名的殊荣。中国质量奖由国务院批准设立，两年评选一次。质量让华为的产品更能赢得消费者的良好口碑，华为手机的重复购买率高达83%，远远领先于其他品牌。华为的成功源自创新，如技术创新、模式创新、产品创新、制度及组织创新等。华为很早就把部分年销售收入用于研发，并以规章制度的形式进行固化。研发给华为带来巨大的回报，华为在2013年超过爱立信，成为全球最大的通信设备供应商。华为2012—2019年的平均年利润率为8.17%，而这8年的研发投入平均占比为14.24%，远超国内相关企业。长期有效增长成为华为的首要目标，在产品设计和产品研发的投入成为华为保持增长、保持活力最好的"血液"。

43 从研发供应链角度看，华为如何在全球排兵布阵

华为拥有超过10万名研发人员（占总人数的50%以上），是全球研发人员最多的机构。近10年，华为的研发投入超过3000亿元，每年的研发费用中的30%用于研究及创新，70%用于新产品研发。

一、华为的中国区研究所

华为的搬迁过程就是其成长过程。华为在国内的基地主要有深圳坂田基地和东莞松山湖南方基地。另外，华为还在国内11个城市设有华为研究所和若干代表处。

华为的 11 个研究所的功能定位略有不同，各有研发侧重点。华为的 11 个研究所如表 7.2 所示。

表 7.2 华为的 11 个研究所

研究所的名称	成立时间	业务范围
深圳研究所（华为研发的总部）	1987 年	其中的 2012 实验室的名字源于 2009 年上映的同名电影，拥有 2 万多名员工，负责人工智能技术。深圳研究所是华为研发的总部，全面研究未来智慧互联技术
北京研究所	1995 年	承担华为高端研发、IP 研发、手机核心研发等业务
上海研究所	1996 年	承担无线网络设备、海思移动芯片及新能源、终端旗舰智能手机业务，华为手机和海思芯片均出于此
南京研究所	1999 年	承担电信软件研发、企业网络、IP 能力研发等业务
西安研究所	2000 年	承担华为云计算、无线网络、大数据、固定网络、电子产品等业务
成都研究所	2000 年	承担华为海思、存储研发、无线第二研究、传送研发等业务
武汉研究所	2006 年	承担华为光电研发、终端研发、安全存储等业务，以研发智能手机为主，也研发平板电脑和笔记本电脑
杭州研究所	2005 年	云计算研发中心、领航 ICT，建立全连接世界
苏州研究所	2012 年	承担企业无线网络、控制器和企业云通信业务
东莞研究所	2015 年	终端总部，设备生产基地，也就是华为自制工厂
长春研究所	2020 年	承担最新工业互联网、智能汽车、人工智能研发等业务

二、华为的海外研发中心

华为在海外研发中心的选址上，要求靠近竞争者，考虑所在国家和地区的技术优势。从 1991 年开始，华为战略性地在美国、欧洲和印度等国家和地区部署研发中心，以便提升企业的科研能力。至今，华为已在全球共建立了 16 个国际研发中心、28 个合作研发中心，与全球 200 多个大学开展合作，吸纳了全球各地的人才为其提供研发服务。华为部分海外研发中心的研发方向及突出领域如表 7.3 所示。

表 7.3 华为部分海外研发中心的研发方向及突出领域

序号	国家	城市	研发方向	突出领域
1	法国	巴黎	数字、家庭终端、美学、无线标准	美学、设计艺术和数字
2	俄罗斯	莫斯科	非线性能力、最优化能力、算法工程化能力、信道编译码、大数据分析	数学算法
3	日本	东京	材料、微型设计和质量控制	材料应用、设计
4	印度	班加罗尔	软件交付	软件
5	瑞典	斯德哥尔摩	无线技术	无线技术

续表

序号	国家	城市	研发方向	突出领域
6	英国	伦敦	全球设计中心	设计艺术
7	美国	硅谷、达拉斯	大数据运作系统和芯片	软件架构
8	西班牙	马德里	移动创新	信息通信技术
9	比利时	布鲁塞尔	运营商软件和业务分发平台领域	软件
10	德国	慕尼黑	运营商软件、光网络、未来网络	工程制造
11	意大利	米兰	光电领域及微波传输	光电
12	德国	纽伦堡	能源领域	能源

所有海外研发中心的研发职能都被明确规定，避免重复设置，以确保其在全球范围内发挥各自的优势，这为华为的技术和产品创新奠定了坚实的基础。

华为引入一个基于全球的 IT 系统，统筹管理分布在全球的资源。工程师和科学家只要轻轻地打开电脑，就可以基于华为云中心进行相关信息和奇妙想法的实时交换。这些沟通信息也会被分发给全球各地的华为员工，所有人就像在同一地点办公，各地的研发中心可以共同研发同一个大型的项目。

三、华为的 2012 实验室

任正非从灾难电影《2012》中获得了忧患意识，并成立了 2012 实验室。2012 实验室的运营独立于现有研发系统，以便避免处于萌芽、模糊状态的技术想法被体制扼杀。2012 实验室是华为面向未来技术的创新平台，其研究领域包括机器学习、第五代通信技术、自然语言处理、新兴材料等，用于孕育更多颠覆性的创新研究（包括芯片、操作系统及其他核心部件），以便应对未来的挑战，助力华为从"追随者"向"领航者"迈进，最终成为"技术思想领袖"。

44 华为的 PDT 包括哪些人？如何运作

IBM 在为华为提供咨询服务时，为华为建立了跨部门的团队合伙机制，其中 PDT 是最有特色的。PDT 由外围组人员和核心组人员组成，他们由 LPDT（产品研发团队领导）进行专项带领，由市场、制造、财务、采购、销售、研发、技术服务和质量等相关部门的人员组成，共同完成产品设计及研发目标。

LPDT 与部门经理协商共同确定 PDT 的成员。职能部门负责人的职能从原来的管事管人，转变成只管人。在引入 IPD 流程后，职能部门经理的核心职责发生了变化，具体包括部门技术规划，部门人力资源规划和培养，部门管理体系建设，并且需要不断地向 PDT 输入合格的人力资源等。LPDT 对团队成员具备考核权，由其提供给职能部门考核结果，统一对团队成员进行最终考核，充分行使团队领导的综合责、权、利。

PDT 负责华为的产品集成研发项目，组长一般来自市场部门，成员来自各部门，其目标是使项目满足市场需求，快速盈利。PDT 也是一个动态组织，打破原来企业内部的部门壁垒和脉络，让不同领域的同业聚焦于一处完成产品研发。PDT 就是部队中的战斗小分队，可提升效率，增强华为抢夺市场的竞争力。

华为的 PDT 是如何运作的？PDT 的运作以 IPD 流程为基础，同时由投资决策委员会对应做好审核和上报。华为 PDT 的运作流程如图 7.3 所示。

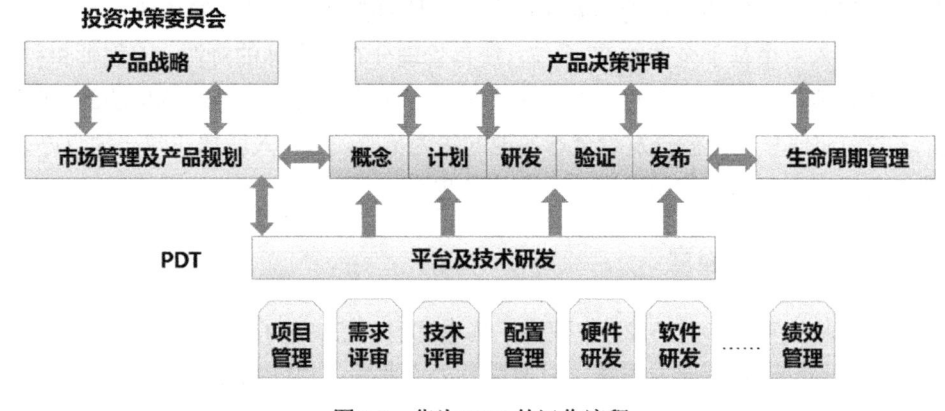

图 7.3 华为 PDT 的运作流程

① 产品供应链的需求发现。市场营销工程部门获取市场需求，部门工程师对需求进行分解和分配。

② 产品供应链的需求研究。需求分析材料进入产品部门形成方案，方案被上报给投资决策委员会。

③ 产品供应链的研发立项。投资决策委员会审核立项、确定目标值。

④ 产品供应链的实施研发。PDT 组长组织研发，研发部门提出方案细节，确保各环节健康、有序，并且贯彻以客户需求为导向的策略。

45 在全球市场上，华为供应链规划的思路与策略

"春江水暖鸭先知""不破楼兰终不还"。华为从 1996 年开始走出去，迈向国际市场。而在 2005 年，华为的海外销售收入就已超过国内销售收入。华为人就像沙漠里的仙人掌，耐得住恶劣的环境，深深扎根于自然，坚强地活着，让人们能看到绿

色。华为从市场、层级、运营、供应链、人才、生态 6 个方面做好全球市场供应链发展的整体规划，分类推进。

☑ **市场规划：农村包围城市**

华为在国际市场上采取"集中优势兵力，制胜薄弱环节"的战略。在华为迈向国际市场时，国际市场上已有多个通信巨头，占据欧美大部分市场份额，而华为与其在技术、产品、人才和综合实力上均差距悬殊。华为决定，继续采用在抢占国内市场时采用的"农村包围城市"的打法，从非洲、亚太、拉丁美洲（以下简称拉美）等地的发展中国家入手。华为只能从国际市场夹缝中求得生存，通信市场的良田沃土早已被西方企业瓜分一空，而西方企业在偏远、自然环境恶劣地区的投入稍少、动作稍慢，这给华为留下一线生机。为了这一线生机，华为派出优秀的员工，远离故土，奔赴海外，不懈奋斗。

☑ **层级规划：市场三层级划分**

任正非将国际市场分为 3 个层级。

第一层级：以欧洲国家、美国、日本等国家为代表的发达国家。

第二层级：以中国、印度等国家为代表的发展中国家。

第三层级：非洲等经济相对落后的地区。

第一层级的市场就像国内市场的城市，而第二、第三层级的市场就像国内市场的农村。华为抢占农村市场为抢占城市通信市场打持久战奠定了坚实的基础，华为最终登上国际通信市场的核心舞台。

☑ **运营规划：双矩阵管理模式**

华为以大、小矩阵运营方式，实现建设和作战。

大矩阵是指华为在研发的内部运营方面，通过横向和纵向矩阵进行管理，在横向上做好核心技术研发和积累，面向技术积累，管理人力、物力和流程、规划等；在纵向上面向市场机会点进行产品研发，对市场、产品、业务和进度进行管理。横向的研发支持部门为提高研发运作效率、降低研发成本、减少研发失误负责；纵向的业务部门为市场成功和生产成功负责。纵向的业务部门负责冲锋，横向的研发支持部门负责训练和支撑。而在创办初期，华为采用直线式管理，一个项目经理带若干工程师，大包大揽，这要求项目经理具有超强的综合能力，项目执行隐藏风险。若用军队来形容，则是军种管建设（横向），战区管作战（纵向）。

小矩阵是指各业务部门内的矩阵运营方式，如业务部门的项目经理对市场部门负责，还要负责管理研发人员的绩效等；矩阵内的工程师日常受技术支撑或技术管理部门领导，而在具体项目执行时，又受项目经理的统一领导。用军队来形容就是，班组在具体作战时，采用"三三制"战术，有人负责冲锋，有人负责掩护，有人负责支援，形成一个战斗堡垒，相互接应，迂回突击。

☑ **供应链规划：国际销售超国内**

1995—2001 年，华为在国际通信市场上取得一些成绩，陆续打开东欧、南欧市场，并开始挺进西欧和北美市场。2005 年，华为的海外销售收入首次超越国内销售收入，达到总销售收入的 58%，成为真正意义上的国际企业。2005 年，在英国电信宣布的其"21 世纪网络"供应商名单中，华为是唯一的中国企业，华为的产品供应链输出能力得到极大的增强。

☑ **人才规划：国际精英塑造**

华为在人才和发展上体现出精英化和国际化的特点。华为高度重视青年人才的培养和塑造，看重人才的学习力、创新力、耐力和领导力，并敢于打破常规，不拘一格地聘用年轻的优秀人才。华为在全球范围内招募优秀人才，并推动华为的国际化进程。培养华为的奋斗者，最直接的手段就是将其向一线战场持续输出，使其目睹奋斗者在前方的作战，激发其斗志，给予其争先绽放光彩的机会。

☑ **生态规划：海外供应链伙伴**

华为认为"前 20 年我们将很多朋友变成了敌人，后 20 年我们要把敌人变成朋友"。华为实行开放、合作的制度，以求实现企业共赢，建立供应链伙伴机制。这让 2013 年欧盟对华为进行反倾销、反补贴调查时，爱立信等企业全部为华为背书，称华为并没有低价倾销。2019 年美国"断供"华为时，很多美国企业在背后积极地支持华为渡过难关。这正是任正非的灰度哲学所带来的回报，在海外市场上，灰度和妥协十分必要。华为在国际市场上有一席之地后，便放弃了价格竞争的手段，在多个领域与竞争对手展开合作，并向其支付专利使用费，与竞争对手的关系也越来越融洽。

华为认为，当自己一家独大时，也就是死亡之时。

华为不是要寻求灭掉"哪家灯塔"，而是竖直"自家灯塔"，也会支持"别家灯塔"，不独霸天下。之前华为的产品质优价低，若把竞争对手都"搞死了"，则自己也会苦不堪言，这就是"丛林智慧"。华为在全球范围内逐步建立起自己的供应链生态，共同做大市场"蛋糕"。

46 华为的计划管理

华为终端供应链深刻意识到：预测是做不准确的，但是计划可以做准确。

第7章 华为的供应链管理规划

生产计划部门需要和订单部门共同梳理交付规律，打通管理的实际履行流程。华为通过引入大数据分析、智能算法和自动排产，形成华为供应链的最佳实践。华为供应链的核心能力就是计划，计划也是供应链运营的驱动器。如何将企业战略、愿景等内容转化为可行计划，并在执行中不断反馈纠偏、改进计划？华为供应链的绩效指标，表面上是执行出来的，其实更多的是计划出来的，很多事看似是没做到，其实是没想到。

华为每年都会做未来市场的3~5年战略规划和当年的经营计划，而在供应链计划下，又可以分解出生产计划、采购计划和发货计划等。供应链计划一般来源于预测和存货，包括预测未来18个月的滚动计划，也就是销售与运作计划，前6个月准确执行，中间6个月财务备案，后6个月预测输入动态调整；存货会考虑当前的采购、消耗和储备情况。订单计划模式和生产及库存策略对应表如表7.4所示。

表7.4 订单计划模式和生产及库存策略对应表

订单计划模式	模式说明	生产及库存策略	适合的产品
按库生产	又称现货生产、备货生产，无实际订单需求的提前生产，在收到订单时使用现在的库存，将客户交货时间缩至最短	生产：销售预测连续、批量和规模生产。 库存：按照预测确定库存，以库存交货，供货周期短。 以生产为导向，对销售预测的依赖性大	应用多★★★★ 标准产品，需求稳定、批量巨大。 案例：食品快消行业
按单挑库	按照订单配置，挑选并单列需配置的必备件和可选件，发运前挑选发货。客户DIY定制，零部件可通用	生产：按销售预测连续批量生产，成品无须生产，按订单挑选配置，库房需支持快速挑选。 库存：对部件储备适量库存	应用少★★ 适合敏捷和精益生产，灵活、交货快，减少浪费。 案例：适用产品少
订货装配	结合订单和库存的一种策略，生产半成品，在接收订单装配后发货。上游为库存生产，下游按顺序装配发货	生产：按销售预测连续批量生产，定期检查订单，按照销售组装快速切换生产。 库存：对半成品适量储备库存	应用多★★★。 适合敏捷和精益生产，灵活交货，减少装配定制需求。 案例：批量定制礼包
按单配置	允许客户多样选择组态，在客户下单后确认最终组态技术性，根据物料确定组装生产计划并做出交货期承诺	生产：按销售订单配置。 库存：对半成品储备适量库存	应用少★★ 适合客户自选，使用面相对狭窄。 案例：计算机产品
专项生产	客户需求定制化，企业重新进行工程设计及购买材料，每个订单都生成定制物料编号、物料清单和工艺线路	生产：按客户的定制化需求设计、生产及运输。 库存：无法预测。 成本高，交货慢	应用多★★★ 客户定制，批量小，需求散，可全面客户定制。 案例：个性化婚戒

续表

订单计划模式	模 式 说 明	生产及库存策略	适合的产品
订货生产	定义规范的标准产品，在订单确认后开始生产，无法提前准备库存，生产关键部件可根据客户订单提前计划和存储	生产：按销售订单生产。库存：无法预测。当客户订单不稳定时，产能利用率低，成品积压	应用多★★★★★。标准产品，需求大，批量小。销售导向，以客户订单为导向 案例：服装行业

华为的计划管理由3个阶段组成。

一是成立部门阶段：成立计划部门，明确计划部门的职能。

二是计划重于执行阶段：计划制订重于执行，完善制订计划的组织、流程和相关工具。

三是完整计划管理体系阶段：对计划的认知加深，形成预测—计划—排产的良性计划管理体系，并形成计划管理的相关管理方法、模型和工具。

47　华为Logo的演变阐释了什么

在全球企业中，寿命超过200年的，都很注重企业品牌形象的打造。

华为在工作中讲究"一次只做一件事""一次做好一件事"，从其CI（Corporate Identity，企业形象识别）的演变过程中也可以看出，越变越简洁。中国的CI设计是从国际上借鉴学习而来的。华为Logo的演变如图7.4所示。

图7.4　华为Logo的演变

华为的第一代Logo应用于1987—2006年，任正非解释其标识为"菊花"（并不是太阳），象征着企业蓬勃向上，万众一心。这也是华为"菊厂"叫法的来源。

华为的第二代Logo应用于2006—2018年，这次变化反映了华为的发展和成长，象征着华为更加光明的前景。新标识简洁、现代，传递了"聚焦、创新、稳健、和谐"的企业理念。这个标识的所有图形都面向底部，代表一切从客户需求出发，坚持以人为本；多元化的圆代表企业的核心资产，整体鲜红如日，积极向上；图形的细部变化展示了开拓进取、为客户创新不止的理念。新标识更加自信和国际化，也

更加成熟和专业；对光晕的运用让标识自然、灵动，象征着华为的开放合作、对和谐商业环境的坚持创造，让华为更加健康地成长。

华为的第三代 Logo 从 2018 年应用至今，第三代 Logo 的图形未变，主要是"HUAWEI"的字体发生变化，字母的粗细、结构和间距更有节奏感和空间感，更为简约、开放，象征着构建万物互联的智能世界，"把简单留给客户，把复杂留给自己"，体现简洁、现代、亲近的新感受。华为第三代 Logo 的两个版本如图 7.5 所示。

第三代 Logo　　　　第三代 Logo 终端版

图 7.5　华为第三代 Logo 的两个版本

第三代 Logo 为了方便终端使用，在终端版上取消了渐变色，采取新的红色配色方案，单独授权华为消费者业务部门使用，并且两种色系标识不能混用，这也体现出华为对细节的管理。

48　华为为何要从 B 端走向 C 端

狭路相逢勇者胜。

什么叫以客户为中心？以客户为中心就是充分感知客户的需求，并最大限度地满足客户的需求，华为从通信技术到信息技术，再到消费者领域，企业的作战空间不断扩大，并向终端产品延伸，决胜零售的关键在于企业的供应链建设。C 端客户即个人消费者，其消费体验要求高，对产品的颜值和功能都有较高的期待。这一领域的竞争对手众多，对供应链的准时交付、快速响应和供应柔性都有较高的要求。

一、华为切入终端业务，从 B 端走向 C 端经历的 3 个阶段

第一阶段：终端业务的发展不顺利、不赚钱。华为 2003 年就启动了终端业务，随后几年上线了 3G 数据卡（上网流量卡），2012 年以前做运营商 ODM（Original Design Manufacturer，原始设计制造商）手机，没有华为的品牌 Logo，也不太赚钱，2008 年甚至差点将华为终端公司卖出。可以说，华为终端业务最初发展不顺利的原因是当年华为的 3G 网络设备销售不畅，没有终端，网络设备也无法销售。

第二阶段：终端业务作为三大战略发展重点方向之一。2011年10月，华为的高管在海南三亚举办了终端战略研讨会，将终端业务和运营商、企业网业务一起作为华为的三大战略发展重点方向，这也是华为对"终端产业竞争力的起点和终点源自消费者"的重新认识，华为从此开始全面研发和销售自有品牌的高端智能手机，从运营商市场走向公众市场。

第三阶段：终端业务结出硕果。2018年，华为终端业务的销售收入首次超过传统的运营商业务，成为华为"三驾马车"中最有分量的增量业务，华为也成为中国第一、全球第三的终端品牌。2021年，受国内客观情况的影响和国际市场的打压，华为变卖旗下的荣耀终端品牌，终端业务才有所滑落。

华为对终端业务的定义，不仅是一个简简单单的硬件供应商，还有伙伴、定制、价值等内涵，它服务全球运营商和终端消费者。例如，手机产品提供的不仅仅是手机硬件，还有全球运营商业务需要的端到端的终端产品和解决方案。

二、华为的终端业务逆袭，从起步到发展，始终围绕市场需求

（1）满足运营商的需求，小灵通推动终端部门成立。华为1995年就开始进行无线终端方面的研发，后又在3G芯片设计、射频、算法等方面开展研发工作，海外各研发机构都积极参与了研发工作。2003年，华为进军终端小灵通市场，并真正进入手机领域，后面逐步切入CDMA手机和数据卡等业务。2003年，华为的手机业务部门正式成立，专门负责华为无线终端产品的研发、生产和销售全过程。而此前，华为只做系统，不做终端。

（2）满足综合服务需求，3G手机推进华为供应链。小灵通的销售模式让华为走向零售终端的趋势更加明显，并借此实现供应链的品牌、设计、采购、生产、销售、服务的全流程锻炼。在后来的3G终端市场上，华为迅速成为后起之秀，2004年在戛纳3GSM大会上，推出中国首款UMTS/GSM双模手机，引起关注；2004年在中国香港发布3款3G商用终端（两款手机、一款数据卡），这也标志着华为正式进入3G手机供应商行列，并成为全球少数几家可提供"3G终端+3G信息通信设备"的综合服务解决方案供应商。2009年，华为的移动设备出货量位居全球第二。而此时，手机业务尚未成为华为的核心业务，华为仅采用整机采购、外包设计及代工委托的方式，在产品研发上的投入有限，研发和生产均采用外包供应链模式。2008年，华为的上网卡以38%的市场占有率位居全球榜首。2009年，华为终端业务的收入占总销售收入的10%。2008年，华为CDMA手机的全球市场份额为11%，已居全球前3名；截至2009年6月，华为CDMA手机的全球发货量突破5000万部。海外市场的规模商用也为华为进军国内3G市场积累了丰富的经验。2009年1月，中国3G牌

照发放，当年 5 月，华为与中国电信在北京共同发布 4 款 3G 终端产品。

（3）满足未来几年的需求，物联网撬动华为 5G "封神"。2013 年 12 月，中华人民共和国工业和信息化部发放 "LTE/第四代数字蜂窝移动通信业务（TD-LTE）" 经营许可，中国 4G 时代来临。2017 年，华为手机在全球销售 1.53 亿部。相关专家预测，未来人类的生活方式也将迎来空前的变化，这为运营商和终端商创造了无限商机。2017 年，华为连续荣获 2017 年世界移动大会 "从 LTE 演进到 5G 杰出贡献奖"、2017 年 5G 全球峰会 "5G 研发杰出贡献奖"，这两个奖项是通信界公认的最高荣誉，华为在 5G 领域开始 "封神"。

在知识经济的时代，企业的生存和发展方式也会发生根本变化，如果说过去靠正确做事，那么现在更重要的是做正确的事。在过去，创新被看作冒险，现在不创新才是企业最大的风险。从 B 端到 C 端，再到 B 端+C 端，华为围绕物联网时代万物互联的强大需求，紧扣时代脉搏，不断突破自己，擦亮 "华为" 的金字招牌。

例如，在手机领域，华为通过双品牌（荣耀、华为）运作，形成 "双响炮"，服务不同市场的客户群体，并且实现高质量的交付。其中，低端手机既要质量好，又要成本低，还要生命周期内免维护，满足普通消费者的需求，即满足当今全球 95% 的消费者的需求。

49 华为为何推出笔记本电脑

华为坚守主业，将企业有限的资源持续聚焦于主航道，不刻意追求多元化和企业规模。当多元化的业务与主业关联不足时，其结果十有八九是消亡。这种业务看似 "三头六臂"，其实是企业的 "假肢"，经不起市场风雨的洗礼。

华为的战略是聚焦于 ICT 基础设施及智能终端，做智能社会的开拓者，这个愿景代表中国式供应链管理的全球崛起和腾飞梦想。华为通过市场开发和用户服务，实现对客户的用心服务，同时通过不断加强研发，持续提升服务客户的能力，并始终聚焦于核心 ICT 产品的研发。华为端到端为客户提供服务如图 7.6 所示。

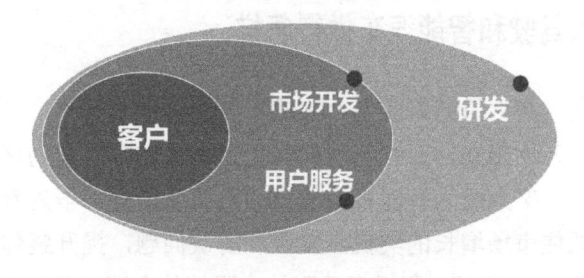

图 7.6 华为端到端为客户提供服务

2017年6月，华为在上海亚洲消费电子展上发布了3款笔记本电脑，这也是华为在PC市场上的第二代产品。业界不禁产生疑问，做手机的华为，为何又做起了笔记本电脑？

（1）这是华为增强抗风险、抗意外能力的一种对策。华为是一家生于忧患的企业，在PC市场上，华为坚持走精品路线。华为在PC市场上没有像其企业一样走全球化的销售路线，而是重点面向国内、欧美和中东这些消费能力相对较高的市场，聚焦于精品，而非追求PC性价比。当有些厂商嘲笑市场上已有联想、惠普等PC巨头，华为进入PC市场太晚时，华为却认为PC市场并非一个已"死去"的市场，而是需要更多创新的市场。华为从2016年就开始大幅开辟这块"试验田"，在第二代PC产品上，华为还与行业知名厂商进行深度合作。

（2）这是华为在智能生活时代创新力、科技力的延伸。华为的PC是从智能家居的角度出发的，PC体验已进入移动智能时代。华为的消费者业务先后推出智能手机、智能穿戴和智能家居等产品。华为PC中的MateBook系列产品正好满足了消费者移动办公、时尚设计的需求，进而开启了一个全新的"智能生活时代"。MateBook系列产品的设计思路和智能技术都具备了较高水准，为华为进入PC市场奠定了坚实的基础。华为比传统PC企业更具有创新力，MateBook X系列产品采用超导热管+石墨+微胶囊等高科技组合，提升了华为笔记本电脑的散热能力，后续还进行持续投入，这对联想等传统PC企业形成威胁。

（3）这是华为应对危机感、衰退感的举措。危机感是促使华为下决心进入PC市场的重要原因。只有具备超强研发能力的企业，才能更好地抓住市场机遇。华为需要在新的市场上建立新优势，以应对当通信等行业走向衰退时无法掉头的市场风险。另外，华为的线上线下的全渠道优势和营销优势也是此次大规模进入PC市场的重要敲门砖，这和苹果电脑、手机的双线经营也相对一致。华为的MateBook X系列产品面向商务人士，MateBook D系列产品面向初入职场的人士和学生，这几款笔记本电脑的受众群体十分明确，这也是应对苹果电脑"精品战略"的结果。

50　华为的无人驾驶和智能汽车做得怎样

人的愿景越大，产生的创造性张力就越大。

当万物互联、万物感知、万物智能的时代悄然来临时，华为聚焦于万物互联的主航道，坚守初心，努力成为智能社会的推动者和赋能者。华为着眼长远、敢于创新、勇于挑战、抓住市场增长的契机，发现和解决问题，提升整体供应链的服务能力，构建"ICT产业生态圈"，积极多元开放，坚持使命感和责任感，并坚持"以客户为中心，以奋斗者为本，长期坚持艰苦奋斗"的文化，重塑"胜则举杯相庆，败则拼死相救"的团队精神，为实现人类万物互联的梦想不断进取，而华为在汽车领域的研发和投入就是最佳实践。

（1）华为智能汽车将是下一个人机交互大风口。这是华为无法错失的机会窗口。随着全球新能源汽车产业链变得日趋成熟，以及政府相关政策的支持，业界预测至2025年，全球电动汽车的销量将达到1718万辆（复合年均增长率为39.6%），其中绝大多数电动汽车具备智能配置，这正是一部可移动的"运动手机"。中国汽车工业协会的相关数据显示，2020年中国新能源汽车的总销量为137万辆，渗透率仅为5.4%；随着我国相关产业链愈发成熟，2025年我国新能源汽车的销量将达750万辆（复合年均增长率为40.5%），渗透率将升至25%。

（2）在智能汽车的发展上，华为的战略定位是"华为不造车"。基于华为的ICT技术，华为将全面成为面向智能网联汽车的增量部件供应商。华为在智能汽车市场，也由汽车智慧零部件产品的生产与销售，逐步向汽车整车赋能和销售业务的全面拓展转变。

（3）华为布局智能汽车市场，为厂商提供"1+5+N智能产品"。

① "1"是华为自主研发的通信和计算架构，也常被称为CC架构。

② "5"是华为自主研发的汽车五大智能系统，即智能座舱、智能电动、智能驾驶、智能网联及智能车云。

③ "N"是指华为推出的30多种智能汽车的相关零部件，包括激光雷达、4D雷达、MDC计算平台等产品。这些产品解决了传统车企的"痛点"，为其插上智慧互联的腾飞翅膀。

（4）华为的智能汽车业务弥补消费者业务的下滑减收。2019年，华为在智能汽车的浪潮下推出自主研发的CC架构。华为认为，伴随汽车产业和ICT产业的深度融合，智能网联电动汽车未来正成为人类社会新的"革命性的发展引擎"，其产生的变化和影响将远超这两个行业现在的影响。华为入局智能汽车市场，有望缓解手机业务核心部件"断供"的影响，接棒消费者业务的发展，支撑华为后续的业绩增长。华为2020年的年销售收入为8914亿元，其中消费者业务板块的年销售收入为4829亿元，为华为的第一大销售收入板块；运营商业务板块的年销售收入为3026亿元；企业业务板块的年销售收入为1003亿元。消费者业务如何持续增长？这是华为不得不深入考虑的问题。

（5）华为入局智能汽车市场的3种合作模式。华为入局智能汽车市场的3种合作模式如下：① 智能化软硬件产品供应商；② 全栈式解决方案供应商；③ 智能汽车平台化产品供应商。华为助力中国车企造好车、卖好车，在采用的合作模式中，

①最多，②、③相对少些。业内人士分析，在"软件定义汽车"的汽车行业智能化快速转型的大背景下，传统车企为获得更高的市场占有率，与科技企业联合发展是一种必然的趋势，因此大量选用合作模式①。而选择华为 HI 全栈智能汽车解决方案与平台化合作，将会帮助传统车企大大缩短新产品的研发周期、降低整车研发成本，预计未来采用②、③两种合作模式的车企和车型将会不断增多。

（6）华为期望智能汽车是最好的万物互联载体。华为作为全球科技巨头，其企业愿景是"构建万物互联的智能世界"。华为智能汽车 BU 部门 2020 年的研发投入超过 5 亿美元；2021 年的研发投入约为 10 亿美元，相关研发人员数量约为 6000 人。华为经过多年的发展，凭借其在 ICT 和消费电子领域中多年积累的经验，在汽车智能硬件、物联网生态、软件系统、供应链管理和销售网络等领域，必将形成更显著的优势并构筑起行业壁垒。

（7）华为智能汽车逆袭，参与环节更多，赋能行业发展。消费者其实非常期待华为"造车"，消费者信赖的是华为，而不是车企。然而，华为之前更多的是为车企服务，先后推出"极狐阿尔法 S""赛力斯 SF5"两款汽车，整车以汽车制造商为主，华为充当配角，并没有得到市场的太大认可。2022 年推出的"问界 M5"是华为亲自操刀的，从外观设计、智能座舱、品控到工业设计，华为均深度参与，后期宣传、定价和销售也都由华为亲自把持。这款汽车基本上由华为一手打造，并被配以华为鸿蒙智能座舱系统。华为从后端走向前台，让消费者对这款汽车的好感倍增，其正式售价仅比预售价低 200 元，说明消费者对其较为认可。华为在智能汽车市场创造的奇迹还在不断上演。

51 华为研发供应链中的红军和蓝军是怎么回事

创新虽有风险，但不创新才是最大的风险。

华为在研发供应链和企业发展上，设置了"红蓝军战略"，以自我批判的方式突破自己。自我批判作风贯穿华为的高层到基层，自我批判的目标是持续优化。任正非提出要推行以自我批判为中心的组织优化和改造，促使员工向客户及同行学习，讲真话，直面问题和保持积极乐观的精神。华为的自我批判文化集中体现在"蓝军战略"上。

何为"蓝军战略"？"蓝军战略"是指在国际模拟对抗军事演习中，扮演假想敌的部队模仿对手作战的特征，与正面的红军部队开展针锋相对的训练。

任正非在部队的经历，让华为的企业管理有了军事痕迹。华为在企业战略层面和市场营销部门下设蓝军参谋部，这也是华为的核心职能平台。任正非认为蓝军应想尽办法否定红军。在华为每个部门都有蓝军,坚决"打倒自己",在否定中让红军变得更强。红军代表华为现行的战略,蓝军代表对手的发展战略,蓝军唱反调,发出对抗性声音,甚至危言耸听,以这种自我批判的方式充分保证华为道路的正确性。

蓝军参谋部的主要职责:① 从不同视角观察华为的战略与技术,用逆向思维审视、论证华为的战略、产品、解决方案存在的问题,模拟对手的思维,明察漏洞;② 建立红军和蓝军对抗体制和运营平台,在高层组织下使用辩论、战术推演等方式,反向分析、批判、辩论,寻求技术上的差异化的颠覆技术和产品;③ 支持各BG进行蓝军建设,负责蓝军的平台建设、运作流程、经验共享等。

蓝军在华为的各层级都存在。在任何领域、任何时间、任何流程、任何空间,红蓝对决,百花齐放,百家争鸣,让华为人更聪明,真正发挥六边形(攻击、防御、装备、机动、破阵、掌兵6个方面)蓝军的重要对抗作用,推动红军的变革和发展。

52 华为的"蓝军战略":"要想升官,先到蓝军中去"

苹果在2007年推出划时代的产品——iPhone,很多厂商都没太当回事,而华为的蓝军在对大量消费数据、市场数据进行分析的基础上,拿出未来趋势专项报告,结论只有一条:未来电信行业的市场竞争将呈现端、管、云"三位一体"的态势,终端决定需求,终端决定未来,放弃终端就是放弃华为的未来。

2008年,当时华为正在与贝恩等私募基金谈判,拟卖掉终端业务。

蓝军的这一报告立即阻止了华为终端业务的出售,为后期华为的消费终端转型留下充分的余地。华为蓝军的作用可见一斑。华为还在伦敦成立财务风险控制中心,也就是华为财经事务上的蓝军组织。

"要想升官,先到蓝军中去",这是任正非对华为人才的要求。如果你不知道如何打败华为,就说明你的思想已到"天花板"了,红军司令没有蓝军经历的,也不能被提拔。华为规定,要从蓝军的优秀干部中选拔人才,并且给蓝军设立宽容机制,在防不胜防时,以攻为主,重视蓝军的作用,想办法否定红军,让红军走得更积极、更稳健。

华为在研发团队中也积极推行红军+蓝军,两个队伍同时干,设立蓝军的目的是推动研发,在研发中鼓励民主作风和多种声音,在归纳总结后再讨论。

笔者认为蓝军的作用有3个。

一是自我超越:蓝军突破思维障碍,避免思维固化和惯性。

二是跨界思维:在跨界思考中进行创意和创新。

三是自愈能力:从多元视角汲取更大范围的信息,在决策前防止漏洞和风险,在争执中形成组织记忆。

在执行过程中，同时出现两方面的认知，可以帮助团队有效地发现更好的预案、有效配合及协同作战。

华为的"蓝军战略"是基于任正非对人性和企业发展规律的深刻了解和洞察的结果，一家企业成长到一定阶段，竞争对手的刺激会越来越少，企业会变得疲惫、失去活力，企业的生命周期曲线走向衰亡期。而华为将自己作为永恒的竞争对手，长期保持自我斗争，不断自我批判，在否定中自我发展、自我成长，让华为的每一位员工都始终保持"活力+战斗"状态。

53 华为为何要进行智慧城市的运营

近年来，智慧城市的理念在我国得到普及，呈现爆发式增长态势。智慧是指智能化和数字化，从智慧家庭、智慧社区、智慧城市到智慧社会，智慧的领域和外沿不断扩大，相关建设标准也需日益完善。

（1）传统城市面临要素问题。在智慧城市建设方面，通过建立城市数据中心、开展各类平台和应用建设，城市"中枢大脑"的指挥调度功能不断加强，城市管理效率、政府办公效率和民生服务效率均得到提升，城市协调分配生产力及各类资源要素的能力加强，城市治理模式不断创新。然而，从总体上讲，智慧城市的市民体验有待改进，网络化管理需要深入，发展碎片化、持续运营能力不强等问题普遍存在，我们需要从更高层级进行智慧城市供应链战略管理体系的顶层设计，并进行统筹优化。

（2）华为致力于"城市智能体"。华为作为智慧城市发展的领军 ICT 企业，绝不会放弃这一巨大的市场。华为从对未来城市形态的设想角度深入分析城市的发展"痛点"和核心需求，以此阐述智慧城市的理念，以及华为智慧城市的发展框架、评价模型、技术方案等，并发布华为在我国重点城市的交通、政务等领域最佳实践的建设和运营经验。

华为认为，未来城市将是一个"各系统生长、融合、迭代的生命运行体系"，也是"城市智能体"。城市以人为中心，人与城市空间无缝连接，道路和建筑高度智能，城市充当感知人们需求的眼睛，在获取需求后，空中传感网络即刻自主决策并自主调度城市系统提供服务，实现物理资源主动找人的能力。华为的智慧城市可使政府、市民、企业三大主体的需求进一步得到满足，实现"城市，让生活更美好"的夙愿。

华为的"智慧城市"落地项目包括数智城市、城市大脑、一网通办、一网统管、智慧社区、数字乡村、智慧县域、城市治理、城市综合管理、市域社会治理、基层社会治理等。

（3）智慧城市的最佳实践。华为赋能智能生命体，对未来城市进行 4 个方面的打造——全场景感知交互、全环节智能决策、全要素协同推进、全触点体验运营。例如，"数字深圳"项目的实施内容包括：① 打造"5H 智慧交通示范路"——新洲路，通过"5G+人工智能"技术服务深圳交警铁骑，感知交互、移动查缉；② 帮助深圳地铁建立无人驾驶列控系统，实现基于数据学习和分析的地铁智能运行智能决策，如列车休眠唤醒、出入库、正线运行、开关门、空调照明、故障处理等；③ 粤港澳大湾区深圳统筹合作示范区项目，以空间规划和基础设施互联互通的要素智慧协同推进，实现粤港澳大湾区的数字智能互联；④ 深圳福田区"智慧健康社区"项目，居民不出社区，通过细分应用，享受家庭医生、疾病防治服务，使居民体验得到提升。

（4）智慧城市的评估建设。华为的智慧城市成熟度评估模型设置了 5 个一级指标，包括智慧城市的愿景与战略、智慧城市的基础设施、智慧城市的服务、智慧城市的运营、智慧城市的支撑保障，最终被评估为初始级、起步级、发展级、成熟级、领先级 5 级。在智慧城市建设上，基于云计算、物联网、大数据、视频云、人工智能、GIS 等技术，对城市的人、资源、设备等对象进行数字化建模和重构。

小贴士

华为智慧医疗——万亿元大市场的精心布局

2021 年 12 月，华为首款医疗器械——腕部心电血压记录仪 WATCH D（支持血压测量和心电采集）正式开售。它属于国家药品监督管理局批准的二类医疗器械。WATCH D 通过多家国内知名医院的临床验证，数据精准可信，误差在 3mmHg 以内。WATCH D 内置了高性能的传感器模块，支持对穿戴者的电信号采集，即时生成穿戴者的心电图报告，并且续航时长达到 7 天，支持无线充电。用户可以在华为运动健康 App 上查看日、周、月度血压测量的记录，进行充分的健康管理。据了解，华为除了腕部心电血压记录仪，还有多款医疗器械处于审批阶段。

根据专业数据分析，预计至 2025 年，中国专业医疗级智能可穿戴设备市场的年复合增长率将保持在 20% 以上，市场规模也将达到 336 亿元。

华为全面启动大健康医疗布局，聚焦于搭建全场景云平台，技术赋能智慧医疗，从硬件切入，将人工智能和大数据技术积累做成落地的优质华为产品。在这方面，苹果、三星、欧姆龙等企业均切入智慧医疗市场，争夺健康器械"大蛋糕"。华为正连接医疗大数据，通过云计算融合打造健康区域医疗信息平台，利用物联网技术，实现患者、医务人员、医疗设备、医疗机构之间的有益互动，构建华为智慧化医疗服务体系。

从医疗穿戴设备到医疗器械，市场容量规模令企业垂涎不已。在过去几年，国内诸如百度、阿里巴巴、腾讯、字节跳动等知名互联网企业也都陆续进入智慧医疗市场。

第8章
华为的采购供应链管理

54　华为的采购管理

华为的采购严格遵循相关系统，由 CEG 负责具体把关。每个 CEG 负责采购一类物料，每个 CEG 都是一个跨部门团队，通过物料策略、集中供应商管理和合同管理，提高采购的效率。负责选择供应商的是采购部门各物料的专家团。

☑ 华为的采购部门

（1）采购委员会。华为终端的采购决策由华为终端采购委员会确定，采购委员会授权各 CEG 主任或者地区采购代表来执行，组织采购评审组的评审决策。采购评审组一般由采购、质量、交付、财务等部门的成员组成，他们集体讨论和表决。

（2）CEG。CEG 在研发部门和供应商之间架起桥梁，推动供应商从早期就开始参与华为的产品设计，形成双方的技术融合，并在成本、供应、功能等方面形成华为 ISC 的竞争优势。华为采购的特色是，采购部门由多个 CEG 组成，每个 CEG 负责某类物料的采购，并制定不同的采购策略。CEG 会从技术、质量、价格、交货周期、创新及响应速度等方面深入了解供应商的特点和能力，分析其竞争优势和劣势，在争取华为利益的同时，推动采购活动持续改进。CEG 对物料供应商根据分类，进行细分类目的采购认证、选择，并且会做好供应商的日常指标管理和相关绩效的评估工作。

（3）工程采购部门。工程采购部门与销售部门和营销部门一同积极参与客户标书的应答和制作，这也让采购部门更好地了解客户的产品需求，尽早介入客户承诺、需求满足工作并确保及时交付。

（4）生产采购和行政采购部门。生产采购和行政采购部门及时处理采购请求，解决供应商和内部客户双方的问题，提高供应商表现及内部的客户满意度。

☑ 采购供应链管理部门的人员组成

华为的采购供应链管理部门的人员由一线作业人员和专业技术人员组成。

一线作业人员主要是指生产制造、物流仓储操作人员，岗位包括装配、物料供应、产品维修、产品检验等。

专业技术人员由计划、采购、订单和相关流程的运营人员组成，在华为内部也被称为工程师，一般由研发、市场、供应链、生产或物流等岗位的人员组成。这些年，为提升 ISC 和智能制造等新需求，供应链管理部门对新工艺、新技术、新材料、大数据、人工智能和区块链等专业也加大引进力度，提升企业未来的管理适应能力。

☑ **任正非对采购人员的要求**

（1）要有战略纵深，理解行业的未来趋势，洞察采购方向，从"盯着供应商谈判"向"科学采购"提升，提高采购的计划性。

（2）加强风险管理，对关键部件一定要有备份方案，保障供应安全，并与全球优秀供应商建立战略伙伴关系。

（3）要能苦练内功，深入现场、学习业务、提升技能、提升战略洞察能力、提升软件化采购的水平。

55 华为供应商管理的 6 个方面

欲速则不达。华为在供应商管理改进工作中，始终强调改进企业木板里最短的那一块，一定要将优质资源向优质客户倾斜。往往越试图掩盖供应商的问题，就越暴露出管理上的问题。从 2018 年在深圳举办的华为核心供应商大会上发布的数据来看，华为邀请了约 150 家核心供应商到场，共对 92 家核心供应商进行了表彰。在华为"断供"事件之后，供应商国产化的进程提速，国内供应商的占比预计会不断增加。

一、华为供应商的分析

华为在全球范围内的供应商、合作伙伴数量超过 10 000 家，供应商的类型广泛，包括硬件类，如半导体、原材料、电子元器件；服务类，如软件研发、工程服务、生产代工、物流服务；日常类，如行政采购和综合采购等领域。其中华为的核心供应商数量超过 100 家。2018 年，华为的采购金额约为 670 亿美元，其中有 110 亿美元来自美国供应商。除中国区域外，华为还在欧洲、印度、巴西、墨西哥前后共设有 4 个华为海外供应中心。华为为 170 多个国家和地区提供产品及服务，服务的人口近 30 亿。华为手机的销售规模位列全球前 3。华为 2018 年在全球供应手机 2.1 亿部，2019 年在全球供应手机 2.4 亿部。

二、华为供应商的评估

华为供应商的评估主要从以下 4 个方面进行。

（1）选择最好的供应商。华为制定了供应商选择和公平价值的判断流程，确保选到最符合自身利益的供应商，体现公平、公开、诚信的原则。

（2）供应商的绩效评估。华为制定了供应商评估流程，定期向供应商反馈绩效评估结果。华为会从技术、响应、质量、交货、成本及合同条款履行等方面对供应商的绩效进行综合评估，为双方合作提供开放的沟通渠道。华为还鼓励供应商站在华为客户的角度，反馈客户如何评价华为，这些信息会被用于改善华为的内部业务运作。

（3）供应商的认证要求。潜在供应商的垂询均会被转给华为的采购部门，由其进行回复。采购部门对潜在供应商开展调查问卷，并对华为有意向的供应商进行评估，启动后续认证的相关步骤，如面谈、现场考察、样品测试、小批量测试、认证结果反馈，经过认证的供应商作为候选供应商，进入华为供应商的选择流程。

（4）对采购人员的要求。华为对采购人员的要求如下：理解行业趋势，掌握采购方向，科学采购，提高采购的计划性；提高专业技能和战略洞察力，做精、做细；抛弃私心杂念，聚焦于采购技能的提升，基于企业对其的信任，审时度势。

三、华为供应商的审核

（1）审核目的。审核目的是促进供应商改善或引进新供应商。

（2）审核流程。供应商的审核流程和供应商的引进流程有所区别，审核重点不同，分为事前准备、现场审核、事后跟踪 3 个阶段。

（3）审核内容。审核内容包括技术、质量、响应、交期、成本、环境保护、社会责任 7 个维度，也称 TORDCES 打分，共计 200 分，180 分以上为战略供应商，160 分以上为优选供应商，140～159 分为合格供应商，120～139 分为限选供应商，120 分以下为淘汰供应商。现场审核则是检查供应商的基本面，包括设施设备、设备管理、技术能力、生产流程、员工的士气、生产能力、质量控制、采购管理和文档系统等。供应商审核主要审核"供应商四表"：《基本信息调查表》《审核表》《体系考察报告》《评估表》。

四、华为供应商的选择

华为一般通过招标法、价格比较法、谈判法来选择供应商。

（1）招标法。两家或两家以上有同等竞争力的供应商参与竞标，招标评审组考量供应商的七大要素（技术、质量、响应、交期、成本、环境保护、社会责任），综合权重之和为 100。招标评审组的成员不少于 3 人，组长由 CEG 主任来担任，供应商上传技术标和商务标等应标文件，先开技术标，后开商务标，要求采购中商务标的权重不能低于 70%。

（2）价格比较法。针对市场竞争充分、成本清晰、易于寻找目标价的产品或服务，可用价格比较法选择供应商。通常要求至少两家供应商竞价，通过与企业系统中的目标价或目标成本进行比较分析来选择供应商。供应商选择小组的成员也应不少于 3 人。

（3）谈判法。针对 30 万美元以上的项目，申报立项并成立谈判小组，成员不少于 3 人，并且两人以上在场。

上述 3 种方法可以并用，最终供应商选择小组会对供应商进行评估和排名，选择两三家供应商进行额度分配。在供应商选择结束后，华为根据供应商的重要程度，将其明确分为战略供应商、优选供应商、合格供应商、限选供应商 4 个层级，实施供应商日常管理。

五、华为供应商的绩效管理

华为对供应商实行全要素管理，即"七维度考核"（TQRDCES），形成较为完整的供应商指标评价体系。华为供应商的"七维度考核"如图 8.1 所示。

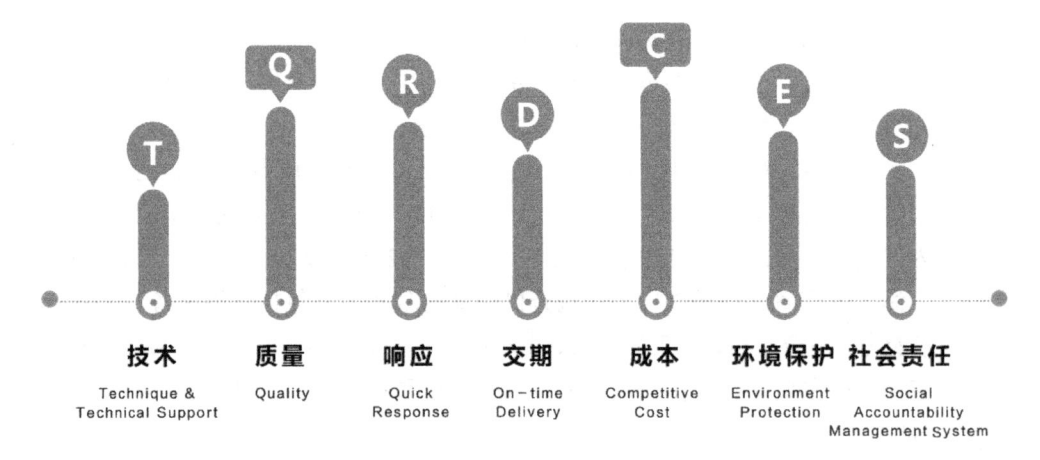

图 8.1　华为供应商的"七维度考核"（TQRDCES）

华为每年都会对供应商的可持续发展进行绩效评估，划分出 4 个等级：A、B、C、D，分别代表优秀、良好、合格、不合格。对于绩效表现好的供应商，华为会在同等条件下提高采购份额；对于绩效表现差的供应商，华为会令其限期整改，减少采购份额，直至取消合作。

针对评估不合格的供应商，华为会采取淘汰、降低采购份额、限期整改、降级等处理手段。另外，华为也会帮助供应商改进自我，提出"三化一稳定"策略，即管理 IT 化、生产自动化、人员专业化和关键岗位人员稳定。华为会定期对供应商进行培训，引导其使用行业最佳实践，并鼓励同行对标学习，倡导供应商"在竞争中学习，在学习中竞争"，做到互补。针对共同性的问题，华为还会采取邀请供应链管理专家进行分享、现场研讨等方式，提升供应商的合作服务能力。

产品供应链的成本组成如图 8.2 所示。

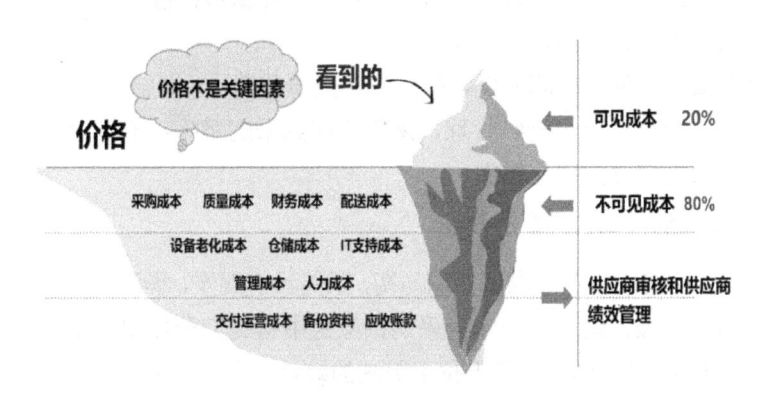

图 8.2　产品供应链的成本组成

六、华为供应商的风险管理

华为对供应商的变化进行实时监控，及时调整相关合作策略，避免大面积"断供"和合作突然中断现象发生。供应商风险识别主要从供应商的关停并转、股份变动、策略变动、人员变动、IT 系统问题、整体产能不足、合作金额排名异动等方面着手，主动进行预警，从源头进行管控。

56　华为采购供应链管理的 5 重秘密

是什么样的供应链管理体系在支撑华为的业务快速发展和快速交付？面临各类国际风险，华为如何立于不败之地？华为的采购如何适应不同的供应链主体？华为终端公司相对独立的供应链管理部门和团队又是怎样运作的？2017 年，华为手机出货 1.53 亿部，2018 年更是高达 2.1 亿部，面对需求高峰的挑战，华为的采购供应链管理部门成功实现交付，保证了华为营销工作的顺利进行。

华为采购供应链的 5 重秘密如下。

☑ **第一重秘密：阳光采购和价值采购**

通过 ISC 变革，华为确认采购的核心理念就是阳光采购和价值采购，具体包括以下内容。

（1）公平、公正、公开地选择供应商。

（2）供应商认证和选择须进行集体决策，不允许待选供应商得到特殊照顾。

（3）供应商选择必须引入竞争，确保企业的利益最大化。

（4）与主流供应商合作，进行优势组合，为企业赢得价值。

（5）诚信、廉洁、自律，杜绝腐败。

（6）采购策略与业务策略匹配，提升采购竞争优势。

（7）对供应商进行分层分级管理，采取不同的采购策略，原则上不指定二级供应商，杜绝关联供应商的现象发生。

☑ **第二重秘密：采购均衡战略**

华为认为，再强大的企业也要实现均衡，不能没有朋友，华为喜欢和强手联手，而不是要"消灭"谁，这一点在华为采购供应链中得到充分体现。华为认为与别的企业合作，不能做"黑寡妇"（源于拉丁美洲的蜘蛛，在交配之后，母蜘蛛会吃掉公蜘蛛，作为孵化幼小蜘蛛的营养）。任正非认为，当企业强大到一定程度后，看问题要再深刻些，要开放，要合作，争取实现更多共赢，前 20 年华为把很多朋友变成了敌人，而后 20 年华为要把敌人变成朋友，当在发展的产业链上有足够多的朋友时，华为就只有胜利这一条路了。

☑ **第三重秘密：全价值链体系**

华为的采购与研发体系、市场体系有机、紧密地协同，构建华为的全价值链体系。华为关注全流程成本降低，实现价值采购，不仅仅关注采购交易价格；针对终端市场需求急、上市快，又是战略元器件的，若供应紧张，则启动战略会务计划，提前备料，应付需求高峰的到来，同时采购部门和计划部门合作，避免产量过剩。

☑ **第四重秘密：采购人员的准则**

华为要求采购人员必须遵守《华为员工商业行为准则》，凡是以身试法者，自违反之日起，华为会回收其个人拥有的华为的股票收益，并使其面临法律的审判。华为采购人员的入职培训内容就有参观深圳龙岗看守所这一项，以警示新人，领导干部还会进行自律宣誓。

☑ **第五重秘密：4 级供应商管理**

华为对供应商进行打分，总分为 200 分。华为的 4 级供应商管理体系如图 8.3 所示。

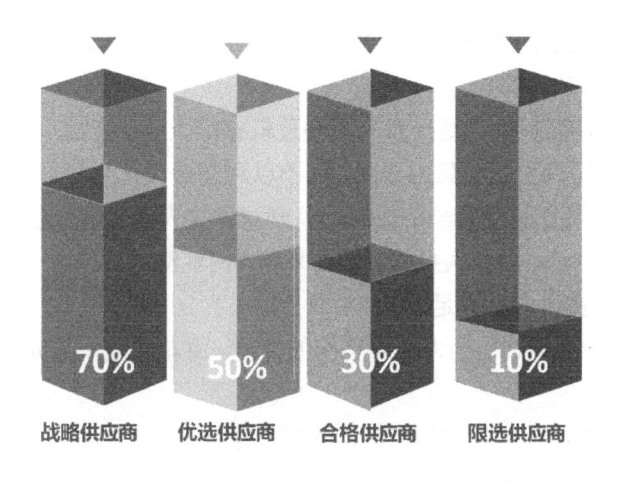

对供应商进行打分，总分为200分

☑ **战略供应商**
得分高的行业领先供应商，合作金额大
拥有华为需要的独特技术或创新能力
与华为形成战略合作关系

☑ **优选供应商**
行业竞争较为充分，各项评分表现较好
华为在考虑份额或谈判优先权时，优先选择与其合作，并建立长期稳定的合作关系

☑ **合格供应商**
得分低于优选供应商，能满足华为的基本需要，作为备份供应商
华为会帮助合格供应商提升能力的局面

☑ **限选供应商**
得分低、合作金额小的供应商
华为因某种原因不得不选限选供应商，一旦原因消失，限选供应商就面临被淘汰的局面

70% 战略供应商　50% 优选供应商　30% 合格供应商　10% 限选供应商

图 8.3　华为的 4 级供应商管理体系

（注：图中的百分比数据是指供应商被选择的可能性）

（1）战略供应商。战略供应商是指得分高的行业领先供应商，合作金额大，在商务、技术、质量和交付方面表现卓越，对华为产品的竞争力影响很大。这类供应商拥有华为需要的独特技术或创新能力，华为对其的依赖性大。华为采取提升组织关系、长期合作、深度协同、签署最惠协议、联合研发、签订排他性合作协议等方式，与其形成战略合作关系。

（2）优选供应商。优选供应商的行业竞争较为充分，各项评分表现较好。华为在考虑份额或谈判优先权时，优先选择与其合作，并建立长期稳定的合作关系，完善各层级沟通交流渠道，提高产品交付效率和柔性，拓展双方的合作领域。

（3）合格供应商。合格供应商的得分低于优选供应商，能满足华为的基本需要。合格供应商的重要程度取决于其努力和实际绩效，华为也会帮助合格供应商提升能力、取得进步。

（4）限选供应商。限选供应商是指得分低、合作金额小的供应商。华为因某种原因不得不选限选供应商，一旦原因不存在，限选供应商就面临被淘汰的局面。

除了分级分类管理，华为每月、每季、每年还会对供应商进行 KPI 绩效考核，并将其纳入日常跟踪管理之中。

57　华为的"备胎计划"是怎么回事？在关键时刻如何逆袭

"备胎"一词最早见于华为 2012 实验室座谈会。当前国际贸易受国际政治环的影响较大，华为在国际市场激烈竞争的背景下，于2012年以前就启动了"备胎计划"，也称"备胎战略"或"南泥湾项目"。

"备胎计划"本质上是"蓝军战略"。华为是一家有很强危机感的企业，在20多年前就建立了蓝军部门，华为的战略以生生不息为导向，而不以利润最大化为导向。在抗日战争时期，陕西延安面临国民党的全面经济封锁，共产党领导人民开展大生产运动，克服经济困难，实现生产自给，并持久抗战，华为采用"南泥湾项目"这个名称，寓意华为希望能在困境期间实现自给自足。

任正非在2020世界经济论坛上介绍，华为为应对美国的打击，将花费数千亿元打造的"备胎计划"全面转正。

例如，在手机操作系统"备胎"方面，华为推出基于物联网的鸿蒙操作系统，并向全球发布HMS（HUAWEI Mobile Service，华为移动服务）生态；华为P40手机中已没有谷歌的产品，并且可以不用美国器件；华为笔记本电脑、智慧屏和物联网家居智能产品不受美国的影响，也被纳入"备胎计划"；华为的芯片公司海思也是"备胎计划"的产品，竭力保证大部分华为产品的连续供应，海思芯片将持续为华为的客户服务。华为在可以用相对低的成本购买到美国芯片时，坚持科技自立，投入巨资，面对海思芯片的数千次科技难题和无数次失败也没有放弃，确保华为供应链、产业链的安全。

海思的总裁何庭波在2019年5月17日凌晨发出《海思总裁致员工的一封信》，鼓舞全体员工："今天，是历史的选择，所有我们曾经打造的'备胎'，一夜之间全部转正！多年心血在一夜之间兑现为公司对于客户持续服务的承诺。"

华为以隐忍多年的坚持换来业务的连续性发展，消除了"卡脖子"的供应链风险。

"集中力量，开展短板技术的突破"成为政府和国人的共识，也是实现供应链、产业链安全的必经之路。2004年，任正非给了何庭波一个几乎不可能完成的任务——自主研发手机芯片，"给你2万人，每年4亿美元的研发费用，一定要站起来！"任正非说。而那时华为只有3万人，年研发费用尚不到10亿美元。

任正非讲，华为启动"备胎计划"，坚持自己做系统和芯片，就是为了在别人断我们"粮"之时，有备份系统能用得上，机会永远留给有准备的人。华为的"备胎计划"产品库（部分）如表8.1所示。

表8.1　华为的"备胎计划"产品库（部分）

"备胎计划"类目	友商的产品	"备胎计划"产品的进展
芯片（集成电路）	高通、博通、德州仪器等企业在中国的收入占其总收入的比例接近55%	海思芯片（集成电路、半导体），国内产品供应商和华为芯片协同研发，在研发方案最初对接、器件库参数仿真、测试、修改等环节全程参与

续表

"备胎计划"类目	友商的产品	"备胎计划"产品的进展
操作系统	移动终端的主要操作系统为谷歌 Android 系统、苹果 iOS 系统	鸿蒙操作系统，已升级至 3.0 版，其中搭载鸿蒙操作系统的华为手机，截至 2021 年 12 月月底已突破 2.2 亿部，另外还有 1 亿台物联网设备。华为 2019—2021 年在鸿蒙生态体系上的投入超过 500 亿元
笔记本电脑	主流操作系统为 Windows 系统、苹果 iOS 系统	不包含美国技术，实现完全自主，"去美化"。2022 年，华为发布首款完全国产化笔记本电脑
智慧屏	—	不包含美国技术，主动规避美国技术
物联网家居智能产品	—	—

58 华为的采购经历了哪 3 个时代

华为的采购经历了 3 个时代，如图 8.4 所示。

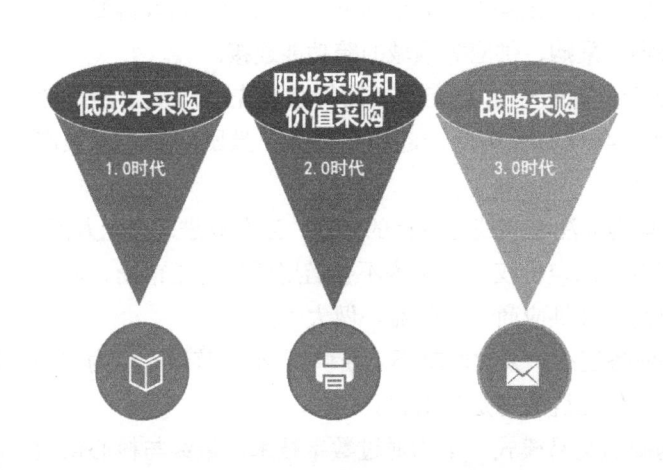

图 8.4 华为的采购经历的 3 个时代

☑ **1.0 时代：低成本采购**

华为建立采购的基本框架和流程体系，并与供应商共同构筑低成本优势，做到准确、及时地交付。在 ISC 变革后，华为高薪聘请了 IBM 的退休资深采购总裁，对华为的采购进行优化，使其从粗放采购转向现代化采购，率先使用 E-Supply 电子交易系统与供应商实现电子商务的对接，不再在中间设采购人员。该系统在启用之年即节约采购成本超过 20 亿元，成效显著。

☑ 2.0 时代：阳光采购和价值采购

华为更加关注采购综合成本的降低，在保证产品质量的前提下，追求供应商成本的竞争方式，实行阳光采购和价值采购。采购中心也从成本中心转变为利润中心，从关注价格转变为关注全面成本、提升资金周转效率，从关注绝对价格转变为关注采购竞争优势。华为培养职业化采购队伍，利用供应商给予的全程价值，提升价值采购，建立公平、公开、公正的阳光采购流程，实施过程监控、事后审计、责任追溯。

☑ 3.0 时代：战略采购

华为与其核心供应商联手打造新型战略合作关系，实行战略采购，聚焦于华为战略目标的实现，利用华为 SCS 采购协同平台，建立战略、价值、阳光采购的科学体系，构筑可靠、安全、有竞争优势的健康产业链。

华为的战略采购主要从以下 5 个方面着手。

（1）以支持商业成功为最终目标。能建立研发、市场、采购、供应跨功能的全面连接，支撑华为取得商业成功的就是好采购。只要供应商可以帮助华为取得商业成功，就可以与其建立研发、市场、采购、供应等领域的跨功能连接。

（2）与核心供应商建立联合创新机制。要支持产品持续领先，解决华为产业链的薄弱和空白环节，华为就要与核心供应商一起敢于投入，鼓励创新，引领产业发展。

（3）构建互助共赢生态。华为关注长期战略目标的实现。当企业进入"无人区"时，华为已没有竞争对手，拥有产品定价权，但华为不会滥用低价打压市场，而是构建健康的商业生态，让产业链各级供应商都有收益，做大"蛋糕"。

（4）建立供应韧性。确保业务连续，关键时刻不"断供"、不掉链子。华为与供应商建立业务连续性体系，确保供应链的稳定性增强。

（5）打造以数字技术为基础的交易模式。华为通过数字技术，最终与核心供应商形成命运共同体；利用数字技术，与产业链上、中、下游的供应商一起实现资金、信息、物流的无缝连接和运营，建设极简的交易模式，极力成为供应商的优选客户；争取对优秀供应商的投资，打造华为的行业优势，与供应商相互依存、共同发展。

59　华为战略采购的详细内容有哪些

华为的战略采购就是以实现华为的商业成功为目标，能与华为的核心供应商共同打造新型战略合作关系的采购。

一、战略采购的6个步骤

战略采购的6个步骤如下：① 回顾过往；② 进行供应市场分析；③ 进行企业自身分析；④ 制定采购供应目标；⑤ 确定采购供应策略；⑥ 执行策略和提升计划。

二、战略采购的控制管理

战略采购的控制管理从采购模式和采购方法两个方面着手。

（1）在采购模式方面，针对价值高、需求平稳的物料，采用供应商管理库存（Vendor Manage Inventory，VMI）、延迟库存物料的模式；针对体积大、专用性强的物料，采用JIT采购模式，减少管道库存和生产库存，而且尽可能以小批量、多频次的采购模式代替过去一次性、大批量的采购模式，最大限度地减少库存积压的发生。

（2）在采购方法方面，通过业务外包等合作策略控制库存，由部件供应商和整机EMS代工厂来共担库存的风险。

三、战略采购体系的管理

战略采购体系包括采购策略、采购模式和供应商管理3个方面。战略采购的目标是构建全球级采购运作系统，满足华为内外部客户的需求，提升华为的客户满意度和核心竞争力。

（1）在采购策略方面，华为推行采购认证方式，即"集中认证+分散采购"。这让采购的运作更简单、高效和快速。华为设置TQC（Total Quality Control，全面质量管理）岗位，明确采购代表，对应执行IPD流程，对接研发和制造部门。华为的采购组织设计了"CEG+TQC+采购履行专员的"采购铁三角。

（2）在采购模式方面，华为根据物料属性、采购提前期和需求稳定性等指标进行优化，满足采购需求计划，并让库存水平最低。

① 在备料方式方面，华为采取分级备料方式，对原材料、半成品和成品分别储备适量库存。

② 在确保连续供应方面，华为实行"储备+长单"方式，一次下单，分批到货。

③ 在物料采购模式方面，华为采取多种采购模式或组合模式，实现高效和低成本采购，如JIT采购模式、寄售采购、VMI采购模式、MRP采购模式等。

（3）在供应商管理方面，华为实施5级认证制度，确保源头来料更优质。5级供应商具体如下。

① 市场供应基础（面向行业所有资源）。

② 潜在供应商（有潜力的供应商，在技术或者物料方面较为先进）。

③ 合格供应商（符合华为认证标准的供应商）。

④ 核心供应商（有合作意愿、有一定份额、绩效评价较高的供应商）。

⑤ 战略供应商（与华为有战略合作伙伴关系的供应商）。

华为在供应商考察方面，向所有潜在供应商提供更合理、更平等的机会，考察一般会从两个维度进行。

一是体系认证，看被认证的供应商是否具备持续满足客户需求的能力。华为会对供应商的资质、能力和意愿进行审查，也会根据需要与供应商面谈或进行现场考察。

二是物料认证，对供应商进行样品测试或小批量测试。华为的采购部门根据体系认证和物料认证评估，决定是否将其列为合格供应商，并进行供应商基本信息的维护和变更。

华为对供应商的考察流程具体包括4个，即供应商访谈、供应商现场考察、Q&A问答、供应商文件评审。其中，华为需要在供应商管理体系和物料上进行认证，并分7个步骤进行：发放调查问卷、问卷及资质审视、现场考察、样品测试、小批量验证、综合评估、签署采购协议（见图8.5）。

图8.5　华为对供应商的考察流程

四、采购总成本的定义

采购成本是指企业在采购中发生的相关成本或费用，那么采购总成本就是采购行为发生的所有成本或费用，具体包括以下几项成本或费用。

（1）采购物料成本：采购物料发生的费用。

（2）物流运输费用：由采购地到交付地所形成的物流运输费用。

(3）质量损失：物料质量问题导致的退货、换货费用。

(4）缺货成本：缺货造成的损失。

(5）管理平台费用：采购管理成本，如信息收集、询价、比价、协调花费的费用。

(6）利率赎期损失：交付和赎期造成的利率损失。

五、采购流程的"三阶九步法"

"三阶"是指采购流程的3个阶段：① 供应商选择和认证；② 采购执行；③ 供应商绩效考核与评估。

"九步"是指采购流程的9个关键步骤：① 供应商资质认证和考察；② 供应商物料认证和测试；③ 比价与谈判及合同签订；④ 具体物料询价和报价；⑤ 采购订单执行和管理；⑥ 物料交货和验收付款；⑦ 供应商绩效评价；⑧ 供应商沟通和反馈；⑨ 供应商评估管理。

60 华为采购的降本十法

华为结合阳光采购和价值采购，从目标导向、早期介入、核算准确、分级管理、强化管控、规模驱动及共同分享等方面让成本可控和可管，构建了有竞争力的产品成本控制体系。

华为采购的降本十法如下。

（1）成本模型法：通过价值分析（Value Analysis）和价值工程（Value Engineering），建立成本模型，也称 VA/VE 法；通过对产品的功能进行技术成本分析，去除多余功能的设计。

（2）谈判比价法：掌握市场供求信息，通过商务谈判降低采购成本。

（3）目标成本法：在上市前进行充分调研，提前设定成本目标。

（4）供应商早期参与法：供应商进行产能的预准备，这样在供应时更能实现产能的爬坡，保障供应。

（5）杠杆采购法：各单位集中进行批量采购，通过规模效应来增加议价空间。

（6）联合采购法：统筹更多的采购组织，联合采购，争取更大的折扣。

（7）设计优化法：提前考虑可采购性、通用化和标准化，降低采购成本。

（8）成本要素分析法：分析成本的基本要素，逐一拆解分析，挖掘降本空间。

（9）归一化设计法：实施标准化、归一化的设计，降低成本。

（10）自制或外购法：采用自制方法或通过外购降低成本。

> 小贴士

华为、苹果等全球性企业为何对供应商全球寻源

华为的竞争对手苹果在全球有多家组装工厂和官方产品及零部件供应商，供应链涉及全球，更加多元化，全球各地的零部件都会被送往苹果各地的工厂，经过组装后，再销往全球各地。华为每年也会为核心供应商进行颁奖，并授予其"金牌供应商""优秀质量奖""最佳协同奖""最佳交付奖""联合创新奖"等荣誉。华为在全球寻找供应商，主要出于两方面的考量。

一是成本考量。在全球寻找更合适的供应商，可以有效地降低成本，并且减少单一供应商带来的断货风险。

二是技术考量。在华为 2018 年公布的 92 家核心供应商名单（见表 8.2）中，美国企业最多，为 33 家；中国大陆的供应商有 25 家，中国台湾的供应商有 10 家；日本的供应商有 11 家，由此可见国际采购的重要性。

为了不被国外供应商影响企业安全，华为需要从硬件加工到供应商产业链，再到第三方软件开发者上，不断减少对国外供应商的依赖和依附，积极寻找国内供应商，开展国产化部件的替代化工作，实现与国内供应商的共同发展，形成华为供应链供应商命运体。

华为 5G 手机产业链供应商名单如表 8.3 所示，华为通信产业链供应商名单如表 8.4 所示。以上供应商名单为 2018—2019 年披露的。

表 8.2 华为的 92 家核心供应商名单

国家和地区	供应商的名称	主营业务或产品	国家和地区	供应商的名称	主营业务或产品
中国大陆	生益电子	PCB（Printed Circuit Board，印制电路板）	美国	英特尔	芯片
	中利集团	线缆		赛灵思	FPGA 芯片及视频编码器
	沪士电子	PCB		美光	存储产品
	比亚迪	手机结构件、组装、电池、充电器等		美满	存储、网络和无线连接解决方案
	立讯精密	连接器		高通	调制解调器芯片
	京东方	显示屏		亚德诺	模拟与数字信号处理
	阳天电子	温控设备、通信整机、Top 级的结构件等		安森美	摄像机和充电器的电源管理、集成电路解决方案
	中航光电	线缆与连接器物料		康沃	数据保护解决方案

续表

国家和地区	供应商的名称	主营业务或产品	国家和地区	供应商的名称	主营业务或产品
中国大陆	中远海运集团	货物运输	美国	安费诺	连接器及线缆
	顺丰速运	货物运输		莫仕	连接器及线缆
	中国外运	货物运输		甲骨文	软件
	舜宇光学	摄像头模组		是德科技	5G 技术的测试
	天马	屏幕		思博伦	验证测试业务
	光迅科技	光模块		红帽	开源软件和技术
	华为科技	5G 光模块		西部数据	创新的存储技术和硬盘产品
	长飞	光纤光缆		迅达科技	PCB 相关产品
	深南电路	PCB		思佳讯	射频芯片
	瑞声科技	声学器件		微软	翻译技术
	歌尔股份	声学精密零组件和智能硬件		美国国际集团	保险、金融、投资及资产管理等服务
	航嘉	消费电源核心		新飞通	光通信产品
	华勤通讯	ODM		Qorvo	RF 解决方案
	核达中远通	电源及相关组件		赛普拉斯	传感器等
	亨通光电	通信产品及系统解决方案		新思科技	人工智能手机芯片及软件安全评估
	蓝思科技	玻璃前盖、后盖、摄像头、TP、装饰件等		希捷	高速硬盘及闪存等解决方案
	中芯国际	生产电源管理芯片		高意	光电产品
中国台湾	富士康	代工		Inphi	半导体组件和光学子系统
	大立光电	手机镜头		迈络思	网络适配器、交换机、网络处理器、软件和芯片
	欣兴电子	PCB		凤河	VxWorks 操作系统
	晶技股份	石英振荡器及表面声波振荡器等产品		博通	芯片、射频天线等
	华通电脑	PCB		Lumentum	光学元件
	南亚科技	芯片		菲尼萨	光器件
	旺宏电子	高端 NOR Flash		铿腾电子	EDA 软件
	台积电	晶圆代工		德州仪器	DSP 和模拟芯片
	日月光集团	封测业务	日本	富士通	硬盘驱动器、大移动硬盘
	联发科	低端手机芯片		广濑	连接器及相关组件

续表

国家和地区	供应商的名称	主营业务或产品	国家和地区	供应商的名称	主营业务或产品
中国香港	新能源科技有限公司	电池类产品	日本	村田	滤波器和 MLCC 等
	伯恩光学	玻璃盖板		索尼	手机摄像头和相关模组
德国	罗德与施瓦茨	NB-IoT 测试方案		住友电工	光通信器件
	SUSE	Linux		东芝存储	存储器件
德国	罗森伯格	无线射频和光纤通信技术		古河电工	光纤、电线电缆
	英飞凌	芯片		三菱电机	电机产品
瑞士	灏讯	射频连接器和光学连接器元件		联恩电子	光纤接入产品和视频解码编码器芯片
意大利	意法半导体	MCU、MEMS 传感器及 NB-IoT 开发板		松下	工业自动化解决方案
荷兰	恩智浦	芯片		Sumicem	LiNbO3 调制器
法国	耐克森	线缆	韩国	SK 海力士	内存
新加坡	伟创力	组装业务		三星	OLED 屏幕及内存

表 8.3 华为 5G 手机产业链供应商名单

智能手机核心设备	设备所需零部件	国内供应商或国内潜在供应商
屏幕	面板	华星光电、夏普、京东方、深天马
	设备	大族激光、精测电子、联得装备
	屏幕模组	同兴达、长信科技
电池	电芯	宁德时代、力神
	BMS	新普、顺达、德赛、欣旺达
	精密结构件	科达利、瑞德丰、阿李股份
	电池模组	新普、顺达、德赛电池、欣旺达
摄像头	摄像头模组	舜宇光学、欧菲光
	摄像头镜头	富士康、水晶光电、亚太精密、大立光
	红外滤光片	欧菲光、水晶光电
	CMOS 传感器	比亚迪、思比科、格科微
	数字图像处理	虹软、华晶科技、上海兴芯微、海思
天线	—	信维通信、硕贝德、立讯精密

表 8.4 华为通信产业链供应商名单

华为通信产业链服务或设备	国内供应商或国内潜在供应商
网络规划	国脉科技、杰赛科技、中通国脉、世纪鼎利、三维通信、海格通信

续表

华为通信产业链服务或设备	国内供应商或国内潜在供应商
核心网、BBU、RRU	中兴
芯片及模组	中兴
天线/天线振子	通宇通讯、博通集成、盛路通信、飞荣达、宜通世纪
PCB	生益科技、沪电股份
滤波器	武汉凡谷、大富科技、春兴精工、信维通信、硕贝德
光器件/光模块	华为科技、光迅科技、天孚通信、新易盛、博创科技、科信技术、太辰光
传输设备	中兴、长飞光纤、烽火通信
光纤光缆	中天科技、亨通光电、长飞光纤、烽火通信、通鼎互联、特发信息
系统集成	三维通信、宜通世纪、华星创业、奥维通信、立昂技术
IT支撑	东方国信、天源迪科、初灵信息
增值服务	拓维信息、创意信息

第9章

华为的生产供应链管理

61 华为的产品供应链体系如何规划

好的产品供应链需要健康的流程予以保障，华为强化生产流程化变革，同时杜绝过于盲目，让流程管理成为"护卫舰"。华为向客户承诺，不做"挤奶工"，甘做"养牛人"。华为在流程化变革以后，从"没有流程"变为"迷信流程""迷信管理"，增加管理动作和管理流程，甚至增加了相应的部门和领导，出现过"脑袋大于手脚"的现象。在不同阶段，企业要制定适宜的管理制度，不能"小马拖大车"，更不能出现"大车马力不足，风险不受控制"的情况。

流程控制点不能教条主义，甚至官僚主义。严格的步骤流程是规范过程，减少和消除企业管理的不确定性，让企业的稳固性和安全性得到提升，但也要避免牺牲部分灵活性。华为的产品供应链可划分为3类对象模式，分别针对大企业级客户、中小企业客户、个人消费者，如图9.1所示。

中小企业客户
客户举例：中小企业客户的电信运营商
服务单位：华为企业BG
主要竞争对手：思科、联想、浪潮、H3C

1 To B

大企业级客户
客户举例：中国移动、中国联通、中国电信，全球潜在客户不到400个
服务单位：华为运营商BG
主要竞争对手：爱立信

华为产品供应链的3类对象模式

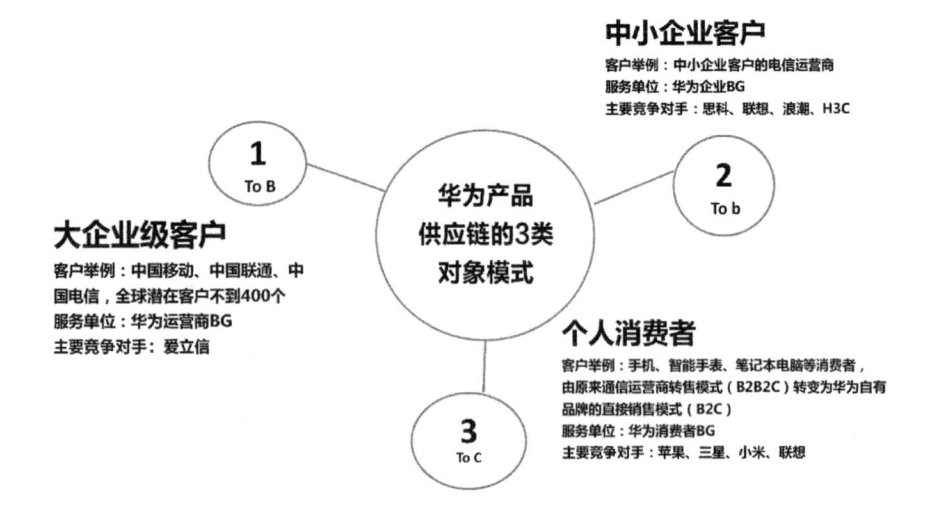

2 To b

个人消费者
客户举例：手机、智能手表、笔记本电脑等消费者，由原来通信运营商转售模式（B2B2C）转变为华为自有品牌的直接销售模式（B2C）
服务单位：华为消费者BG
主要竞争对手：苹果、三星、小米、联想

3 To C

图9.1 华为产品供应链的3类对象模式

BG 不是一个特指部门，而是华为的一个业务集团。每个 BG 又可分为若干 BU（Business Unit，业务经营单元）。

生产流程的本质是服务业务，但要杜绝形式主义，不能成为流程的"奴隶"。任何值得去的地方都没有捷径。华为认为盯着客户需求的口袋，真心服务客户，"认认真真把豆腐磨好，就会有人买"。任正非认为，互联网时代并没有改变事物的本质，只是改变了信息传递的速度、广度和效率，企业的科学管理和创新并不矛盾，还是要向西方先进企业学习内部管理。

62 华为的生产管理

"只要功夫深，铁杵磨成针。"华为对每款产品都反复打磨、反复检验，保证每款上市的产品都是精品。华为内部有一个明确的规定：要精心打磨每款产品，要做业界标杆和质量标杆。

一、华为生产管理的"大质量观"

任正非在 2015 年就提出"大质量观"的概念，指出质量不仅是产品、技术和工程质量，还是更为广泛的概念，需要进行思想、哲学和管理理论的建设，并形成"华为大质量文化"。

在产品质量上，制造部门是最后一道防线，必须严守产品质量，并协同研发质量、技术服务质量、供应商质量和采购质量，推动大质量战略的落地执行。制造部门在生产过程中建立了众多质量控制点，对质量信息进行统计和分析；建立了 KPI，监控研发、生产、物料和客户各环节，对其进行识别和改进。制造部门还联手研发和采购部门，进行产业链协同，从源头上管控质量。华为将质量管理体系纳入供应商体系，建立领先的质量管理体系（Quality Management System，QMS），对供应商和 EMS 代工厂的质量体系、流程及产品进行全方位的认证，持续监控、定期评价，确保质量优先策略落地执行。

华为的质量组织体系如图 9.2 所示。

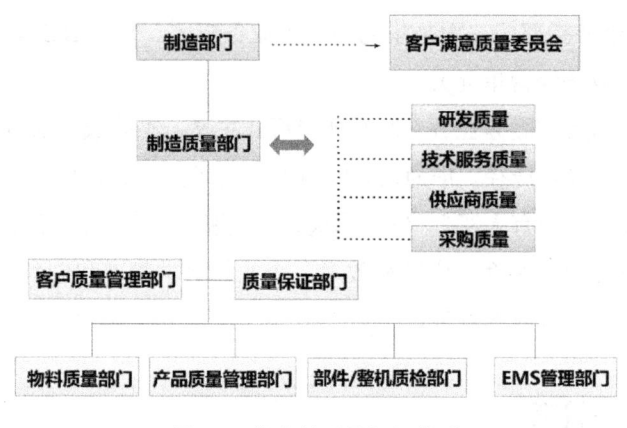

图 9.2　华为的质量组织体系

二、华为生产管理的自制和外包

在华为 ISC 变革中，IBM 的管理专家认为华为的核心竞争力在于技术领先和市场优势，整体供应链管理过程只需把握这两个核心竞争力，而其他非核心环节，可以以外包方式交给更专业的企业去做。

2000 年，华为出台政策，鼓励原部门主管和骨干人员通过内部创业形式成为华为的 EMS 代工厂，为华为提供外包制造服务。起初，他们受华为供应链管理部门的管理，在经济上实行独立核算，后来逐步独立出去，既降低了华为的运营成本，又降低了管理难度，提升了华为供应链的竞争力。例如，华荣、华灏等企业就是那时的华为员工在内部创业时创办的。

华为的外包方式主要有以下几种：① OEM 代工（按原图代工制造，纯代工服务）；② ODM（设计加代工服务）；③ JDM（Joint Design Manufacturer，联合设计制造商，联合设计产品或部件）；④ EMS（面向全球提供更经济和规模更大的电子专业代工制造服务）。

伴随 ISC 变革，这些模式推动 ISC 在华为落地，并使华为进入全球扩张阶段。社会专业分工叠加华为聚焦于核心优势，让华为更轻装上阵。华为专注于独立的技术、市场和管理能力建设，为发展注入新的活力。其中 EMS 外包也从生产工序外包、成本驱动外包走向生产模式外包。

三、华为生产管理的发展历程

华为认为精益生产是基础、智能制造是方向、核心制造是保障、精密制造是高地。华为对全球数几十个 EMS 制造点实现可视化管理和远程技术支持，这些 EMS

制造点也成为华为全球供应链制造的"大脑中枢",推动华为更高质量地产出产品。

☑ 华为生产外包的升级变迁

2005 年,华为终端公司取得手机生产资质,与 EMS 代工厂合作生产手机,以试制为主,外包作为生产主力。至 2009 年开始变化,华为整合制造业务,成立制造战略业务群,华为终端公司构建了依托华为制造大平台的新手机生产线,实现"自动化+精益生产+数字化",在智能化上实现升级,华为自制生产线后来居上,超越泛网络生产。2018 年,华为可用 28.5 秒/台的速度制造手机,也与国家提出的制造强国战略相呼应,这成为华为供应链核心竞争力的有力体现。目前,华为实现自制和外包相结合的生产供应链模式。

☑ 自制和外包各有优劣

自制是重资产生产运营模式,企业在厂房和设备上大量投入固定资产,通过规模经济获取效益。外包是轻资产生产运营模式,企业抓紧核心领域,对非核心领域进行外包,它是以价值为驱动的战略。进入 21 世纪,苹果的 ODM/OEM 外包、丰田的零库存都为企业带来巨大的商业回报,国际企业普遍采用外包生产供应链战略,转移非核心生产环节。然而,一系列不利的外部环境改变了这一战略,很多企业开始采取自制和外包相结合的方式,既减少企业风险,又能不受制于人,灵活应对未来市场的竞争。选择自制还是外包,更多地要看是否有利于构建企业的核心竞争力,是否有利于掌控供应链,是否有利于整合上下游供应商、分销商和物流商,企业的竞争战略会决定选择哪种生产方式,自制和外包,没有谁优谁劣之分。

☑ 华为成立 EMS 管理部门

2012 年,在华为的制造部门独立后,制造部门在华为的地位不断上升。华为对泛网络和华为终端公司的 EMS 代工厂进行集中统一管理,整合打造华为的核心制造能力,并将其定位为华为全系列产品制造平台。华为聘请日本的精益生产专家指导华为的精益生产,成立华为生产系统改善团队,推动华为制造的发展,推广工匠精神和技师文化。

华为制造以制造周期的改善为基础,优化平均周期,重点改善异常超期数据,打通前后端,对准客户交付需求进行改善。2003 年,华为的生产体系就已达到 20PPM(百万件仅 20 个有质量问题)的高标准质量管理水平。2018 年,智能制造成为华为战略的重要部分,EMS 管理部门作为一线部门,几乎与销售部门处于对应地位,华为制造实现产品研发、设计及商务界面的集中体现。这一时期,华为不断进行核心制造能力建设,建设华为数字化生产指挥中心(见图 9.3),即"华为数字大脑",实现设备资产可视化、设备能耗数据采集、安全监控和 AGV(Automated Guided Vehicle,

自动导引运输车）调度、人员和移动设备远程管控。

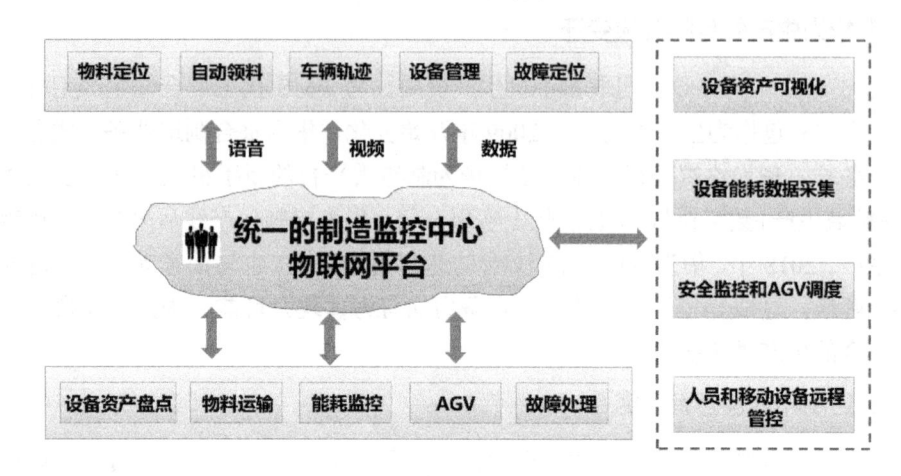

图 9.3　华为全球数字化指挥中心示意图

☑ **华为生产管理"大脑中枢"**

当前，华为制造依托广东东莞松山湖总部，采取自制和外包相结合的模式，管控覆盖全球的各大经营区域。松山湖基地成为华为制造技术和制造能力的全球孵化中心，完成所有华为新产品的试制、高精尖技术的研发和高端产品的制造，这里也是华为的全球制造管理中心。

四、华为生产管理的模仿创新

企业早期进入市场，需要采用差异化竞争策略，产品要另辟蹊径。华为早期的产品相对低端，客户位于偏远的乡镇地区，任正非和团队走村串户卖交换机。销售人员白天见客户，晚上在蚊帐里写方案。"到农村去，农村广阔天地大有作为"是华为早期的营销战略。

☑ **首款产品低端模仿**

华为的第一款产品是什么？1989 年，华为从低端产品组装向自主研发转型。华为的第一款产品 BH01 小型全电子用户电话程控交换机其实是一款从国有企业买散件组装的产品。华为购回散件，做包装，增加说明书，并打上华为的品牌，在全国寻找产品代理商开展销售。这是一个只有 24 口的用户交换机，属于低端机，却开启了华为漫长的自主研发之路。这艰难的开局和探索让华为的年销售收入从 1988 年的数百万元迅速增长至 1994 年的 8 亿元，员工也从 6 人增长到 1000 多人，发展迅猛。

☑ 数控产品紧跟时代

1993 年，华为开始针对更高端的局用交换机市场发力，推出 C&C08 数字程控交换机。华为将与爱立信、朗讯、AT&T 等国际电信巨头进行竞争，并且孤注一掷。若这次竞争失败，则华为将失去代理产品和前期积累的资本。C&C08 数字程控交换机既是华为从农村走向城市主战场之作，又是计算机和通信行业相结合的数字程控交换机代表未来之作，还是国内电信数字通信取代模拟通话模式之作。C&C08 数字程控交换机有两个型号——A 型机和万门机，A 型机是华为背水一战的"常规武器"，短时间便占有大半个中国的农村通话市场；万门机则是华为的"核武器"，实现了城市通话市场的突破，也将国内竞争对手远远甩在身后。1995 年，华为实现年销售收入 15 亿元。C&C08 数字程控交换机获得国家科技进步奖二等奖。

C&C08 数字程控交换机热销多年，在华为历史上有着举足轻重的地位。华为依靠技术研发投入准确把握商机，抢占市场，在国内通信市场上打开新天地。仅用了 11 年时间（1988—1999 年），华为就成为年销售收入超过 100 亿元的大型企业。

63 华为生产管理的"热炉法则"

华为在生产上强化制度管理，组织中任何人触犯规章制度都会受到处罚。鉴于触摸热炉和受到处罚有很多相似之处，"热炉法则"明确了处罚原则，如图 9.4 所示。

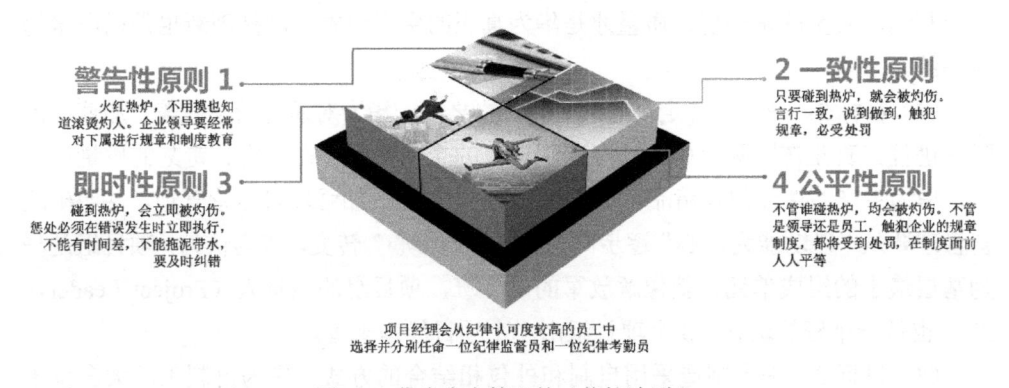

图 9.4 华为生产管理的"热炉法则"

"热炉法则"要求在项目执行上有铁一样的纪律。

华为十分重视政策和制度的制定和执行。华为在制定政策和制度时，充分征求员工的意见，充分协商，提高透明度，制止无组织、无纪律的个人主义行为。纪律是事业的基础，也是成功的保证，无论处在何岗位，都不能违反岗位制度，否则即便做出业绩，也很难获得他人的认可，而成为有组织、无纪律的员工。

纪律也是个人事业成功的基石，华为作为一家纪律严明、实行半军事化管理的企业，尤其注重这一方面。例如，在项目组现场管理上，华为的制度中明确规定了处罚条款、上下班时间、在上班时间不上无关网站等。项目经理会从纪律认可度较高的员工中选择并分别任命一位纪律监督员和一位纪律考勤员，奖罚在"现场"执行并在民主生活会上公开。

64 华为的精益管理

华为的精益管理源于华为的工匠精神。想让客户感受到产品的诚意，就需要精耕细作，用踏实的态度去服务客户。华为人不喜欢空谈享受生活及幸福感。精益生产既要有有形产品，又要有无形产品，如华为的服务等。

一、华为精益管理的目标

（1）目标1：产品质量是华为对客户的最佳承诺。华为将质量融入企业文化之中，每年保持一定的改进率，不断提高产品的质量。华为产品质量的提升，不仅是简单的工艺水平的提升，还包括对大量新技术的应用。华为通过对产品进行智能化、自动化提升，并通过规模的集成化，增加新工艺和新材料，让华为的产品超越同行的产品。华为认为客户是"业务之魂"，质量是企业的生存之本。质量优于成本，质量优于利润，质量就是一切，质量才是华为真正的生存根本，产品创新也是以质量为前提的。

（2）目标2：华为坚持走高品质、高价格之路。华为对质量苛求完美，加速其国际化进程，真正在国际上树立"中国制造"的企业美誉。在严格、苛刻的质量体系下，华为生产的件件都是精品。华为从1996年开始，加强项目运营管理，并明确运营管理要从"以功能为中心"逐步向"以项目为中心"转变。华为认为，项目组是华为基层最小的组成单元，就像解放军的一个班，项目组的负责人（Project Leader，PL）也是一个班的班长。3个项目组由一个项目经理来管理。

（3）目标3：华为制造采用自制和外包相结合的方式。华为自制工厂大多位于东莞松山湖，目前拥有表面组装技术生产线超过200条，自有生产员工约2万人。另外，华为还与全球排名靠前的EMS工厂进行充分授权合作，如比亚迪和富士康等企业。

二、华为精益管理的"四做到"

华为将生产项目计划管理归纳为目标远大、计划细腻、准备充分，明确精益管理的"四做到",即确定项目目标、制定交付物清单、编制项目时间表、将支持计划列入项目计划。

(1)确定项目目标。确定项目目标的关键在于找到项目关系人,项目关系人通常是项目发起者、项目经理、项目组的成员、客户及使用者等;收集和了解能带来收益的真正需求,并将需求按优先级进行排序。负责人将建立一套可度量的项目目标,并通过 SMART 分析法衡量什么目标可以实现,细分项目关系人的需求及目标期望值,让项目目标更具可行性。

(2)制定交付物清单。根据已确定的项目目标,确认实现目标需要的交付物,制定交付物清单,明确每项交付物交付的时间及方式,并添加进项目计划中,为员工设定预估完成时限。

(3)编制项目时间表。根据交付物清单,设置一个个任务清单,明确每个任务的工时和资源。工时可以小时或天为计划单元,资源可以完成任务需要的人力和物力为单元。预估每项生产任务的工时,即可测算每件交付物所需的工时及工期。项目管理软件可辅助编制项目时间表,并录入任务列表、工时及资源。当项目预估日期无法满足项目发起人对完成期限的要求时,项目负责人会与项目发起人协商,推迟日期、缩小项目范围、增加项目资源投入等。

(4)将支持计划列入项目计划中。项目计划中会明确支持计划,如风险管理计划、沟通计划、人力资源计划等。

① 在风险管理计划上,通过风险日志跟踪项目风险,将发现的新风险加入风险日志中,并标明防范方法和处理步骤。常见的风险包括预估时间不足、客户反馈和审查周期偏长、职责和角色不清、资源承诺未兑现等。

② 在沟通计划上,华为建立沟通计划档案,并通过周(月)例会,由员工汇报项目状态,支持项目关系人了解项目信息,明确阶段成果及下一步的计划。

③ 在人力资源计划上,明确项目管理部门或个人的角色及责任,确认项目参与人员的数量和职能,参与者的开始时间、参加周期和人员来源,并将以上内容进行表格化展示。

根据以上"四做到"的步骤,项目负责人将得到一份具有高可行性的项目计划表。华为的项目管理和执行就像狼群攻击猎物,盯上猎物,并花时间观察,不打没有准备的仗,瞄准目标就绝不放过。

三、华为精益管理的沟通机制

合格的项目管理者会按照领导的意图高效地做正确的事。项目成功首先源自成功的沟通。《华为人》是华为的内部报纸,传递基层信息,实现企业与员工的持续沟通，强化内部互动。另外，项目誓师大会也是华为常用的一种重大事项沟通方式，既快速沟通了项目的大轮廓，又通过军令状等形式增强了团队精神，建立了交流平台和交流渠道。例如，2000年12月27日，华为在深圳五洲宾馆召开"雄赳赳，气昂昂，跨过太平洋——欢送海外将士出征大会"，华为总部的领导和中高层管理者参加了此次大会，鼓舞员工士气，强化项目沟通。誓师大会其实已演变为系统性宣传和培训大会。

四、华为精益管理的细节管理

企业在执行决策的过程中需要把握细节，而细节制度化能体现企业的管理水平。企业的制度要全面，避免有漏洞。企业要将细节制度化，将制度落实到每个环节、每个岗位、每个人，通过制度管人；员工要掌握并且学会应用基础的管理工具；管理者要系统贯彻、认真细化相关具体规则；高层管理者要整理、梳理，并清晰明确经理岗位的工作要点、核心关注环节。在流程层面，企业要坚持细节，注意节点的把握，不放松警惕，不要因小失误而导致企业出现大败局。

☑ **精细化的管理时代来临**

"蝴蝶效应"说明成败在于细节，初始条件下微小的变化，经过不断放大，最终可能造成巨大的差异，细小的失误都可能引起巨大的损失。优秀的企业注重培养员工关注细节、管理细节的态度和能力。如果重视细节，就没有什么可怕的工作了。华为既注重制度上的细节管理，又重视对员工思想的细节教育，会对每位新员工讲"谁杀死了合同"这个案例，让员工知道任何细节缺陷都可能造成企业的巨大损失。

☑ **微利时代更需要精细管理**

激烈的市场竞争让企业的利润空间逐步缩小，从高利润时代到平均利润时代，再到微利时代，这是社会发展的基本规律，微利时代更需要精益管理。有些企业专注于某个细分领域超过数百年，将质量做细、将产品做精，成为细分领域的"隐形冠军"。一家企业的管理好不好，往往在细微之处最能体现。华为在各部门的墙上都会张贴"下班之前过五关"（关灯、关电脑、关门窗等）的卡通海报。细节决定成败。

☑ **项目细节的逐步标准化**

企业应精准测算人的行为动作，最大化地发挥动作效益，并将其固化为标准，延续执行。细节是效率的基础和前提，细节表现在数据化上。细节管理可分成3个阶段：明确、准确、精确。企业应先建规则，即明确；然后校正不一定正确的规则，使之更准确；最后细化规则，直到精确。这就是一个从无到有、从有到对、从对到好的逐步规整和整合的过程。管理规则越精确，工作效率就越高。经企业验证的好的方法要通过内部培训被固化、复制，因为职业化、表格化、规范化、模板化管理非常重要。

☑ IPD 职业化

通过执行华为的相关制度，华为的人均效能大幅提升。1996 年，华为人均销售收入约为 57 万元/年，而在 2005 年 IPD 和 ISC 实施后，人均工作时间减少了，人均销售收入却增长至 150 万元/年。

65　华为手机供应链如何崛起

一、"三审战略"让华为手机供应链极具竞争力

审势：紧抓手机行业的发展变化趋势。华为持续关注社会发展动向，行业核心是紧跟潮流和服务大众，对华为来说就是认清时代和大众对信息技术和通信技术的需求，这就是华为的发展目标。

审时：以客户和市场的手机需求为中心。客户和市场是华为前进的灯塔，也是一切工作的核心。有了这个指引，华为才能结合自身优势，对市场环境做出准确判断和快速反应，并制定产品战略。

审事：实施强大的手机战略能力部署。华为具有低成本研发的优势，华为 1 元的研发投入，相当于欧洲企业 10 元的研发投入。华为具备对市场快速做出反应的能力，这让华为每次在进入市场拐点之前，都能做出准确的战略计划，在短时间内根据市场和客户的需求，研发出新的适销产品。

以华为手机业务为例。华为在 2003 年准备进入智能手机市场，在 2005 年获得国内生产和销售手机的许可，但并未大规模行动。而在 2007 年苹果手机问世后，华为做出敏锐的市场洞察和快速的反应，通过"三审战略"，准确、清晰地认为智能手机将会替代便携式电脑，智能手机也会冲击华为原有的数据卡业务。通过对行业核心和客户市场的分析，华为坚决加入了智能手机市场的竞争，加入 3G 通信和智能手机大战。

在移动互联网时代，华为以"三审战略"为基础，紧密布局车联网市场。这是华为战略思想的一次重要升级，从 2007 年开始，华为就部署"端管云"战略，这也是车联网的核心技术架构。从 4G 时代到 5G 时代，华为投入巨量的时间、精力和资本，在全球建立多个 5G 创新研发中心，将自身战略格局上升到改变消费者的工作和生活方式上，逐步掌握了新时代的发展契机。

结合自身的优势和能力，华为深入分析市场和客户需求，做出明确的战略选择，并深入布局新业务增长点，从通信设备供应商向 IT 企业转型，大力开发物联网，并在这一平台上扮演着"通道商"的角色。从智能手机到车联网，再到数字生活，华为作为一家想象力丰富的企业，将打造开放性更强的行业生态。

华为更想做数字导航平台，于是将企业的发展愿景升级为把数字世界带入每个人、每个家庭、每个组织，构建万物互联的智能世界，从而实现华为在产品、平台、数字化方面的全面突破、生态建设和未来企业赋能。

二、华为手机的崛起

当华为做通信设备时，人们觉得华为是设备供应商；当华为做手机时，人们又以为华为是做手机的，可见华为手机做得有多么成功。2017 年，华为手机终端业务的收入一度占华为总收入的 39.3%，并且年增长约 32%，远超华为运营商业务的收入增幅。2018 年，华为全年手机发货量近 2 亿部。华为手机终端业务起初不过是无心插柳的项目，还曾差点被卖掉。围绕"数字化、智能化、管道化"的企业发展定位，华为的战略愈发清晰。

☑ **华为注重客户体验**

笔者朋友的企业的员工在服务华为的过程中，对华为注重客户体验的印象十分深刻。在华为手机融合仓的物流供应链合作伙伴与华为签订仓储和物流配送合同的当天，就有 3 批来自华为不同层级的业务人员及管理者来到华为手机融合仓的仓储现场，检查和指导相关仓储规范和流程，交流作业效率极高。

☑ **华为手机的起步之路**

2002 年年底，华为经过数次手机终端风波后，又面向运营商 GSM 市场推 3G 业务，这需要手机终端业务的支持，没有手机终端会影响通信设备的供应。此时任正非决定拿出华为近一年的利润 10 亿元用于发展手机终端业务。这体现了任正非干练的个性，要么不做，要做就倾尽全力，不三心二意，也不留退路。2003 年，华为正式设立手机部门，次年在戛纳国际移动大会上就推出华为首款 3G 手机，其研发速度令人惊叹。2007 年，苹果手机横空出世，重新定义了手机，并迅速打破了国际手机市场的格局，苹果跃升为全球头号手机品牌，并持续发展至今。

☑ **华为手机的"遵义会议"**

2011 年是华为手机关键的一年。这一年，智能手机首次超过功能手机，诺基亚悄然"陨落"。任正非和华为终端公司的管理人员召开座谈会，这次会议也是华为手机的"遵义会议"。华为决定放弃贴牌 OEM 代工，不再做运营商定制手机，坚定创立自己的手机品牌，拓展华为手机的市场，并且请余承东加盟华为手机终端业务。余承东于 1993 年加入华为，喜欢定高目标。在他担任华为无线产品线总裁时，华为的 GSM 产品果然成为全球第一。在掌管手机业务前，他是华为欧洲区总裁。余承东认为"没有人能够记住全球第二，只能记住第一"，这也是任正非的观点。

☑ **华为手机的中高端定位**

余承东在上任后，立即砍掉 3000 万部低端手机和功能手机，坚持走公开市场和精品路线。2011 年，当华为手机进入市场时，三星、苹果、小米等品牌在智能手机的窗口期都已经发展壮大。华为以深厚的技术积累，定位于中高端手机，区分于国内其他手机厂商。华为手机注重由功能到情感的觉醒，实现了外形设计美、相机拍摄美、用户界面美。

☑ **华为手机火爆全网**

2012 年，华为首款智能手机 P1 手机推出，售价为 2999 元，随后推出 P2 手机，然而并不叫座，P1 手机总共只销售了 50 余万部，消费者对华为低端手机的印象并未改变。渠道不完善、品控和用户界面欠缺、终端店面稀缺、定价失误，这使得华为手机不得不随即降价，华为手机首秀即"补交学费"。华为后面推出的 D1 手机的售价为 3999 元，但经常死机，余承东甚至被任正非叫到办公室训斥一通。然而，任正非用人不疑，力保余承东。2013 年，华为推出 P6 手机，全球狂销 400 万部，余承东笑到了最后。2014 年，华为推出 Mate 7 手机，高配版的售价为 3699 元，标配版的售价为 2999 元，当时国产手机品牌还没有一家敢向 3000 元以上的高端手机挑战，无疑华为成功了。Mate 7 手机使用华为自研的麒麟 925 芯片，处理器领先于友商，并采用窄边框点胶技术，将手机黑边大幅缩减，实现业界最大屏占比，迅速火爆全网，抢占了"大屏选华为"的卖点。另外，背面指纹一秒解锁也是华为的首创。Mate 7 手机一时一机难求，全球销量超 700 万部，成为当年的全球爆款。

☑ **华为手机居安思危**

华为的 Mate 系列手机均采用业界最先进的技术，高性能、大屏、长续航、机身紧凑，给客户带来极致体验。华为手机成为"国民手机"，华为的美誉度得到极大提升，华为手机的旗舰店也随处可见，华为手机成为叫板苹果手机的"中国手机之王"。任正非的危机意识此时又重现，他在逆境时为华为人鼓劲儿，在顺境时给华为人泼冷水。任正非之前担心手机业务发展慢，现在则是担心发展太快可能"双脚离地"。他强调华为手机终端业务要不断提升质量，耐着性子，才有可能最后跑赢，要避免三星的前车之鉴，因为一款手机的不利就可能导致前功尽弃。

☑ 华为手机"荣耀王者"

华为有强大的技术和研发能力，这是华为手机制胜的关键，同时华为积极学习小米的互联网营销方法。2013年年底，华为策划推出定位于中低端手机的荣耀手机，采用互联网电商玩法，和小米展开竞争，而拼价格是华为的强项。2017年，荣耀手机的国内销量超过小米，成为互联网手机第一。仅仅用了几年时间，华为就从模仿者迈向超越者。华为手机形成三大主流系列产品：Mate系列产品专注于商务市场，强调商务属性和安全性；P系列产品延伸美丽，主攻时尚，重视手机拍摄和美图功能；荣耀系列产品吸引科技粉丝，性价比高（荣耀在被拆分后，由nova系列产品接替荣耀系列产品）。

☑ 华为手机的友商风云

在这一期间，联想、中兴等手机品牌纷纷从高峰跌落。

联想收购摩托罗拉，希望复制收购IBM PC的成功，2014年的出货量超过9000万部，夺得中国第一、全球前三的名次。这也是联想手机的巅峰，之后联想的管理层更换，产品线混乱，联想手机的销量一路猛降，2017年仅销售了179万部。

中兴在2007年是全球前6的手机厂商；2009年成为全球五大智能手机厂商，全年出货量超4000万部；至2011年，中兴手机的出货量仍是华为手机的两倍多；而2012—2014年，中兴手机进入衰落期；2016年及之后，由于受到外国制裁，中兴蒙受巨大的损失。

☑ 华为手机的知识产权

2018年第二季度中国手机市场份额的排名：华为27.2%、OPPO约20.2%、vivo约19%、苹果6.7%、三星0.8%。此时，华为手机在全球的份额为15.8%，超过苹果手机（12.1%），华为手机跃居中国第一、全球第二。友商手机的结局都是"没有核心技术"的结果，这也正是华为的成功之处，"贸工技"模式在全球竞争中脆弱不堪。任正非更加深刻地认识到"没有知识产权的企业，在国际上寸步难行"。华为为其手机制定了"两条腿走路"的策略：荣耀和小米拼价格；华为用海思的麒麟高端芯片占领中高端手机市场，让麒麟芯片最终接近美国高通芯片的水平。2017年，华为66%的手机配置了海思的芯片，这一数据远高于2014年的25%。2011—2017年，海思的研发费用从40亿美元猛增至140亿美元，海思在全球的员工人数过万。

☑ 华为手机发展的3个阶段

余承东将华为手机的发展分为3个阶段。

生存之战阶段（2014—2015年），目标是"活下来"。

崛起之战阶段（2016—2017 年），目标是"站起来"，这个目标也实现了。

引领之战阶段（2018 年至今），目标是"强起来"。在这一阶段，华为推出颠覆性产品及创新技术来引领全球手机市场。

第三阶段的目标，目前看来任重道远、前路坎坷，尤其是在美国"断供"华为的背景下，华为手机"活下去"都实属不易。然而，这正是华为和任正非的眼界与胆识，也是其见识和执行力的结果。

66 华为的会议管理与时间管理有何特点

一、华为的会议管理借鉴《罗伯特议事规则》

这是可以避免会议太多、会议低效和会议议而不决等现象的一种管理方法。其中，会议低效一般体现在会议发言随意化、会议议题杂乱化、会议进程专横化、会议争论粗鲁化、会议决定草率化、会议时间冗长化、会议活动形式化等方面。会议低效这种情况在国内外企业中都存在，西方国家尤其美国制定出一套系统科学和具备可操作性的议事规则，而《罗伯特议事规则》就是西式议事规则的集大成者。

《罗伯特议事规则》强调以下原则。

（1）每个人都有平等发言的机会。
（2）发言权要通过公平竞争取得。
（3）有发言权则可发言，说完了要交回发言权。
（4）下个拿到发言权的人可继续发言。
（5）采用举手竞争发言权的方式，谁先举手谁可先讲。
（6）分配和确认发言权的人是会议主席。
（7）会议主席可以打断发言人，收回发言权，并等待其他人举手申请发言。
（8）会议主席有责任为发言计时，到时则可打断发言人，收回发言权。
（9）发言次数要有限制。

二、华为时间管理的"四大法宝"

一般人在时间管理上有两个误区：缺乏计划、不会拒绝。为了避免这两个误区，华为在时间管理上有"四大法宝"：目标原则、四象限原则、韵律原则、精简原则。

☑ **法宝一：目标原则**

华为坚持用好以 SMART 为导向的目标原则。

S 是指具体性（Specific），即设定的目标清晰，具有行为导向。

M 是指可衡量性（Measurable），即目标必须可以用指标来量化表达。

A 是指可行性（Attainable），即目标有一定的难度，又在能力范围内。

R 是指相关性（Relevant），即目标与现实相关，努力后可实现，不是"白日梦"。

T 是指及时性（Time-bound），即在制定目标时，有确定的完成日期，甚至在每个阶段都设置阶段目标完成时间，进行更细致的管控。

☑ **法宝二：四象限原则**

根据工作的重要性和紧迫性，所有工作都可被分为 4 类，对应 4 个象限：一象限（重要且紧急）、二象限（重要但不紧急）、三象限（紧急但不重要）、四象限（不紧急、不重要）。在工作时间管理上，对三象限的工作采用收缩方式，对四象限的工作采用放弃方式，一、二象限的工作都很重要，应将更多时间投入在二象限的工作上，提高自己的实践能力，扩大二象限的范围，逐步缩小一象限的范围，这样形成良性循环，企业和个人更容易进步。

华为的四象限原则如图 9.5 所示。

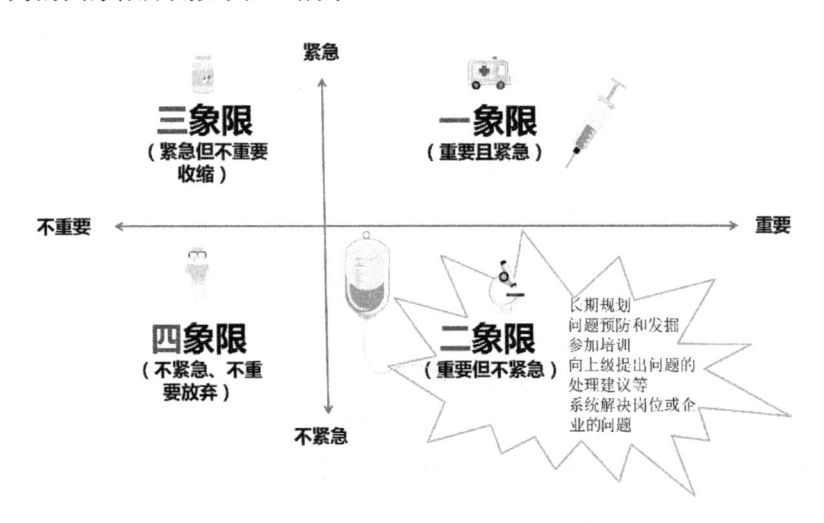

图 9.5　华为的四象限原则

二象限的工作包括长期规划、问题预防和发掘、参加培训、向上级提出问题的处理建议等、系统解决岗位或企业的问题。长期坚持做重要但不紧急的工作，企业或个人必将超过普通企业或常人。

☑ **法宝三：韵律原则**

根据研究，人们一般每 8 分钟就会被打扰一次，每天 50～60 次，平均每次扰时 5 分钟，每天共约 4 小时，也就是 50%左右的工作时间（以一天 8 小时测算），其中

80%的打扰的价值是极小的，打扰造成了时间损失。

韵律原则就是保持自己的韵律，礼貌挂断无意义的打扰电话，减少不必要的打扰；另外，不唐突拜访对方，提前了解对方的习惯，与别人的韵律相协调。

☑ **法宝四：精简原则**

绘制分析工作流程的网络图，极力简化多余的环节，学会节省时间。

把时间管理变成自己的习惯，懂得时间的价值，高效利用自己的时间，实现高效的执行力。

67 华为绩效管理的"活力曲线"和目标管理的"定小目标"是什么

一、华为绩效管理的"活力曲线"

华为在绩效管理方面认真学习通用电气的"活力曲线"做法，每半年开展一次绩效管理循环。单个循环包括 4 个规定动作，即目标设定、绩效辅导、绩效评价和绩效沟通。理论上会有 10%的末位淘汰率，根据不同时期的要求，通常不超过此比例。华为绩效管理的"活力曲线"如图 9.6 所示。

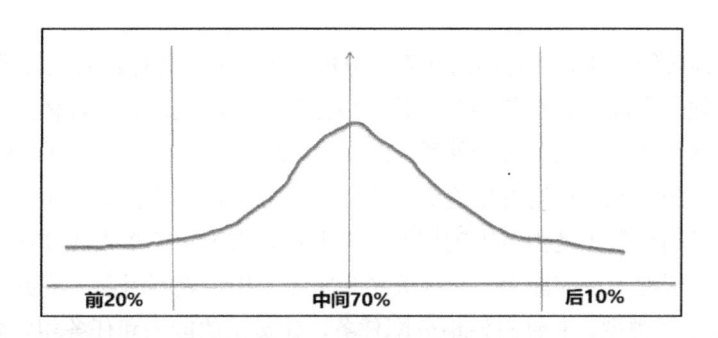

图 9.6 华为绩效管理的"活力曲线"

通用电气的"活力曲线"管理也称"末位淘汰法"管理，其实在任何组织中，都可以把员工分为前 20%、中间 70%、后 10%，这 10%的员工是需要淘汰和改进的对象，这样可以让员工效能发挥到最大。这种管理方法给通用电气带来巨大的企业活力。在每个周期内，员工都被划分为 5 个等级：A、B+、B、C、D。A 类员工就是绩效前 20%的员工；C 类员工和 D 类员工就是绩效后 10%的员工，C 类员工的绩效输出不低于企业成本，D 类员工的绩效输出低于企业成本。

华为在借鉴这种方法前，是由主管按季度进行考评的，当评价规则和组织保障都不足时，绩效管理相对粗放、随意，管理水平不高。2008 年，华为开始强化绩效改革，成立了人力资源业务合作伙伴组织，将人力资源管理和业务经营融为一体。绩效改革对目标设定、绩效辅导制定了很多规定动作，绩效评价也不是由个别主管说了算，而是"360度调查"，或者核心管理团队集体评议，保证了绩效评价的公正性，这也是绩效管理的核心要素。

在绩效评价中，华为重视愿景和目标牵引，帮助员工解决问题，将员工关注的内容放在首位，激发员工的动力、工作激情和工作责任感。华为通过评价驱动企业的高绩效，公平、公正，让员工在工作中取得进步。

任正非讲过，他在华为这几十年最重要的工作就是分钱。钱分好了，企业就活了。分钱最关键的要素则是公平、公正。

在进行绩效评价时，先对应级别（这在任职资格体系进行了明确），再根据评价结果对应奖励标准，这也约束了官僚体系的权力，让员工的利益得到有效保障。

一套完整的评价体系和一套成系列的分配机制，让华为的绩效评价更能落地执行。其他企业可以借鉴华为的做法，建立基本的职业通道和薪酬体系，这也是员工努力的动力。同时，绩效评价要适度，它是一把双刃剑，要考虑平衡性，既不让员工"吃大锅饭"，又不导致员工只关注个体和局部利益，而削弱了企业的整体竞争力。考评两端，激励中间，华为在绩效管理中逐步形成"胜则举杯相庆，败则拼死相救"的团队精神。

企业在绩效管理中，最担心出现责任分散效应（也称旁观者效应），即一件工作由单个个体独立完成，其责任感会很强，做出积极的响应；若由群体共同完成，则每个个体的责任感就会减弱，在遇到责任或困难时会退缩，最终出现"人多不负责，责任不落实"的情况。但同时要避免工作任务不分散，都由团队的某一人承担，而造成工作任务超过员工能力范围的情况。企业可以根据员工个人应知应会的专业知识、背景、可塑性、反应能力、人际关系和实际工作经验等因素，将员工分为A、B、C、D等不同类型，有针对性地分配任务，让员工的能力和任务相匹配，确保任务可完成。

二、华为目标管理的"定小目标"

管理大师彼得·德鲁克在《管理的实践》一书中提出"目标管理"的概念，先有目标，然后行动。用任正非的话讲，就是"先瞄准目标，再开枪"。

工作上不要乱忙，有了目标再精准行动。

数据显示，通常只有2%的人目标清晰并有可执行的计划，这些人成为各行业的领导者或者精英；80%的人，要么目标不停变动，要么没有可执行的计划，这些人成为苦苦挣扎的普通人；另外18%的人，得过且过，没有目标，懒懒散散，最终成为社会底层的人。

华为目标管理的"定小目标"如下。

一是将大目标分解成一个个小目标。华为提倡每个部门、每个员工都采取"制定目标→执行→完成目标→制定新目标"的工作方式,一点一滴,始终向前行。在华为发展初期,任正非为了抢占国内市场,制定了"农村包围城市"的发展战略,在站稳脚跟后又提出"10年之后,世界通信行业三分天下,华为将占一分"的目标。在对国际市场的抢夺上,华为又确定了"先易后难"的小目标,从非洲、亚洲到欧洲等市场逐步推进。小目标由大目标分解而来,保证不偏离大目标。每段时间完成一个小目标,才倍觉未来可期,增强完成大目标的信心。

二是给自己的目标设定一个最后期限。很多人有拖延的习惯,不到最后一刻,往往不会完成任务。因此,有最后期限的限定,有助于地提升工作效率。华为会在每项任务开始之前将任务进行分解,变成工作清单,交给责任人,并明确任务完成的最后期限。这个最后期限会激励员工更快、更好地完成任务。能按期完成任务会让员工更加自信,并让员工的工作效率越来越高,"有目标,快节奏,限期交",这是华为工作效率高的方法和原因。没有目标、没有时间限定,就像一张"空头支票",永远兑现不了。

68 华为的库存管理和成本控制

一、华为的库存管理

通过制定合理的库存政策,运用有效的库存管理控制手段,可以让企业的库存水平和库存结构维持合理。华为很早就认识到库存过度波动会造成企业的成本上升、资金紧张和资源浪费等现象。

库存问题背后是产品质量低、供应质量差、生产组织低效、计划预测不准等这些问题,说明企业的供应链管理能力不行。

华为一手抓交付、一手抓库存,实现库存管理上的高标准和严控制。

(1) 华为的库存分类方法。一是按加工过程的状态,将库存分为原材料库存、部件库存、在制品库存及成品库存4种;二是按库存功能,将库存分为波动库存、预期库存、批量库存、运输库存及投机性库存5种。库存成本主要有订货成本、缺货成本(也称延迟交货成本)、库存持有成本和能力关联成本等。

(2) 华为的库存控制方法。一是计划控制,包括采用产品预测准确率更高的控制方法,建立产品预测准确率模型,及时处理呆滞物料,减少恶性库存等;二是产品改进控制,提高物料复用率,减少元器件的种类,或者改进产品设计,多使用模块化生产和延迟制造技术，也可以收缩产品 SKU（Stock Keeping Unit，最小库存单位），提高产品的通用性。2012 年，华为手机机型超过 100 个，通过 2014 年华为研发和供应链部门的共同努力，不断改善 SKU，提高产品的通用性，缩减了近 80%的产品型号，手机机型缩减至 30 个以内。

（3）华为的库存分类管理。一般采用 ABC 分类法：对 A 类库存，定时盘点，要加强管理，加强进货、发货和配送等环节的管理，在满足客户需求和企业内部需求的基础上，持续加强与供应链上下游企业的深度合作，尽可能实现更低水平的库存和安全库存；对 B 类库存，实施正常例行管理和控制即可；对 C 类库存，只需进行简单的管理控制，这类产品一般会大量采购和储备大量库存。

二、华为的成本控制

华为的成本控制以投入和产出比管理为核心，从以下 4 个方面着手调控。

一是设计的供应链管理，即设计成本。设计成本属于事前成本，并非实际成本。设计成本可以决定后期生产 80%以上的成本。在制造环节控制成本相对困难，控制生产成本的主要精力应该用在设计环节，在设计之初就要考虑产品的生产行为是否最为经济，以及是否能让未来的消费者获得性价比最高的优质产品。

华为在设计供应链管理方面，借鉴苹果手机的做法（乔布斯在 1997 年重回苹果后，精简产品，将苹果产品的型号从 350 个缩减至 10 个），进行设计供应链管理的调整，在满足客户需求的基础上，砍掉 90%的低端手机，转型做中高端手机，既提升了质量，又降低了供应链成本。全球 3C 产品的类型分布对比如表 9.1 所示。

表 9.1　全球 3C 产品的类型分布对比

主 要 国 家	廉价低端产品	中 端 产 品	高 端 产 品	奢 侈 产 品	艺 术 品
中国	荣耀	华为、荣耀	华为		
韩国		三星	三星		
美国			苹果	苹果	苹果

二是采购的供应链管理，即采购和外协成本。这两项成本与业务规模和议价能力相关。要降低这两项成本，企业就需要持续提升业务能力，实现最大化的生产、销售规模。华为非常重视对负责人议价能力的培养，并通过规模经济大幅降低原材料和基础设备的采购成本。

三是生产的供应链管理，即质量成本。一旦产品质量有问题，就会产生相应的维护和完善成本。华为注重控制生产程序和流程，将质量问题极力控制到最小。质量成本也是华为成本控制的重要部分，若产品质量出现问题，产生退换货，则会产生产品维修和运输成本,而这些成本都相对较高。

四是服务的供应链管理,即库存成本。当库存增加时,仓储费用和资金占用成本也会增加。库存包括原材料和产品。华为尽量采取"先下单,再生产"的拉式供应链控制方法,在维系安全库存的基础上,最大限度地减少资源浪费。

69 华为的外包供应链管理有何特点

(1)外包的业务范围。任正非认为华为要建立核心生产管控能力,深刻认识到供应链管理的重要性,保持部分独立生产能力,可以采取外包方式,但不能完全甩出去,否则一旦风险来临,就可能出现满盘皆输的结果。华为在东莞松山湖的自有生产基地建设有华为南方工厂,华为终端手机的产品导入、测试验证都是在这里完成的。其现场的可视化、智能指挥系统体现出华为"精益求精,敏捷实践"的工匠精神。

(2)生产的外包策略。华为采取自制和外包相结合的方式,有效降低供应链风险。在自制方面,华为聚焦于核心制造、产品试制、新品生产和高精尖制造,以及小批量、多品种的生产。在 EMS 外包方面,工厂一般承接华为大规模的批量生产,以及技术含量有限的产品生产。当自制生产出现异常时,外包工厂迅速补位,确保华为产品的稳定交付。

(3)生产的外包比例。目前,华为自制产品的数量仅占总销售数量的 10%左右,90%的产量依靠外包工厂完成。外包工厂包括 OEM、ODM 及 JDM。

(4)EMS 外包工厂。EMS 外包工厂包括富士康、比亚迪、伟创力、长城科技等企业,华为的制造、计划、物流、研发、品质等部门的工程师会长期驻厂,跟进生产和管理。为减少需求波动带来的反应滞后,华为与 EMS 外包工厂主动沟通市场信息,让 EMS 外包工厂提前知晓需求变动信息,做好生产预案。OEM 没有太多控制权,华为采用送料加工和买料销售给供应商的方式来管理物料。在送料加工上,华为牢牢掌握采购大权,可提前采购和大量储备,而不是让 EMS 外包工厂听命于美国厂商。ODM 和 JDM 有华勤、闻泰等企业,提供产品设计方案或者联合研发产品,但所有物料和物料供应商均需在征得华为采购认证部门的审核和备案后,方能进入华为的采购目录和供应商管理体系。

外包管理作为全球高科技制造业通行的管理模式,在华为供应链中也得到充分应用,这是品牌商与制造商进行优势互补的一种供应链生产模式。

> 小贴士

全球外包生产的样板企业富士康：制造世界

富士康是由郭台铭于 1974 年在中国台湾创办的一家 3C 产品研发制造企业，也是全球重要的制造外包承办企业、全球最大的电子专业制造商，专注于电子产品代工服务。

一、基本情况

富士康在亚洲、欧洲和美洲等地拥有超过 200 家分公司和相关派驻机构，截至 2020 年，全球员工超过 100 万人，在中国大陆地区的总部位于深圳富士康龙华科技园，并在烟台、成都、武汉、太原、郑州、佛山、昆山、常熟、杭州、上海等地建有分部。富士康的业务范围覆盖精密电气元件、系统组装、机壳、光通信元件、准系统、液晶显示件等 3C 产品，以及上下游的服务和产品。

二、发展业绩

富士康拥有丰富的生产制造经验、先进的工程技术，以及强大的供应链能力，是工业互联网成功转型企业。过去十余年，富士康依靠苹果的订单，逐步成长为全球第一大 EMS 外包工厂，生产苹果的几乎全系列产品。富士康为苹果提供加工的制造基地包括深圳、成都、郑州和太原的工厂等。2021 年，富士康的营收为 1.37 万亿元，创历史新高。

三、生产运营

富士康拥有全球顶级的生产线，以及先进的生产工厂管理模式。从 2013 年开始，富士康根据产业和服务功能将集团划分为 13 个次集团，替代事业群体系。富士康集团产业事业群的布局如表 9.2 所示。

表 9.2 富士康集团产业事业群的布局

次 集 团	主 攻 方 向
A 次集团	手机的软硬件整合
B 次集团	平板电脑的软硬件整合
C 次集团	精密模具
D 次集团	PC 的软硬件整合
E 次集团	LED 户外看板、大电视、九宫格等软硬件整合，机器人等
FG 次集团	互联网云端运算、电信网通市场
H 次集团	电子商务
J 次集团	采购、财会等总部周边事业
K 次集团	触控技术，以及大、中、小尺寸面板

续表

次　集　团	主　攻　方　向
L次集团	连接器
M次集团	乐活养生健康事业
R次集团	服务型机器人、相机镜头模组等关键部件
S次集团	半导体

富士康自研四大领域的管理系统：一是经管领域，取得、运用和分配资源的管理系统，具体包括时间、技术、资金和人才；二是生管领域，同步制造的生产管理系统，包括料号、数量、地点、时间等；三是工管领域，实现快、稳、准的工管系统；四是品管领域，实现品质保证的管理系统。

四、科技赋能

供应链未来的趋势是"智能+制造"，富士康近几年还大规模安装工业机械臂和自动化设备，以便减少对人工的依赖，提升现代化水平和生产效率，从制造向智造转型升级，做到提质增效、降本减存。富士康大规模培养软件工程师、硬件工程师、工业设计工程师、模具工程师等。富士康成为2019年世界经济论坛制造业"灯塔工厂"，这相当于工业领域的"奥斯卡奖"。

未来，新能源汽车、半导体和元宇宙等领域也将是富士康发展的第二增长曲线。

第 10 章
华为的销售供应链管理

70　华为的销售供应链管理有哪六大策略

"凡事预则立，不预则废。"企业发展首先需要解决两个问题：谁是我们的客户？谁是我们的伙伴？

管理大师彼得·德鲁克指出，关于商业模式，需要回答 4 个问题，谁是企业的客户？客户认可的价值是什么？企业的客户战略与经营战略是否匹配？企业可以从客户那里取得什么价值和成果？任正非认为，以客户为中心，就是以真正付钱给华为的人为中心，华为的优质资源要向华为的优质客户倾斜，优质客户就是给华为更多钱、带来更多利润的客户。

怎样找到真实的客户？任正非认为要用体验-迭代法，低姿态地告诉客户华为是在创业，开展"半成品"体验，迭代，再体验，再迭代。华为在推出新产品时，会与客户成立"联合创新实验室"，并不是一下就拿出让客户惊艳的产品，而是持续推进与客户共同创新。在创新的实践上，一定要有合作伙伴，否则永远是"伟大的个体户"。

不论是苹果还是华为，在企业奋斗之路上，都会与很多合作伙伴建成发展生态，共同推进，共同进步。以价值为纲，做厚客户界面，也做厚伙伴界面。客户和伙伴是华为在经营管理过程中始终需要关注的。

华为的销售供应链管理有六大策略，具体如下。

☑ **策略一：市场是华为一切工作的源泉**

没有市场成功，华为就不能研发出有竞争力的产品与领先的技术。华为的成功得益于市场和技术两方面的成功，即销售的供应链管理和产品的研发供应链管理。任正非每年都会将大量时间花在市场上，在全球各地进行市场调研，获取一线信息，及时调整企业的产品供应链研发。华为的一切工作都以市场为核心推动，通过对需求的了解，进一步提升研发供应链及产品的适应性。

☑ **策略二：营销+研发**

华为是由营销团队和研发中心构成的高科技企业。华为从业务和应用层、核心层、承接层、接入层到终端，都会提供端到端的全网解决方案，真正构筑起面向未来的融合优势。华为强调自己更擅长技术，而不是营销。技术是华为的基因，只有依靠技术研发，华为才能屹立不倒，并靠实力坚强地活下去。

☑ **策略三：同盟军战略**

华为的同盟军超过 200 个，这个战略是怎么回事？即便在寒冬，华为也会保住不与其竞争的同盟军。任正非认识到，给竞争对手单纯的打击不是最好的选择，避免恶性竞争具有更重要的意义，在全球化中一味地以低价进行竞争于己不利，发达国家更注重质量和服务；要学会缔结同盟，以他山之石战胜对手。华为不视同行为敌人，而与同行建立友商关系，在竞争中合作，在合作中竞争，因此其"抗寒"能力不断增强。例如，有些产品即使华为自己能够制造，也会从同盟军中采购一部分，形成关联关系，共同发展，所以华为在同行中享有好的口碑。

☑ **策略四：咨询式营销**

当其他通信设备供应商为争抢客户，还停留在"给回扣、降价"的浅层次营销竞争中时，华为早已实现营销升级，开始逐步推行咨询式营销，通过为客户精心策划、制定专项的产品服务解决方案，帮助客户分析行业竞争、网络现状，获得客户的依赖。华为有时还高薪邀请 IBM 的专家，从美国到中国各地为客户讲解全球电信发展的趋势，进行有关管理培训。在制订营销计划时，华为遵循 SMART 原则。华为内部将这种方法清晰地总结为"151 营销工程"，即 1 支华为营销队伍、5 个非常营销手段（参观华为总部、参观华为样板点、组织现场会、开展技术交流、实施经营和管理研究）、1 个专项资料库。

☑ **策略五："少将连长"作战**

任正非是军人出身，在内心一直认可军队的运作机制和组织模式，他也多次号召员工学习军队的管理模式。华为的项目型组织就是军队的班排组织，快速作战，快速集结，灵活敏捷。

任正非讲话中的"少将连长"就是项目经理，"少将连长"表达了 4 层意思：一是项目经理要有战略眼光，总揽全局；二是这是华为人才流动的需要，一线团队不固化，能上能下；三是将优质资源向优质客户倾斜，重能力、看效益；四是加大对专业技术领导领军人才的培养、提升其待遇，行政管理者要减少，专家要增加，形成大量的"少将连长"，攻城略地。

☑ **策略六：文艺范宣传**

在华为的 P8 手机上市之时，华为投放了一则广告——受伤的芭蕾脚。主画面上是一个芭蕾舞者的一双脚，一只脚上穿着光鲜亮丽的舞鞋，而另一只脚却是赤裸着的，并且伤痕累累，让人过目不忘，震撼心灵。广告文案是"我们的人生，痛，并快乐着"，内涵丰富。

华为的广告设计汲取了欧美的时尚元素，将自己从"科技宅男"变为"文艺青年"。华为手机和华为的宣传都恰似艺术品，追求炫酷的科技，并巧妙地融入艺术元素。华为产品的格调和内在价值走在国内企业前列，充满审美情趣，更能打动国内外消费者的"芳心"。

如果将销售的供应链管理比作猛士团，那么市场是头盔定位仪，文艺范宣传是作战语言，营销+研发是作战工具，咨询式营销是子弹和手雷，"少将连长"作战是作战方法，同盟军战略是底座支撑，如图 10.1 所示。

头盔定位仪
市场是华为一切工作的源泉

作战语言
文艺范宣传

作战工具
营销+研发

子弹和手雷
咨询式营销

作战方法
"少将连长"作战

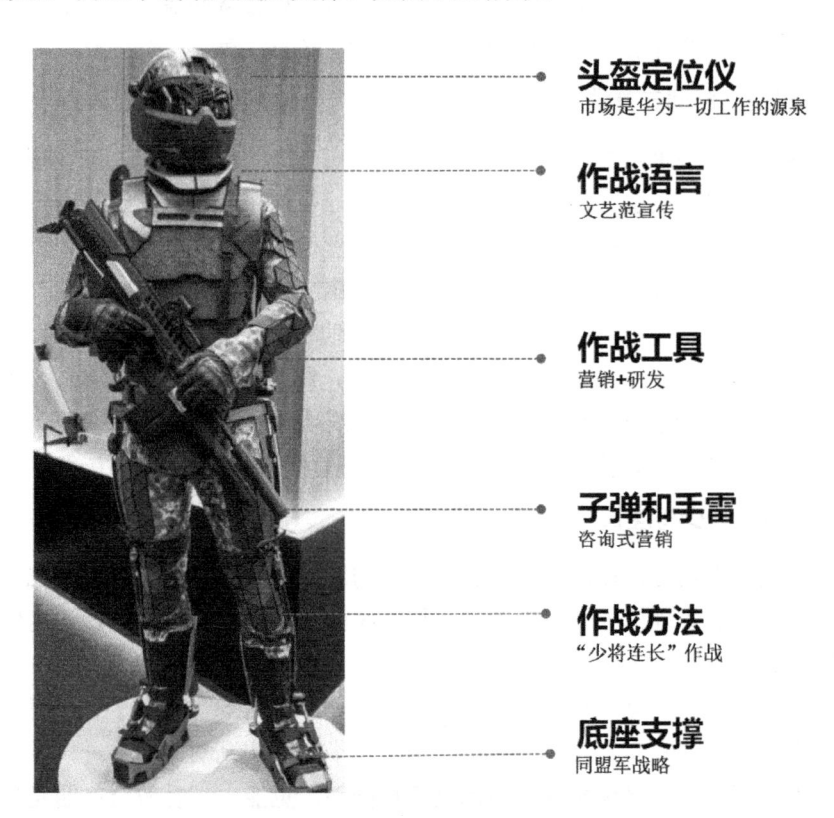

底座支撑
同盟军战略

图 10.1 华为的销售供应链管理的六大策略

71　华为注重在国际展会上展示企业实力，力出一孔从何考量

进攻是最好的防守。市场竞争就是一种"你死我活"的生存游戏，比谁活得更好、活得更久。在中国找不到第二家像华为这样热衷于在国内外参加展会，并能充分展示企业实力的企业。在国际展会上，华为与国际通信巨头进行竞争，但毫不逊色。华为认为参加展会是最有效的营销方式，可以接触客户、了解市场。

在全球范围内，华为还是一家相对神秘的企业。鉴于发展太快，华为要想获得更多的客户，就需要更加主动地展示自己，让客户更好、更快地了解华为。能够现场参观华为总部毕竟是少数人的经历，并且花费的成本巨大，因此参加国际展会成为华为首选的方法。在进行精准营销定位后，华为便开始大规模参加各类国际展会。

从 1999 年至今，华为参加或举办的国际展会不计其数。自迈向国际化以来，华为每年参加的国际展会都在 20 个以上，并且很多时候甚至是唯一参加展会的中国企业。这给华为的客户和员工带来极大的信心，也获得了客户和业内人士的称赞，"华为旋风"在全球各地不断刮起。

在 1999 年的埃及电信展、莫斯科电信展、巴西电信展，2001 年的美国展、印度展，2005 年的计算机通信网络及技术博览会，2006 年的世界电信展、巴塞罗那 3GSM 大会上，华为的展厅新颖别致，产品展示近乎艺术。华为总能展示出企业最新的研发成果，向全球消费者和供应商充分展示华为作为高科技企业的底蕴和实力，让业界重新认识一个更加强大和国际化的华为，使其品牌知名度和美誉度大为提升。而且，华为利用展会与顶尖企业同台竞技，及时掌握未来的发展方向，发现自身产品的欠缺或领先处，挖掘市场和客户需求。在展会结束后，华为会迅速对展会对接的客户进行回访，发现潜在的商业机会，扩大营销战果。

从参加展会到在当地举办展会，成为华为走向国际的一项必杀技，也是华为传播自身品牌的一个最佳武器。在一个新的国家或新的市场，华为通过举办盛大的通信展会来提升自己的品牌知名度和推销产品，这些通信展会成为华为开疆拓土和国际化的标志性动作。

现实逼迫华为必须不断向前奔跑，并且要跑出比竞争对手快的速度，否则就可能面临死路一条。华为采取集中优势兵力打歼灭战的战术，也称"压强原则"。

"压强原则"就是采取力出一孔的做法。在选定的战略生长点和成功的关键要素上，华为会分析自身的优劣势，进行周密的准备，以超过竞争对手的资源配置，安排足以击败竞争对手的政策支撑，围绕目标进行重点进攻。例如，当华为明确一个重点项目时，要么不做，要做就会最大限度地集中人、财、物，短短几天便可调度和聚集华为的全国优势资源和充分力量，针对竞争对手进行重点突破，使全国重心

落于一点上，不惜代价也要满足客户的需求。在这种打法下，华为往往攻无不克。

华为明确表示，一个项目的市场占有率保底为50%，好则达到80%，挑战100%。

但在多数项目中，华为能拿下100%的市场占有率。华为项目100%的市场占有率的"五步攻占法"包括项目机会、项目分析、项目计划、项目执行、项目总结，如图10.2所示。

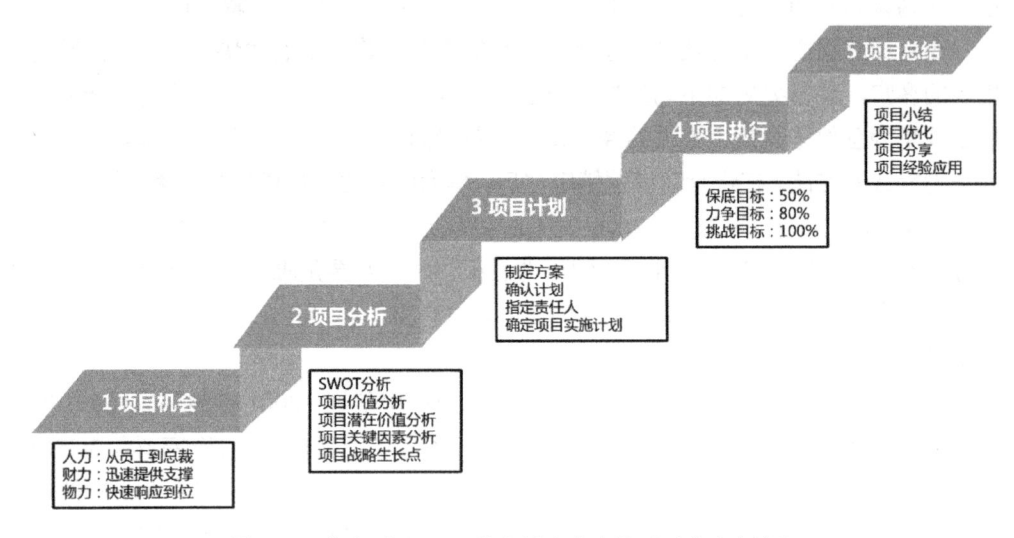

图10.2 华为项目100%的市场占有率的"五步攻占法"

小贴士

英国通信市场浇的一桶凉水警醒华为

华为奋力抢占国际通信设备市场，经过在俄罗斯、非洲国家和法国的良好开局，华为定下下一步"擒贼先擒王"的策略，剑指英国最大的电信企业——英国电信集团，但这一次华为遭到英国人最严苛的挑剔。2003年，华为经过艰苦运作，有机会参与英国电信集团"21世纪网络"供应商的竞标，然而条件是英国电信集团将对华为进行一次全方位的实地考察。

考察共4天，涉及技术和产品质量等方面，重点对华为的管理体系、质控能力、产品可复制性和可预测性等进行考察。经过4天深入考察，英国电信集团给华为的13个考核单元打出分数，华为的基础设施分数较高，但在业务交付能力等软性指标上不及格。英国电信集团还给华为做出最终结论，除市场人员外，华为其他部门的员工尚不清楚英国电信集团对通信设备供应商的基本要求，不可能为英国电信集团提供具有针对性的支持服务。

这是英国电信集团对彼时的华为的评价，也给华为浇了一桶凉水，让任正非倍觉"羞辱"。华为与西方国际大型企业的差距不是一时半刻就能缩小的，华为仅靠艰苦奋斗和一腔热血是不行的。华为要想走向国际，就必须学习外国优秀企业的先进管理和质量控制等方面的专业知识。

华为通过在内部强化企业管理，从 IBM 等优秀企业引进先进的管理方法和管理制度，最终经过五六轮的考验，终于在 2005 年成为英国电信集团"21 世纪网络"供应商。这是华为迈向全球高端市场的标志性开端，华为的认证过程比认证结果更具非凡意义。

在英国电信集团认可华为后，其他电信企业也纷纷与华为合作。华为在英国伦敦建立了分公司，这也是华为迈向国际企业的关键一步。

72 华为如何布局全球九大市场

进攻是最好的防守。进攻就是进攻华为自己，要永不停歇。华为进军全球市场，是历史必然。

那么，华为在全球市场的销售布局是怎样的？华为不仅要在全球市场上开疆拓土，还要通过国际化战略实现其产业链及价值链的增值，并为中国企业走出去提供宝贵的经验和最佳实践。随着互联网经济的发展，世界变得越来越扁平化，全球市场的销售和生产布局，不是"参不参加"的问题，而是"如何参加"的问题。只有做到全球级的水平，才能在国内、国际两个市场上所向披靡，才能巩固企业的竞争壁垒，尤其是在产品制造行业。

（1）华为大力推进国际化战略。2000 年以后，中国企业纷纷走出国门，加快迈向国际的步伐。联想并购 IBM 电脑硬件、海尔在国外建厂、TCL 进行海外并购，华为在 2004 年的海外销售收入也突破 20 亿美元。华为从 1995 年就开始征战国际市场，虽经历了多次失败，但仍不屈不挠。国际化是华为的长期战略，华为自始至终不断强化国际营销网络、国际服务网络和队伍建设工作。华为要求派驻海外市场的员工一定要做到实事求是，在技术和生产上绝不能马虎，要将研发和生产做得更加精准。1999 年，华为在国际上经过多次失败的历练后，中标也门和老挝两个国家的通信项目，这是华为在海外市场上第一次真正意义的项目中标，意义和价值很大。当年，华为的海外收入只占华为总收入的不足 4%，任正非却继续加大投入，推进国际化战略。

（2）华为开拓全球九大市场。中国企业与国际企业的距离到底有多远？华为如何开拓并管理国际市场？在任正非的领导下，华为成功实现"活下去""走出去""走上去"，实现从国内企业到国际企业的跨越。通过自身独特的国际化战略，华为在悄然改变通信行业的竞争格局，让竞争对手从忽视华为到平视华为，再到重视华为。在全球对抗性竞争时刻，华为频频获胜，为中国赢得荣誉。

华为的全球九大市场统一由企业的营销委员会领导，营销委员会主任是最高决策机构 EMT 的成员，也是常务副总裁、首席市场执行官。

华为的全球九大市场具体包括：① 中国地区部市场；② 亚太地区部市场；③ 东太平洋地区部市场；④ 中东北非地区部市场；⑤ 独联体地区部市场；⑥ 欧洲地区部市场；⑦ 南部非洲地区部市场；⑧ 北美地区部市场；⑨ 拉美地区部市场。

（3）华为国际化"从农村包围城市"。华为与先进的国际企业合作，逐步实现国际化、专业化和成熟化，而不是受限于狭隘的自豪感和品牌意识。华为的管理是中西管理理念的碰撞和结合，从制度管理到运营管理，逐步国际化。中西合璧是企业做大的利器。

（4）华为汲取国际优良的管理技术。《华为之歌》中写道，要学习美国的先进技术，吸取日本的优良管理，像德国人那样一丝不苟、踏踏实实、兢兢业业。华为最终选择与 IBM、普华永道会计师事务所、合益集团和德国弗劳恩霍夫应用研究促进协会等合作。

"烧不死的鸟才是凤凰。"华为在国际市场博弈中涅槃重生。

73 在销售的供应链管理上，华为如何通过 S&OP 变革抓住营销契机

S&OP 这个概念最早是在 20 世纪 80 年代由欧美企业提出的。S&OP 是指落实企业战略，对市场和销售计划，以及企业的研发、生产、采购和财务等方面综合进行平衡，实现目标一致、步调一致的业务运作计划和行动，横向打通需求与供应平衡，纵向衔接战略与执行，逐层细化各项计划，确保经营策略在供应链各环节落地执行。

一、华为引入 S&OP 变革

华为认为，最大的竞争对手是自己。华为的 S&OP 变革是华为在启动 ISC 变革时一并引入的，并获得任正非的高度认可。华为为了推动 S&OP 变革，还成立了计划委员会，并基于 S&OP 的运作流程，建立跨领域的 S&OP 委员会（由市场、计划、研发、采购和制造等部门组成），将各环节的计划打通，同时根据华为总部计划委员会的设置，按产品和地区设置分级计划委员会。为确保这项机制落地，华为还设立了企业计划部门（Enterprise Planning Unit，EPU），作为计划委员会的日常执行秘

书机构。

华为的 S&OP 促进实现华为需求链（客户、市场和产品）和华为供应链（采购、制造和供应商）的供需平衡，输入战略计划和业务计划，输出可行的发货计划并执行。S&OP 的核心是供需平衡管理，搭建各部门在销售与运作之间的平台，形成完整的计划。S&OP 会议的参会人员包括企业的相关部门负责人和总经理，这也是供应链相关部门的最高层级会议，一般每月召开，先后被命名为"供产销协调会""供需双方的沟通、协调和平衡""S&OP 会议"。S&OP 会议商议中长期需求、月度计划完成情况、供应策略等。S&OP 在华为实施后，有效打通了销售和生产各环节，实现供应链端到端更好的交付，也相当于销售的品质控制，成为检验经营策略执行的"火眼金睛"。

二、华为善于把握营销契机

鸡蛋从外面打破是食物，从里面打破则是生命。华为选择从自我入手，不断进行改革和创新。只有自己强大了，才可以抵御洪水和风浪，华为将自己团队的战斗力发挥到极致。电信行业的产品不同于家电产品，"家电卖不掉，白送有人要"，而电信设备送给别人，别人都不要。由于原来欧美市场的传统供应商和运营商关系密切，中国企业即使报出较低的价格，也很难快速进入这一市场。

（1）华为运用"奥运供应商"营销契机。2004 年，华为总部接到奥运会承办方的电话，指名要求华为为即将举办的雅典奥运会提供全套 GSM 设备系统，而且立即支付了 900 万美元的订金。这次奥运会承办方化繁为简，点名华为，让业界一时对华为刮目相看。华为抓住这一营销契机，围绕客户需求，提供符合实际需求的定制技术，完成建设和服务工作，打了漂亮的一战。

（2）华为借用"国际争端"营销契机。2004 年 7 月，思科与华为和解，让前期在国际上默默无闻的华为获得进入国际市场的跳板和合法身份。

（3）华为善用"重大项目"营销契机。2005 年，华为在由伦敦出口协会和英国 48 家集团俱乐部联合举办的每年一度的中国新年晚会上，获得"最佳中国投资者年度大奖"。经过两年的综合考察，英国电信集团公布其"21 世纪网络"供应商名单，华为名列其中，与其他供应商一起提供总投资为 190 亿美元的划时代项目接入和光传输设备的供应服务。

三、华为的海外营销渐成亮点

2004 年，华为的海外销售收入占其总销售收入的 41%；截至 2005 年上半年，华为的总销售收入为 330 亿元，其中海外销售收入高达 24.7 亿美元，占比为 61%；

2006年，华为的海外销售收入占比在60%以上。2009年3月，英国的《金融时报》向华为颁发"业务新锐奖"，表彰华为在电信新兴市场所取得的成绩和做出的突出贡献。

四、华为的宣传策略

（1）对外宣传策略：在不需要之处非常节约，在不该省之处坚决不省。例如，华为在2005年兴建东莞松山湖基地，投入超过100亿元。华为在对员工的待遇上，让许多大型企业望之兴叹。华为的员工在松山湖湖畔观看蓝天白云，能在如此优美的环境中工作，想不自豪都难。华为在面向客户和内部员工时，都会竭尽全力。例如，华为内部形成了一套流程化的接待流程，在每一时期都有明确的标准和政策，这样高标准的接待让外国来宾深感满意，并认识到华为的强大，这种方法近年来在国际市场被证明愈发成功。"该奢则奢，该省则省"，如2000年的中国香港电信展，华为邀请全球50余个国家的2000多名各级官员和电信代理商、运营商参加展会，一律采用飞机头等舱或商务舱、五星级酒店，往返费用和住宿费用均由华为承担，华为还准备了礼品——高档笔记本电脑。此次展会耗资2亿港元，当时众多业内人士认为过于奢华，却给全球各地的客户留下极其深刻的印象，华为的第一次公关活动就向全球展示了其强大的实力。

（2）对内宣传策略：任正非拥有军人情怀，并将其应用于企业内部宣传和员工士气鼓舞。任正非是军人出身，善于琢磨和研究如何将兵法转化为华为的企业战略，突出中国化、中国式管理。我们不难发现，华为在市场攻略、竞争策略、客户政策和内部管理等方面，深深烙着军队的印迹，而且其内部讲话和各类宣传资料中也频频出现各类战争术语，如"雄赳赳，气昂昂，跨过太平洋——欢送海外将士出征大会""谁来呼唤炮火，如何及时提供炮火支援"等。

华为的企业文化是中国文化与国际文化的充分融合，也是中国式管理组织形态进入国际管理领域的典型代表。华为的企业文化和国际流程制度紧密结合，渗入员工的日常修养之中。华为主动接轨、融合、拓展、创新，缔造了新的企业文化，实现"创新、智慧、包容、力量"的新中式文化构建，这也成为华为持续发展的动力源泉。

74 华为旗舰店是如何开店和运营的？其加盟机制的特点体现在哪些方面

☑ 华为旗舰店开店运营的哲学

旗舰店一般都是由厂家自己运营的，面积一般在1000平方米以上。在上海华为旗舰店的设计上，华为将5000平方米的南京大楼（上海二级历史保护建筑）这栋老楼的限制变为特点,坚持在使用中保护历史建筑,尽情绽放"上海城市客厅"的光彩。它也成为华为全球最大的旗舰店。在"中华第一商业街"上,华为旗舰店驻足历史,面向未来,笑迎全球来宾。华为在各城市的旗舰店成为华为展示自己全场景智慧互联能力的重要平台,也是华为的城市名片。在旗舰店内,华为的智慧出行、智慧办公、运动健康、智能家居、影音娱乐、服务中心、华为学堂等板块会缤纷呈现。

☑ **华为加盟机制的特点的体现**

华为全国授权体验店(也就是加盟店)在 2020 年时就已超过 10 000 家,其中县级体验门店就超过 3000 家。华为目前形成华为旗舰店、华为新概念店、华为智能生活馆、华为体验店的线下渠道矩阵。以 2020 年华为消费者业务 4600 亿元的营业额来测算,约有 3000 亿元来自线下门店。华为加盟机制的特点体现在以下 3 个方面。

一是标准的陈列。陈列是指华为体验店的物品摆设,有效的陈列是无声的促销员。华为体验店要求统一、简洁、高品质。

二是华为体验店的作用。华为体验店具有完成华为品牌宣传、体验产品、服务客户、创造需求和提升权益等作用。

三是门店人员管理。门店要完成日常管理、数据管理和信息管理;在人员管理上,重点管理促销员、店员和客户。其中华为体验店的团队要实施日、周、月、季度工作及培训管理,分析问题、解决问题,提升士气。

☑ **华为的 7 条店铺员工激励心理学**

华为的 7 条店铺员工激励心理学如图 10.3 所示。

一是好事分次奖励:将一个 1 万元的奖励,分成两次 5000 元的奖励,员工的快乐会更多。

二是坏事集中忍受:将坏事一次性告诉员工比分次告诉带来的痛苦会少些。

三是小奖不如不奖:当员工有激情时,小奖会让员工觉得不值,并不能推动工作。

四是好事提前说:期待的过程也是享受的过程,如将旅游奖励提前告知员工,员工在提前准备的过程中就一直在享受快乐。

五是奖励好事不选:当明确了需要奖励的对象时,没有必要让员工选择奖励内容,选择会让员工患得患失。送礼也是如此,不必让客户选择,因为这样会让客户觉得没有得到另外一个礼品。

六是涨工资不如给奖金:员工愿意涨工资,但发奖励更让人开心,而且从企业的角度来看,工资容易让员工习以为常,奖金有回旋的余地。

七是薪酬公开不如不公开:如对于奖金或工资,企业选择不公开更好,每个人都觉得自己的奖金或工资不错,能产生满意感,而当发现别人的奖金或工资更高时,就感觉不那么幸福了。

对于奖金或工资,企业选择不公开更好,每个人都觉得自己的奖金或工资不错,能产生满意感,而当发现别人的奖金或工资更高时,就会感觉不那么幸福了

图 10.3　华为的 7 条店铺员工激励心理学

75　在全球化背景下,华为如何征战全球

华为认为,竞争对手并不可怕,强大的竞争对手也不可怕,真正可怕的是"在高速公路上悠闲地开着慢车"。华为的经营首先要思考的问题是如何生存。华为所处的时代是一个充满竞争和危机的时代,不竞争,最终会被淘汰。战胜对手,跃居前列,才能"笑傲江湖"。华为在竞争中越来越显示出强大的生命力,掌握市场主动权。一直以来,中国企业以"中国制造"闻名全球,然而中国产品却往往在国际上给人"廉价且质量不高"的印象。华为需要打破这个已有的印象,中国企业要在供应链、价值链上持续攀升,并复制在低端制造业上的成功,这是历史赋予华为的时代使命,也让"中国制造""中国创造"走向更大的舞台。

华为征战全球(含地区),从中国香港、俄罗斯、泰国、非洲、欧洲到美国,一步一个脚印,坚实、曲折,身后留下一串串艰苦奋斗的足迹和国人的赞叹。

☑ **练兵香港岛**

1995 年,华为在中国香港筹建分公司,香港华为负责华为的国际供应链业务,并解决外汇结算问题。在香港回归前,华为与李嘉诚创办的和记电信合作,当时和记电信是香港第二大电信运营商,对服务质量的要求极为苛刻。经过 3 个月的时间,

华为顺利完成该项目的建设，实现进入海外市场前的一次大练兵。

☑ **首战俄罗斯**

华为真正走出国门的第一站是俄罗斯。1996 年，华为正式进入俄罗斯这个横跨欧亚大陆的国家，然而 3 年过去了，斩获甚少。华为并未因此放弃，而是大量招聘当地的员工，并送至华为总部培训，这些人成为华为后期拼抢俄罗斯通信市场的中坚力量。1997 年 4 月，华为在俄罗斯建立合资企业贝托-华为。该企业由华为和俄罗斯贝托康采恩、俄罗斯电信公司合资组建，在俄罗斯当地生产 C&C08 数字程控交换机和相关通信设备，逐步打开了市场。经过多年的努力，2003 年，华为在俄罗斯的销售收入突破 1 亿美元，并承担了该国近 4000 千米的超长距离 30Gbps 国家传输网的建设工作。从颗粒无收到满载而归，俄罗斯成为华为国际市场最大的出口产品地区之一，华为也在独联体产生了很好的口碑。

首战俄罗斯为华为培养了具有国际化视野的干部，积累了宝贵的国际竞争经验。截至 2007 年，华为与俄罗斯所有顶级运营商均建立了紧密合作关系，在俄罗斯 14 个城市设立代表处，营销和服务网络实现广泛覆盖，保证了当地快捷和优质服务的供应。2007 年 6 月，华为在俄罗斯圣彼得堡举行"华为在俄罗斯 10 年"的庆典，两国均派出重要人物参加。2007—2017 年是华为在俄罗斯深耕的第二个 10 年，华为品牌的知名度、美誉度直线攀升，销售收入一路上涨。

☑ **进军泰国府**

2000 年，泰国移动通信市场的 GSM 网络被国外大设备厂商瓜分一空。华为没有退缩，通过市场细分，发现泰国移动运营商 AIS 虽然拥有的用户最多，但面临第二大运营商 DTAC 的市场竞争，AIS 急需用新业务刺激用户数量增长。华为说服 AIS 投入智能网建设，并在 45 天内为其建立了网站。仅用了 5 个月的时间，AIS 就收回投资。在华为的帮助下，AIS 的用户数量滚雪球式地增长。

除了商业上的收获，华为还特别重视对所在国家 ICT 人才的培养，助力泰国通过新技术促进经济发展。2008 年，华为在泰国首次举办"未来种子"项目，这也是该项目首次在亚洲国家举办。华为与泰国国立法政大学、朱拉隆功大学和农业大学等顶级高校合作，在 11 所泰国的大学里为师生提供 ICT 知识培训。2017 年，华为在泰国的曼谷建立了开放实验室，促进创新工作。2018 年 8 月，印度德里的开放实验室启用。它与曼谷的开放实验室组成华为东南亚区域行业解决方案的创新平台。华为积极融入当地社会，推动当地经济发展，在国际化中与当地人和当地文化充分融合，构筑数字新生态。

☑ 攻克亚非拉

华为初到非洲时，当地经济相对落后、局势动荡、环境恶劣，甚至有风险，但对华为人来讲却是机遇，因为其通信市场需求急需得到满足。华为正是看到了这一点，在国际市场也沿用"农村包围城市"的打法。华为充分利用西方企业的不重视抢得商机，在上下一心的努力下，陆续攻克沙特阿拉伯（以下简称沙特）等阿拉伯国家。在发展中国家取得的捷报让华为信心倍增。1999年以后，华为的全线产品品质、技术含量大幅提升。华为1998年进入印度，2000年进入非洲和中东的国家，2001年扩大战果至东南亚等国家。

☑ 征战大欧洲

这块土地孕育了发达的文明，也是资本主义制度相当完善和竞争很激烈的地方。欧洲市场的准入制度极其严格，是很难攻克的市场之一。华为为了通过英国电信集团的认证，由董事长任总指挥，成立筹备小组（成员涵盖销售、市场、人力资源、供应链和财务等部门的人员），在内部强化企业管理，从 IBM 等企业引进先进的管理方法和管理制度。最终，华为获得英国电信集团的认证，成为英国电信集团"21世纪网络"供应商，拿到进入英国电信市场的"金钥匙"。2005年12月，华为与英国电信集团签订正式供货合同，这是华为首次成功进入海外知名大运营商市场，让华为全体员工振奋不已。从这以后，华为陆续进入法国、荷兰、德国、西班牙等欧洲发达国家的通信市场，与全球前50强电信运营商中的大部分进行了合作。至2008年，华为在欧洲通信设备市场上的占有率已超过10%。

☑ 反复进美国

2002年，华为进入美国。美国通信市场是华为最想进入的，然而数次进攻均铩羽而归。1993年，华为在美国硅谷建立芯片研究所；1999年，华为在达拉斯建立研究所；2002年，华为在得克萨斯州创建子公司 Future Wei。在这一期间，华为先后拟收购美国网络设备制造商3Com 的部分股份、濒临破产的美国IT初创企业三叶系统公司的资产，均被美国外国投资委员会等机构否定；同时，华为参与美国移动电话运营商斯普林特公司的通信网络升级招标，也遭到了阻挠。

从2005年开始，华为的海外销售收入就高于国内销售收入，甚至后期海外销售收入占到总销售收入的80%以上。华为在大部分国家和地区都设有办事处或代表处，成为一家真正意义上的国际企业。而且华为是从国际"大农村"到"大城市"逐步实现全球化的，在这一期间，中国使用固定汇率、低汇率，让"中国制造"具备超常规低成本竞争的优势，这也是华为攻占国际通信市场的重要原因之一。

76 华为国际化的4道门槛和"4步走"是什么

华为的国际化是对国际市场规则的认识、学习、理解、掌握、运用、主导过程；也是一种坚守、承诺和战略，要确定国际化的理念、要素和战略重点；更是国际化过程中优势形成的过程，不仅有价格优势、成本优势，还有员工优势（中国企业有大量优质的知识型员工）。

一、华为国际化的4道门槛

☑ **第一道门槛：英文沟通**

提高员工的英文沟通能力，让员工用英文沟通是华为国际化必须迈过的第一道门槛。华为从两个方面进行努力。一方面，华为为了解决一线具体沟通和团队融合问题，尽可能多地聘用当地的员工，因为他们更熟悉当地的环境，业务效率往往更高、运作质量往往更好，比中方外派人员的综合成本也要低一些。另一方面，华为建立了总部解决问题平台，成立专门的小组做好员工的英文沟通能力提升工作。华为要求从2007年第四季度开始，所有发往海外的邮件、报告等均要使用英文，而且员工收到英文邮件也须用英文回复。2008年，华为目标岗位员工的英文应用率达到100%。其中，供应链办公例会从2007年10月开始全面普及英文，发言、会议材料全部要使用英文，供应链的各二级部门也逐步英文化会议语言。随着华为国际化的拓展，供应链不仅仅是国内制造，也已升级为全球制造。如果员工的英文沟通能力不行，就会影响与客户的沟通。

☑ **第二道门槛：人员"掺沙子"**

为了减少文化、语言等障碍，让海外员工认同华为、了解华为，并与华为真正融在一起，2007年8月，华为开始在销售服务体系内推行"掺沙子"行动，给优秀的海外员工提供培训，使其有能力承担更大的责任；华为还更多地倾听海外员工的呼声；同时海外代表处也会推选优秀的海外员工到中国工作。优秀的海外员工的业务能力得到提升，对华为和企业的价值观也更认同，与中方员工和谐相处，产生积极的影响。

☑ **第三道门槛：艰苦奋斗**

华为有员工近20万人，其中海外员工超过4万人。华为的国际化道路是用汗水和泪水换来的，华为的中方员工离别故土，奔赴海外，在伊拉克、印度尼西亚、阿尔及利亚等国家艰难奋斗，乐观积极、创造辉煌。华为在国际化的大风暴中迎头搏击，其抵抗风雨的能力也不断增强，华为致力于消除数字鸿沟，功勋卓越。

☑ 第四道门槛：文化包容

华为在对国际市场的拓展中，善于依靠当地员工的优势，破局并切入市场，既节省了费用，又提高了企业的核心竞争力。华为的外籍员工很多，各个国家都有自己的宗教礼仪、贸易规则等，华为采取的做法是"包容收敛，融会贯通"。例如，沙特的员工要祷告结束才能工作，一天5次，每次半小时，华为沙特公司入乡随俗，提前准备、考虑影响因素，规避项目延期风险。华为通过跨文化的培训和相关制度流程的安排，让当地的员工与中方员工的合作更密切。只有适应当地的文化，才能更好地赢得当地的市场，华为在国际化中逐步形成开放、多元的文化。

二、华为国际化的"4步走"

☑ 共赢合作，建立友商利益共同体

在国际化战略上，华为提出"向拉宾学习，以土地换和平"的策略。任正非非常欣赏以色列前总理拉宾在维护中东和平上的做法，拉宾是以色列历史上首位提出"以土地换和平"理念的政治领袖。拉宾承诺在以色列的安全得到切实保障的基础上，通过政治谈判来解决阿以争端，将侵占阿拉伯国家的领土逐步归还相关国家，并和约旦等国达成和平条件且正式建交，让中东和平进程取得突破性的进展。在叙以会谈上，拉宾承认叙利亚对戈兰高地具有主权。这些化解矛盾、着眼民族利益的远见行为，受到爱好和平人士的普遍赞誉。

任正非在2005年的一次谈话中就讲道，我们的友商就是阿尔卡特、爱立信、西门子及摩托罗拉等通信企业，我们将竞争对手称为友商，要沟通合作，要向拉宾学习，以土地换和平。

任正非领悟到，其实所有竞争对手都是相对的和暂时的，为了长远的利益，应该与竞争对手建立长期战略合作关系。在这一背景下，即使暂时牺牲一些自己的利益也是非常值得的。通过与竞争对手的互补、互助，实现共同生存、和平发展才是国家间的主旋律，开放和合作则是企业间的最终趋势，在未来，谁也不可能独霸一方，而加强合作，我中有你、你中有我，才是企业的制胜之道，才能让企业获得更大的共同利益。

2005年，任正非在文章中写道，华为要与竞争对手做朋友，在海外市场不打价格战。华为目前还比较弱小，不足以与友商直接抗衡，要韬光养晦，向拉宾学习，以土地换和平，即使放弃部分市场和利益，也要与友商保持合作，成为伙伴，共享价值链利益。如果大家都把华为当竞争对手和敌人，那么华为的处境将是困难的。和而不同，和谐共生，这正是东方国度的智慧，华为要建立起广泛的利益共同体。

☑ 借船出海，和而不同，在竞争中共享

借用这个观点，华为从 1996 年开始在国际化中常用的方式就是与外国企业建立合资企业，共拓市场。从 2005 年开始，随着国际化的深入，华为向独立控股一家外国企业的方向发展和转型，解决合作伙伴更高效激励和文化冲突问题。华为与思科的官司不仅没让华为蒙受损失，还极大地提高了华为在国际市场尤其是美国市场上的知名度，加快了华为国际化的步伐。华为强调的宗旨是"活下去"。华为在某些方面（如技术和市场）向竞争对手妥协，采取以退为进、以守为攻的做法，目的是让自己在市场竞争中占据更有利的位置。

使用这个思路，华为与 3Com 合作成立合资企业，并将研发中心移到中国，降低了运营成本。华为也利用 3Com 的全球渠道销售自己的数通产品，业绩大幅提升，仅 2004 年的年销售收入增幅就达到 100%，实现优势互补、双赢发展，这也为华为的国际化开创了新模式。2004 年，华为与西门子合作，销售华为的产品 TD-SCDMA，实现共赢。2007 年，华为与赛门铁克合资成立合资企业，生产全球领先的安全与存储产品和设备。华为还与高通、爱立信、诺基亚等知名企业签订 3G 专利许可授权合作协议。华为与 NEC、松下成立合资企业，开展 3G 手机研发工作。在竞争中共享，在共享中竞争，华为与 3Com、西门子、松下、NEC、英特尔、TI、摩托罗拉、SUN、朗讯、IBM 等国际企业开展研发和市场销售等方面的合作，其中很多企业是第一次与中国企业合作，可见华为的胸怀不一般。

☑ 突破高点，深入腹地，弯道超车

华为在有效进入各发展中国家的通信市场后，积极谋划如何抢占制高点，进入发达国家市场。华为与摩托罗拉合作成立合资企业，成功进入美国数据通信市场，深入西方市场腹地。2005 年，华为成为沃达丰的全球供应商。2006 年，沃达丰将西班牙子网 30%的份额分给华为。经过华为 9 个月的努力，沃达丰对华为的网络和响应速度给予高度评价，授予华为"沃达丰全球最佳供应商"的荣誉称号，并把华为的西班牙项目市场份额提升至 70%，还将巴塞罗那和马德里等重要城市的项目给了华为，后续又将奥地利、希腊、罗马尼亚、冰岛等国家的项目给予华为。在这些高端市场，华为不断上演"光辉岁月"，订单不断。2009 年，华为中标美国电信运营商 Cox Communications，这也是华为首次打入北美电信运营设备供应市场，其竞争对手均为全球级大鳄。2009 年，华为的全球销售收入为 218 亿美元，折合人民币近 1500 亿元，增长 19%。

☑ 登顶桂冠，技术领先，成为全球新霸主

华为从 2010 年开始一路狂奔，在 2014 年登顶桂冠。2014 年，华为在全球 9 个国家建立了 5G 创新研究中心；承建了全球 186 个 400Gbps 核心路由器的商用网络；

在全球客户那里建设有 480 多个数据中心；全球研发中心达到 16 个，联合研发创新中心突破 28 个；在全球范围内加入 177 个标准组织和开源组织，并担任了 183 个重要的职位；华为手机发货量突破 7500 万部。华为 2013 年的年销售收入超过爱立信，成为全球最大的电信基础设施供应商。

世界知识产权组织发布的相关数据显示，从 2014 年开始，在全球企业专利申请量排名中，华为已连续数年位居榜首。2015 年，华为手机发货量突破 1 亿部，稳居中国第一、全球前三；华为在光传送领域与欧洲运营商共同建设了全球首个 IT OTN 网络，与英国电信实现最高速率 3Tbps 光传输现网测试；华为在印度开通新研发园区，人数提高一倍至 5000 人。2017 年 11 月，任正非将华为的战略方向进一步提升为以数字世界面向客户，把数字世界带入每个人、每个家庭、每个组织，构建万物互联的智能世界。华为采取渐进式国际化的模式，树品牌、广合作，挖掘客户需求，从发展中国家市场出发，有步骤地进入发达国家市场，最后进入高端市场；在业务领域方面，以运营商业务切入，再到企业业务，最后到消费者业务；在技术投入方面，从 3G 跟随到 4G 逐步领先，再到 5G 的跨越发展。

曾经通信技术落后的中国在 5G 领域实现弯道超车，这是华为 30 多年持续进行研发投入的结果。

77 华为的铁三角销售法为何所向披靡

华为从 2007 年开始在其营销体系中推行铁三角销售法。任正非讲过，铁三角并不是三权分立的制约体系，而是紧紧拥抱在一起，生死与共，聚焦于客户需求的协同作战单元，目的只有一个——满足客户的需求，不断实现客户的理想。

一、铁三角销售法涉及的 3 个角色

铁三角销售法的架构如图 10.4 所示。

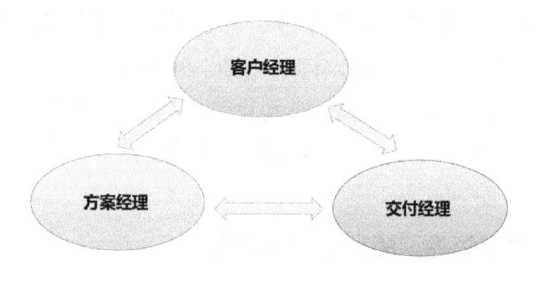

图 10.4　铁三角销售法的架构

铁三角销售法涉及的 3 个角色如下。

角色一：客户经理（Account Responsible，AR），主要职责是维护客户关系、管理业务需求、进行商务洽谈、签订合同及管理回款事项等。

角色二：方案经理（Solution Responsible，SR），主要职责是管理产品需求、设计方案和产品、投标和报价、解决技术问题。

角色三：交付经理（Fulfill Responsible，FR），主要职责是进行订单、制造、物流、安装和交付验收的全过程项目管理。

铁三角销售法的胜利，是"以客户为中心"理念的胜利。客户经理的工作重点是客户营销和关系衔接，方案经理的工作重点是让项目落地满足需求，交付经理的工作重点是具体项目的实施。这 3 个角色构筑了一个三角形的攻坚团队，迅速响应，密切配合，为客户提供系统且全面的解决方案，将进攻性和协同性融为一体。从表面上看，这是一种销售战术；从本质上看，它是华为的流程型组织在营销端的实践模式，也是华为"以客户为中心"理念的体现。这种方法对众多企业有益，可实现客户的多重维护，防止客户流失。

传统企业一般采用部门负责制，部门间的项目协同较为复杂。华为在 2007 年以前也是这样，企业的组织架构和客户端的需求不匹配。华为的客户经理只懂销售，不懂产品；方案经理不懂如何交付；交付经理又不涉及客户界面，三者都只关注自己的一亩三分地，缺乏整体统一、协调的全网解决方案。

华为借助 IBM 疏通了企业的产品研发和供应链流程，但它们还要与华为的营销体系更好地融合，铁三角模型实现了三者的完美融合，即销售经理（铁三角销售法）、方案经理（IPD）、交付经理（ISC）三者互通。

铁三角模型其实就是"销售+运营+支撑（物流）"的企业一线核心服务能力的组合，可以被复制。铁三角组织是为实际业务流程服务的，这个组织的 3 个角色分别为客户责任人、产品责任人和交付责任人。为了让铁三角模型高效地运行，企业需要授权给各级铁三角一定的事权、财权和人权，在考核上，这 3 个角色有共同的 KPI，从而形成合力。

二、铁三角销售法的实践来源

华为从苏丹代表处的一次失利中吸取教训，重新构建客户营销组织。客户经理负责维护客户关系和推进项目，绝大部分时间他都作为项目主心骨，决定何时做什么、如何把握机会点等；方案经理负责华为的产品和解决方案，协同识别关键机会，组织资源设计出具有客户价值的整体解决方案；交付经理统一负责整体交付，在报价前期及早介入，确保投标方案具备交付性，并在后期签约实施后协调交付，确保按合同时间和品质交付。这是华为第一个铁三角销售团队的雏形。这种团队让三人融为一体，一同见客户、一同办公、一同交付，部门之间的壁垒也在无形中被打破，实现了在面对客户时力出一孔、接口归一。

在苏丹代表处营销流程优化的做法成功后，华为的铁三角销售法在北非地区被推广，效果显著。华为的销售服务部门在进行总结、提炼后，在全球范围内普及铁三角销售法。原来华为的客户经理、方案经理（原称产品经理）、交付经理三者之间是配合合作的关系，现在是铁三角关系，可以更高质量地完成销售项目。客户经理也由单兵作战转变为小团队作战。

铁三角销售团队是华为销售一线最小的作战单元，也是最小的经营单元。

三、铁三角销售法的流程变革

所有不基于流程优化的变革都是"无效的游戏"。理念不能当饭吃，最终需要通过流程优化、流程固化来确保企业的战略得到准确实施。华为要构建聚焦于客户需求的铁三角组织。

LTC（Leads to Cash，从线索到现金）流程就是从发现销售线索和机会点至完成交付和回款的全过程，也是从管理线索到管理机会点，再到管理合同执行的全业务流程。LTC流程变革实现了流程集成、高效决策、及时供给、数据准确和能力到位。LTC流程让客户更满意、财务更健康、运营更高效，提升了铁三角销售团队的作战能力。

四、铁三角销售法中的角色定位

客户经理的4个定位：销售项目的主导者、客户关系建立和维护者、全流程交易质量的责任者、客户群规划的制定和执行者。

方案经理的5个定位：市场规划和计划预测者、机会点和布局管理者、产品与解决方案制定者、品牌营销和项目拓展责任者、产品盈利和现金流守护者。

交付经理的5个定位：项目交付团队领导者、交付环境和氛围营造者、项目质量客户满意责任者、交付项目风险管理者、项目交付策略和方案制定者。

五、铁三角销售法的薪酬激励

铁三角销售法的一个重要做法是根据收入和回款，基于目标制定奖金包，而不是让客户经理、方案经理、交付经理从各自的职能部门拿提成。为何要制定统一的奖金包？因为订单拿不下来，大家会相互帮助，而不是拆台或埋怨，即铁三角是利益共同体、利益铁三角。销售部门、产品部门、交付部门、研发部门都是企业的一部分，只有统一对外，才能产生最大的价值。

华为的薪酬政策是以岗定级、以级定薪、人岗匹配、易岗易薪。铁三角销售团队的考核指标包括合同财务、卓越运营、客户满意度3个。合同财务是指收入、利润、现金流和成本的完成情况；卓越运营是指业务、质量、时间及预算合同条款的履行情况；客户满意度是指客户体验、问题解决及客户关系维护的情况等。

其中，客户经理的关键指标是销售收入利润目标达成率、现金流回款目标达成率，以及客户满意度；方案经理的关键指标是销售收入利润达成率、产品收入利润市场份额保障；交付经理的关键指标是收入达成率、成本控制、卓越运营。在对以上3个角色进行考核时，华为采用平衡记分卡方式，关键财务指标占70%、关键举措占20%、团队合作占10%，另外将个人学习与成长作为加分项，考核结果按企业激励和奖励管理办法应用。华为铁三角销售团队中的各角色在各阶段的互动关系如图10.5所示。

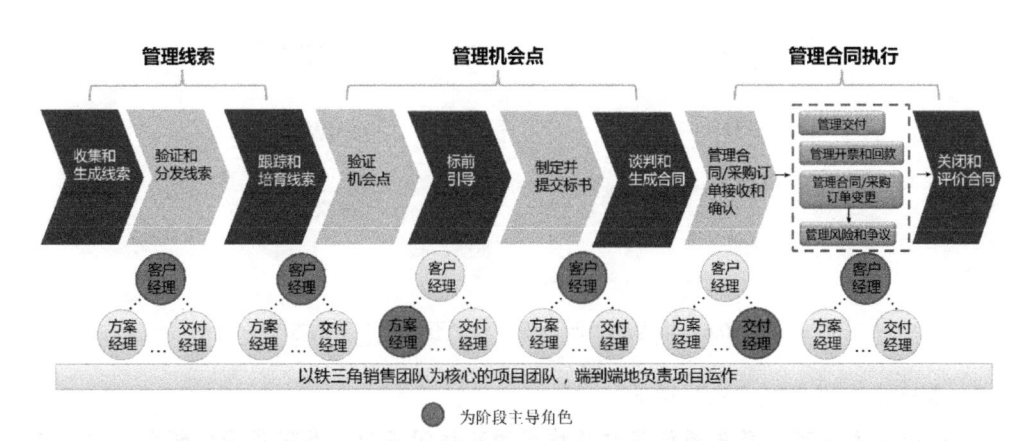

图10.5 华为铁三角销售团队中的各角色在各阶级的互动关系

铁三角销售团队中的3个角色拥有共同的KPI，一荣俱荣，一损俱损。在奖金分配上，不搞销售提成制，而采取奖金包分配模式，形成一个有共同KPI的奖金包，按贡献和利润分配奖金。华为针对难点市场，结合市场难度，对考核指标进行优化。

对铁三角销售团队的奖励属于短期激励，即即时奖励和项目奖励，华为还会设置长期激励，强化铁三角销售团队的长期经营意识和团队合作。

华为的铁三角机制就是合作文化，体现了"胜则举杯相庆，败则拼死相救"的团队精神。

集成供应链管理

> 小贴士

华为大客户营销的"四步骤"和"五纸禅"

商界好比武林,高手如云,不战胜别人,就会被别人击败。华为站在客户的角度,提供以客户为中心的服务,取得客户的领导和各部门的一致认可,最终让客户选择华为作为其智能业务合作伙伴。方案经理至关重要,他是衔接客户经理、助力客户经理的幕后支撑力量。

例如,针对某通信运营商客户,华为设计了"四步骤"和"五纸禅"营销方案,如图10.6所示。

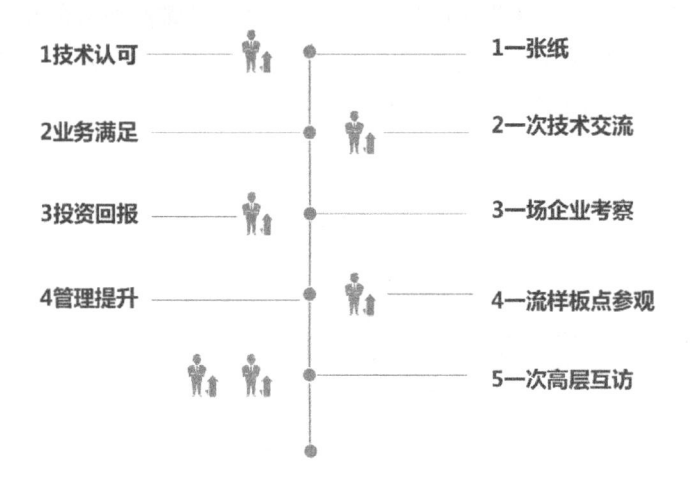

```
1 技术认可              1 一张纸
2 业务满足              2 一次技术交流
3 投资回报              3 一场企业考察
4 管理提升              4 一流样板点参观
                      5 一次高层互访
```

图10.6 华为的"四步骤"和"五纸禅"营销方案

华为营销的"四步骤"如下。

一是技术认可。首先邀请客户的技术团队访问华为,参观华为的研发中心,与研发团队进行技术交流,推出运营商组网、安装、测试和放号技术方案,获取客户对智能网技术方案的认可。

二是业务满足。与客户的市场部门、运维部门交流,为客户提供放号保障、快速运营、项目收益商业计划书。

三是投资回报。为客户提供综合投资和运营成本分析,并推出预付费业务,助推客户快速做出决策。

四是管理提升。让华为的资深顾问、知名教授和专家为客户进行管理课程培训,提升其企业管理技能。

在具体执行上,华为营销采用"五纸禅"。

一张纸：汇报华为的重大进展、成功案例，与客户共同成长。

一次技术交流：在客户关系取得进展后，提供产品和方案，切中客户的"痛点"。

一场企业考察：邀请重点客户到华为总部进行考察和交流，向其展示华为的研发、制造、物流等实力，并使其与华为高层交流企业管理方法、发展战略及价值主张等。

一流样板点参观：安排客户参观交付的样板点，策划展会和研讨会，增强客户的信心，坚定客户的选择。

一次高层互访：在核心时间节点，促成双方高层的交流和访问，商定关键问题，形成双方一拍即合的局面。这是"让听得见炮声的人呼唤炮火"、让老板为项目打工的表现；也是华为的铁三角销售团队用好线索管理，让每个节点都为客户创造价值的表现。

华为还精心设计了"新丝绸之路"的商业参访路线，让客户参观北京、上海、深圳和中国香港地区，感受中国经济和社会的转型变化，让客户对华为和中国有新的认识。

第11章

华为的供应链物流管理

华为的物流人员给人"四业领先"的深刻印象。

一是专业。专业是一种解决问题的能力。华为在各领域都会安排专业的人员，深入研究某个领域或某项内容，而华为的合同往往是非常专业的。例如，仅一个仓储或物流合同，别的企业的合同往往只有数页，仅涉及相关商务报价及合作要求等，而华为的合同在 100 页以上，对仓储或物流的每一项细致工作都有详细标准和规范评价。华为的合同更像一份企业的物流培训教材，还会对物流相关专业术语给出精准的定义。

二是敬业。敬业是责任心和工作态度问题。华为的员工用心做事，对自己的职业素养有较高的要求。敬业则会爱岗，如产品经理会不断提升自己的需求能力、设计能力和管理能力。敬业可以解决技能的缺陷问题，华为的员工会为了解决某个问题而废寝忘食。

三是勤业。勤业就是对事业勤奋。"业精于勤，荒于嬉"，天道酬勤，勤是职业的首要操守，更是对华为文化的践行。为了企业的利益，华为的员工会深入研究其负责领域的工作，如招标部门的员工针对物流供应商的某项报价，一定会要求物流供应商拆解、再拆解，细致、再细致，还会通过行业对标了解拟合作物流供应商的真实成本，为华为争取最大、最合适的利润空间。

四是乐业。乐业就是乐于自己的事业。在合作过程中，华为的员工会让合作方感受到华为的正能量，学习华为的企业文化。华为的员工从尽职尽责到精业乐业，逐步走向卓越。

78 华为如何应对"断供"

2019 年 5 月，美国将华为列入"实体清单"，规定相关供应商不得为华为供应原材料及配件，也就是"断供"。华为面临美国技术企业和软件企业的全面封锁——为华为提供元器件的 30 多家美国企业被要求全面"断供"，英特尔、高通、赛灵思和博通等暂停为华为供应产品，伟创力全球工厂停止与华为的一切合作，华为通过联邦快递寄递的快递遭遇拦截而导致投递异常，芯片设计企业 ARM 停止与华为合作……

一时之间，山雨欲来。此时华为的供应链管理部门快速行动，想办法摆脱对美国核心部件的依赖。华为为了自救而进入战时状态，打响舆论、技术和供应三大战役：在舆论方面，任正非在短短一个月内数次面对媒体；在技术方面，在华为开发者大会上，华为发布分布式独立操作系统鸿蒙；在供应方面，在 2018 年的"中兴事件"后，华为就开始做足供应备货准备，清醒地认识到下一个被打击的对象可能是自己。

为了保供，华为还在企业内部建立供应连续工作组，组织供应链和研发等保供部门的骨干，解决华为如何应对"断供"的问题。

首先是做好战略储备。华为针对关键物料和战略物料进行全面战略储备。在芯片方面，网络和终端储备了 1 年用量的芯片和关键零部件，触控面板和液晶显示器等器件储备得更多，部分核心元器件储备了 1～2 年的用量。

其次是启动"备胎计划"。例如，海思是华为在假想美国所有的先进芯片和技术都不能使用时提前数年准备的应急战略，在这一刻全部转正，为华为提供自主操作系统、自主芯片，并与国内供应商加强合作等。

最后是加强自主协同。华为强化自主和外包，将核心芯片等知识产权牢牢握在自己手中；而对于非战略领域，坚决实施外包，在产业链上做好协同，加强与战略供应商的合作。对于华为自主研发的新技术、新产品，华为产品会优先使用，以便建立全球级的供应链和物流服务。

经"断供"一战，华为从受人尊敬的企业向伟大的企业转变，华为供应链也从企业供应链向全球级供应链演变。

79 华为的国内外仓储供应链如何布局

（1）华为供应链物流的分类。2010 年之后，华为将供应链物流根据服务对象分为两部分：一是面向客户交付的销售物流，如运输、进出口和全球供应网络 HUB；二是面向制造端的生产物流，定位于服务制造。

（2）华为供应商物流的智能升级。华为供应商物流逐步从自动物流向智慧物流升级。智慧物流通过智能软件、大数据、物联网等智慧化技术和手段，提高物流智能分析决策和智能执行的能力，实现整体物流系统的智能化和自动化水平，其中自动化系统包括自动识别系统、自动分拣系统、自动检测系统、自动存取系统、自动跟踪系统等，帮助企业实现自动化作业及管理。

（3）华为对物流供应商资质的要求。华为对物流供应商资质的要求包括：① 具备快递配送及仓储营业资质；② 通过 ISO 9001 质量管理体系认证；③ 具备企业内部质量管控体系，具有质量问题分析、改进，以及优化管理的能力；④ 未经同意严禁以任何理由带第三方人员参观；⑤ 具备 3C 类电商或者其他物流仓储运营经验；⑥ 设立独立的华为物流团队和人员；⑦ 承诺遵守国家有关环保、健康和安全的法律法规；⑧ 在信息披露、人员安全保护、环境防护等方面符合华为对物流供应商的要求。

（4）华为供应链物流的全球交付网络。华为在 2018 年就已建立起全球交付供应链网络，其中供应中心有 5 个、采购中心有 5 个、国家 HUB（中转仓）仓储有 6 个。华为与 LSP 合作，为电信工程商和消费者提供物流配送服务。

（5）华为供应链物流的国内仓储布局。华为的发货起运地主要有 11 个：北京、上海、成都、武汉、东莞、西安、长春、长沙、合肥、惠州、桂林，其中 2B 小件的起运地主要是荣耀自有仓库、荣耀直发仓，以及逆向场景下的消费者、服务网点、荣耀 2B 客户仓库、荣耀门店、电商仓/京东仓、东莞仓/深圳仓等。配送对象包括消费者、华为门店、客户仓、荣耀仓、服务网点等。目前，荣耀在从华为剥离后，基本上还沿用华为的物流生产和管理体系，只是在物流地点上做了区隔。

（6）华为供应链物流的仓储分类。华为供应链物流的仓储分类如下：① 源头仓（布局特点：在生产工厂周边）；② 总分仓（布局特点：在区域核心城市）；③ 前置仓（布局特点：城市分点布局）；④ 临时仓（布局特点：按照客户需求，针对快递、快运定制运输服务）。其中，前 3 种仓储针对个人消费者及门店，最后一种仓储针对特殊客户、门店和个人消费者。

80 华为的供应链物流服务及管理

一、华为的供应链物流服务

（1）服务分类。华为的国内小件配送项目包括 3 类：电商件、备件和 2B 小件配送项目。

（2）服务项目。华为供应链物流为客户提供的增值服务包括地址变更、贵品特安、VIP 配送、定时配送、B2B 入仓送货、电商与备件及 2B 业务全国一口价、2B 小件个性化签收、极效前置、同城配送、极速配送、尊享达等。

（3）特殊服务。① 密码投递服务，这是在投递邮件前，由 PDA（Personal Digital Assistant，掌上电脑）向预留的收件人手机发送短信密码，收件人将收到的短信密码出示给投递员，投递员在校验密码成功后，方可将邮件投递给收件人的一项增值服务。② 特安服务，是指物流企业针对内件价值较大或者有特殊安全保障需要的物品，在现有运力承运、收寄、分拣、运输、投递符合标准操作流程的基础上，进行相应的特殊操作，使其安全性更高的寄递服务。③ 隐私面单服务，是指在快递面单上显示收件人电话的二维码或者虚拟号码，杜绝运输过程中（揽件、运输、分拣、投递等环节）泄露客户隐私的有偿通信服务。④ 返单业务，包括实物返单业务和电子返单业务。

二、华为的供应链物流管理指标

☑ 相关考核指标

第一，时效要求。电商配送时效的考核起点为仓库的发运时间，考核终点为客户签收时间。考核指标包括 4 项：标准时效达成率、Top 城市当日达达成率、全网次日达达成率、超期订单比例。

第二，质量要求。质量方面的考核指标包括 3 项：出险率、物流 NSS（Network Security Services，网络安全服务）、客户投诉率（简称客诉率）。

第三，供应商还须具备全链路可视化的监控、预警、管理和回溯能力。

☑ 相关 KPI

不同领域的配送服务的相关 KPI 不同，如在备件配送方面采取 100 分制，包括质量 40 分、交付 30 分、关键事件 20 分、其他 10 分。例如，在电商配送方面，配送时效达成率占 35 分、Top100 城市次日达比例占 20 分、及时提货率占 5 分、出险率占 10 分、物流 NSS 占 10 分、客户投诉率占 20 分，另外还有加分项和扣分项。华为根据合计分数，评定供应商配送等级，相关标准要求如下：A≥85 分；70 分≤B＜85 分；60 分≤C＜70 分；D＜60 分。

三、华为对物流供应商的商务要求

（1）对物流供应商报价的要求。华为要求各物流供应商的资费报价中需包含从项目起运地到目的地之间的提货、装卸、运输、中转、预约、VIP 配送（含保密配送）、定时配送、逆向、贵品特安、店间调拨、仓间调拨、门店配送至消费者、电商发票配送等服务的费用，以及为保障货物及时、完整交付的配套服务的费用。

（2）对物流供应商试用的要求。华为对于新中标的物流供应商，一般会设置 3 个月的试用期。在这一期间，华为使用该物流供应商的合同的资费价格，并对该物流供应商进行相关考核，当考核结果为 B 及 B 以上时，视该物流供应商为合格的物流供应商。对于不合格的物流供应商，华为有权延长试用期或调整中标的结果。在试用期，华为的原中标物流供应商有义务按照原协议的价格继续承接业务，直到新中标的物流供应商准备就绪为止。

（3）对物流供应商技术的要求。物流供应商须接受华为的系统对接要求，并在物流配送业务上线前完成相关的系统研发、对接、联调测试工作。物流供应商须接受华为的工艺技术要求，并在物流配送业务上线前完成适配工作。

（4）对配送服务的要求。华为的物流供应商需要提供 24 小时×365 天和覆盖中标区域的全境配送服务；提供 12 小时×365 天的对接华为的售后客服服务；对于客诉类问题，要在 0.5 小时内响应，在 8 小时内完成客诉问题的申诉。针对节日大促、新品上市期等需求波动的期间，华为要求物流供应商具备足够的服务弹性，以确保配送时效同比不恶化。

（5）对交付异常的要求。物流供应商须接受华为对于交付异常的界定标准，须配合华为核实并澄清由超期、丢件、货损、货差、错派等原因导致的实物或者客户体验的损失，同时承担相应的赔偿责任。对于延误快件，物流供应商要进行延误环节的切片分析，避免同样的问题再次发生。

（6）对项目组的要求。物流供应商须针对华为项目成立项目组，其人员配置要符合华为的相关要求，明确问题升级管理机制和项目责任主体。项目组成员包括供应商运营总监、项目经理、方案经理、网络运营人员、客服人员、流程工艺人员、IT 支撑人员和组织绩效支撑人员等。

（7）对例行沟通机制的要求。华为的例行沟通机制包括日报、电话会议、现场会议等。

81　华为的仓储管理范围

华为的供应链物流经过数代自动化物流中心的建设和升级，目前已进入智慧物流和数字化仓储的阶段。坂田自动物流中心是华为的第一个自动物流中心，面积约 1.7 万平方米，作为华为的中级库房（也是一级库房），用于存储华为从全球采购的原材料，如 PCB、电缆、元器件等。该物流中心建立了自动化立体仓库，具备自动仓储系统、自动分拣和输送系统，以及条码识别等现代物流系统，在仓储管理系统的指挥下，实现原材料入库、分拣、存储和出库。

2012 年，占地 2.5 万平方米的松山湖自动物流中心建成了。松山湖自动物流中心大大提升了物流各环节的协同运作效率，分为栈板存储区、货到人拣选区、料箱存储区、高频物料拣选区、集货区等，实现了业务可视及决策智能；通过射频技术、电子标签拣货系统、货到人挑选和旋转式传送带等先进的技术，实现了物料接收、存储、齐套、挑选和配送一体化服务。这里也是华为物流的样板基地。华为目前还在不断提升智慧物流和数字化项目，构建更加安全、高效、实时可视、按需交付的智慧物流服务体系。

华为的仓储管理范围包括入库管理、库存管理、出库管理、盘点管理、逆向管理、目视管理6项。

（1）入库管理。入库管理是指物流供应商根据华为的入库指令，制订收货计划，组织货物卸货、清点、检查、搬运和上架，并记录货位的全过程。其中涉及信息的操作有信息接收、单据制作、实物入库、系统录入等，实物业务流程有卸货收货交接、物料接收、实物上架等。

（2）库存管理。库存管理包括货位与物料库龄管理、质量故障品的隔离、高中低频分类管理、账务相符管理、库存异常问题反馈、库存数据报表制作等。其中实物业务流程有货位划分、实物移动、调拨转运等。

（3）出存管理。出库管理是指物流供应商根据华为的出库指令，组织货物拣料、二次包装、货位记录、扫描复核、拍照存档的全部过程。其中涉及信息的操作有信息接收、单据制作、实物出库、信息录入等，实物业务流程有物料分拣、理货包装、发货等。

（4）盘点管理。盘点管理是指定期对库存产品的实际数量进行清查和清点的相关作业，用于掌握产品的流动情况（入库、在库、出库），对库存产品的实际数量与库存管理系统进行核对，准确掌握库存数量。盘点分为日、周、月、季、半年（年度）盘点，第三方现场稽查盘点，循环盘点，异动盘点等。

（5）逆向管理。在逆向管理中，物流供应商需要提供封闭办公场所，用于质检被退回的产品。

（6）目视管理。目视管理在仓储目视方面，作为华为辅助管理的重要内容。华为针对仓储服务有明确的物流工艺标准要求和物流新技术、新工具应用要求。华为目视管理中的标识如图11.1所示。

1 功能区标识	2 管理标识	3 引导标识	4 警示标识	5 定置标识
用于区分仓库内各独立的功能区，如收货区、高频区、存储区、发货区、危险品区、高架库区、隔离区、高价值区和报废区等标识	用于仓库内的辅助管理，如管理理念宣传、功能区划分、8S责任及责任卡、操作规范、访客制度、应急流程、逃生通道图、LAYOUT（布局）流程图、组织架构图等	用于仓库内目的地的导向，如办公室、会议室、茶水间、值班室、卫生间等标识	用于宣传、警示安全，如宣传安全第一等标识	用于仓库内对区域、工具、设备等定置定位，如通道、库位、高架库巷道、普通库区、废品区、人行道、开关门、消防警示，以及工具设备定置定位等标识

图11.1 华为目视管理中的标识

82 华为的供应链物流的组成及管理目标

华为的供应链物流包括两个部分。

一是面向客户交付的销售物流。销售物流归属于物流部门，负责运输管理、进出口，以及海外物流节点 HUB 管理，将产品快速运输至客户指定的交货地。

二是面向制造端的生产物流。生产物流归属于物料配送部门，负责收/存/发的仓储管理、收货/发货管理和自动物流中心的管理等，实现将企业内部物料快速集结至各生产线。

华为的供应链物流管理的目标是不断缩短物流运作周期。一方面，华为要改善供应商至华为这一段的物流运输，减少迂回，实现原材料直发生产线。原材料直发是指使物料不经过中央仓库，直接从供应商处运输到华为自制生产线及 EMS 外包工厂，一般应用在包材、电源电池、结构件等体积大、金额不高的物料上，可以缩短物流运作周期。另一方面，华为要改善制造到客户这一段物流，砍掉或减少成品仓储环节，实现成品下线后即发货，实现成品直提（或称工厂直发），即在工厂完成生产加工和包装后，将成品直接运输到客户指定的地址，而不经过成品仓，可减少成品暂存或存储时间。

华为还借鉴丰田的生产方式，建立"仓储线边超市"，即在生产线旁边为物流提供专用的场地。"仓储线边超市"中的每件产品的位置都是固定的。

华为在成品网、备件网和制造网等方面均存在物流需求，具体包括入厂物流、成品零担运输、整车运输、大屏重件运输、电商仓配、售后备配件等物流需求。华为自建或合作建设了自动化仓、区域融合仓等。

83 华为的供应链物流管理有何原则和特点

一、华为的供应链物流管理的 3 个遵循

（1）服务："深淘滩，低作堰。"李冰父子在都江堰水利工程上的治水名言被任正非用在企业管理上。"深淘滩"是指企业要充分发挥内部潜力，不断降低内部运作成本，增强为客户提供服务和产品价值的能力；"低作堰"是指企业要适当降低所获利润，在合作过程中要让利于客户和上游供应商。华为只有加强上下游供应链、产业链的联系，才能谋求更加稳定、安全的企业生存环境。

（2）竞争："物竞天择，适者生存。"企业的首要目标是"活下来"，这正如朱元璋的谋士给他提的 9 字建议"高筑墙，广积粮，缓称王"，即要做好战略准备，应对未知的残酷竞争。华为内部有句流行语"领先半步是先进，领先 3 步成先烈"，这说

明过度创新有时会带来危害，要站在巨人的肩膀上进行二次创新，避免走弯路。企业在突破自我时，一定要把旧优势转化成企业的新优势。企业在创新后，还要敢于放弃既得利益，敢于推翻自己。

（3）目标："为客户服务是华为存在的唯一理由。"2001年7月，在《华为人》的内刊上有一篇文章引起任正非的注意，任正非将文章题目《为客户服务是华为存在的理由》改为《为客户服务是华为存在的唯一理由》。任正非认为，没了客户，华为就没有存在的价值和理由，华为就是为客户而存在的，所以是唯一的理由。这一理念既是华为的核心价值观，又是华为的供应链物流长期发展需要坚守的理念。

二、华为的供应链物流管理的7R原则

华为的供应链物流管理的7R原则即合适的质量（Right Quality）、合适的数量（Right Quantity）、合适的时间（Right Time）、合适的地点（Right Place）、合适的形象（Right Impression）、合适的价格（Right Price）、合适的产品（Right Product）。华为的物流部门需要符合3个要求，即账实一致、授权操作及标准化。

（1）账实一致。账实一致就是账实相符，要求物流的系统账、实物数量和卡片记录均保持一致，并且动态一致。其衡量指标是库存准确率。通过在物流过程中的合理摆放、条码过栈、数字采集，可实现入库准确、物流账实一致。

（2）授权操作。物流的任何操作都须来自订单和计划指令，实现信息流和实物流统一，要避免擅自行动和监守自盗现象的发生。

（3）标准化。这和产品通用化设计原则类似，物流部门要选择标准化容器、最短路径、通用设备，实现物流的高效运作和合理运营，畅通物流的价值链。

三、华为的供应链物流管理的关键事件奖惩规则

华为对触及"业务红线"和相关违规罚则的，给予专项处罚。华为对违背企业基本的职业道德，触及华为业务管理的"高压线"，对华为的物流业务和安全造成重大风险及严重后果，经过华为调查属实的，除按合同规定令其赔偿华为的直接损失外，还会针对每起事故额外给予专项处罚（罚款1000~20 000元），以示警醒。

华为制定关键事件奖惩规则，针对人员管理不到位、场地硬件不合格、自然灾害应对不力、消防安全不达标、合规工作不到位、保密工作执行不到位等问题，给予一次性处罚（罚款30 000~100 000元）。

84 华为的物流配送服务包括哪 5 项

华为的物流配送服务包括正向业务、逆向业务、仓间调拨、配送评价、信息与安全 5 项。

（1）正向业务。正向业务是指物流供应商根据华为的要求提供的从指定提货点到最终消费者或门店的快递配送业务，包括改址、VIP 配送（也称密码投递或保密配送）、定时配送、贵品特安，以及运营和客服工作。每项配送服务都有明确的作业基本要求、输入和输出事项。华为的物流配送一般有省内快递配送、跨省配送、零星快递及物流。

（2）逆向业务。逆向业务是指物流供应商根据华为的操作指导要求提供的从华为的客户到华为指定收件地点的快递配送业务，包括快递、零担、专车等业务。流程包括揽收、中转、运输、配送、POD（Proof of Delivery，签收证明）回传、相应运营与客服等工作。

（3）仓间调拨。仓间调拨是指物流供应商根据华为的操作指导要求提供的华为各仓储之间的零担、专车调拨服务，以及相应的运营和客服工作。调拨货品为良品、不良品或包材。

（4）配送评价。针对配送业务，华为会从时效、质量、客服、交付弹性等方面进行评价。

① 时效方面的评价指标主要包括标准时效达成率、Top 城市次日达达成率、超期订单比例、提货及时率等。

② 质量方面的评价指标主要包括出险率、物流 NSS、客诉率等。

③ 在客服方面，物流供应商应对接华为的客服需求，提供 12 小时×365 天的客户服务。

④ 在交付弹性方面，在大促活动、新品上市等特殊时段，物流供应商要具备充足的产能弹性，在配送上也要具备可扩展性，确保时效不会大幅降低。

（5）信息与安全。华为要求物流供应商在信息、安全（包括仓储及配送安全、货物安全）和交付异常等方面建立保障机制。在信息方面，物流供应商要做到与华为中台的 EDI 对接，实现订单和运单的实时物流轨迹在途可视，并及时推送物流节点的流水信息。物流节点包括揽收、在途、预约、转寄、签收、拒收、丢失等。在仓储及配送安全方面，华为对周边安全、库内安全、监控系统、出入控制、员工管理、货物安全等方面都做出明确要求；针对货物安全，如货物丢失、包装变形、货物受潮、运输车辆自燃等情况，物流供应商要有保障方案，降低货损率。在交付异常方面，物流供应商要对超期、货损、丢件、错派、货差、客户投诉等承担相应的责任。

85 华为的物流有何新技术和质量管理体系

一、华为的物流新技术

华为及物流供应商根据对仓储配送业务的理解,以及业内的最佳实践,适配和采用仓储和配送的技术与工具,引入和应用物流新技术、改进物流工艺、进行精益作业等,实现物流效率和物流质量的提升,从而降低物流成本。

物流新技术包括电子标签、移动工具、物流可视化技术、大数据分析等。

物流新工具包括自动分拣设备、重力货架、自动传送设备、AGV 自动拣货设备、自动称重设备、自动打包封装设备等。

二、华为的物流质量管理体系

华为从以下 3 个方面建立物流质量管理体系,提升物流质量文化和物流质量意识。

一是实现物流质量过程管理:推动质量改善从生产后端拦截,向前端提前预防和后端拦截并重转变。

二是实施物流质量持续改进:开展物流零缺陷样板线、8S、小改进、合理化建议等物流质量持续改进活动,落实质量优化战略,开展质量激励(包括负向激励、质量奖、非物质激励等)。

三是建立物流质量培训体系:建立完整的物流质量培训体系,建立培训牵引机制、讲师资源池,进行 IT 系统支持培训、资源管理等。

> **小贴士**
>
> **华为物流相关指标的英文解释**
>
> 1. MPA,是指《采购主协议》(Master Purchase Agreement)。在无 MPA 情况下签署的协议称为其他协议。
> 2. LSP,是指物流承运商(Logistics Service Provider)。
> 3. RFP,是指需求方案说明书(Request for Proposal)。
> 4. RFQ,是指询价单(Request for Quotation),也称报价请求。
> 5. RIA,是指循环存货审计(Rotating Inventory Audit)。
> 6. RIC,是指循环存货盘点(Rotating Inventory Counts)。
> 7. HTM,是指公路运输管理系统(Highway Transportation Management Systems)。
> 8. POD,是指签收证明(Proof of Delivery)。华为针对中国境内的配送,实现密码投递,要求在针对自管店签收时,快递企业需要向收件人索要验证码,验证码

正确方可进行签收。当收件人无法提供验证码或验证通过不了时，快递企业须与华为的物流部门对接，取得新的收货人及电话信息。

9. 集中付款日（Centralized Payment Date），是指财务部门每月对供应商集中付款的日期。

10. LOA，是指中标通知书（Letter of Offer and Acceptance），是招标单位向供应商开具的，通知其已中标的文件。

11. 合约年（Contract Year），是指从项目的中标书确认的生效日期起，以365天为一个循环年度周期。

12. 库存差异（Storage Difference），是指库存盘点的实物数据和仓储系统的数据不一致，存在数量差异。

13. SRM，是指供应商关系管理系统（Supplier Relationship Management System）。

14. CWMS，是指消费者仓库管理系统（Consumer Warehouse Management System）。

15. NOI，是指索赔通知书（Notification of Indemnity）。

16. SOW，是指工作说明书（Statement of Work）或业务场景，是对所需提供产品或服务的叙述性描述。

17. SOP，是指标准作业流程（Standard Operation Procedure）。

18. BCP，是指应急保障机制（Business Continuity Plan），也称业务持续性计划。

19. SCAR，是指供应改善报告（Supplier Corrective Action Request）。

20. PO，是指采购订单（Purchase Order），是客户下给供应商的。

21. BOM，是指物料清单（Bill of Material）。

22. JIT生产，是指准时制（Just in Time）生产。

23. VMI，是指供应商管理库存（Vendor Manage Inventory），即原材料属于供应商，并由供应商管理维修与作业耗材。

24. PPA，是指项目采购合同（Procurement Planning Agreement）。

25. 8S，是指整理（Sort）、整顿（Straighten）、清扫（Sweep）、清洁（Sanitary）、素养（Sentiment）、安全（Safety）、节约（Save）和学习（Study）。

26. DC，是指配送中心（Distribution Centre），它是接受供应商提供的大量货物，并实现存储、分拣、配送、信息处理等操作，完成将货物交付给客户的任务的组织和物流设施。例如，北京DC就是北京配送中心。

27. 补偿协议（Indemnity Agreement），也称赔偿协议。

28. CNY，是指人民币（China Yuan），是ISO分配给中国的币种表示符号，也有的简写为RMB¥，标准货币符号应为CNY。它是国际贸易中人民币元的唯一规范符号。一般银行多用CNY，国内企业的内部会计多用RMB¥。

29. 2D18，是指在揽收取件后，在第二天18:00前完成配送工作。同理，3D12就是在第三天12:00前完成配送工作。

第12章

华为的数字化供应链

86　华为的数字化转型是如何成功的？有哪5个阶段

数据已成为一家企业的战略资产，数据质量是企业内控的基础。伴随第四次工业革命的到来，数字化运营已成为当今企业普遍使用的商业模式。其本质是以大数据作为处理对象，以ICT平台作为生产工具，以软件系统作为载体，以服务作为目的的生产过程。数字化运营将让产品、体验和成本做到最优，华为作为全球通信行业的领军企业，在数字化建设和应用上也有独到之处。

一、华为进行数字化转型的原因

华为作为业务涵盖研发、制造、营销、供应、服务、采购等多领域的非数字原生企业，在信息化时代建立了大量独立封闭式IT系统，一类业务，一个IT系统，一个数据库，就像一个个数据孤岛，存在语言不统一、数据不贯通、数据重复录入、数据不一致等现象，这严重制约了企业运营效率的全面提升和效益改进。华为亟须进行数字化转型、数字化供应链改造。

数字化转型被归纳为"感知、连接、智能"6个字，通过对业务对象、业务过程和业务规划的全面数字化，实现物理和数字世界完整且有效的"感知"映射，将各种离散的数据"连接"成一个有机整体，并在此基础上加入大数据和高级模型算法等"智能"管理和决策能力。

二、华为进行数字化转型的方法

华为首先通过技术手段，以感知能力对业务数据进行自动采集；然后将现有各独立的数据库中的数据按标准汇聚并连接，解决数据孤岛问题；最后进行数据治理。华为关注数字化转型为客户解决了什么问题、客户需要什么、客户关心什么问题、业务战略拟解决什么业务问题、变革规划和持续架构是怎样的。数字化转型将是企业的长久之策。数字化转型需要业务和技术双轮驱动，双轮的轴就是数据，通过数字化，实现华为拟打造的万物互联的智能世界。

（1）建立数据底座，这成为华为进行数字化转型的"压舱石"。2017年10月，华为的统一数据底座建设开始立项启动，首先进行数据底座平台的建设，这个底座将支撑全球170多个国家和地区的差异化运营，支撑华为各BG的海量交易和分析，并驱动交付、供应和财经各领域的在线、远程或集中运营转型，也有助于华为快速应对美国的极限施压。

（2）对象、过程、规则这3个领域数字化的基本原则。通过IT工具和人工智能的叠加，实现从原来人拉肩扛到现在线下线上高效协同的转变，创造价值。

（3）推广数字化经验，为国内企业的数字化"充电赋能"。华为从典型的非数字原生企业（阿里巴巴、腾讯、百度等为数字原生企业），借用自身的"华为云"优势，成功进化为数字企业，并取得较长足的发展，其数字化经验更具学习和借鉴价值，更能帮助各行业的企业真正实现数字化转型，避免踩坑。

三、华为数智化的5个阶段

第一阶段：IT信息化（1987—1997年）。此时华为的IT系统以办公软件和供应链MRPⅡ为主。

第二阶段：IT集中化（1998—2003年）。此时华为的IT系统从分散走向集中，引入IPD和ISC，这几年的信息化和集中化让华为脱胎换骨。

第三阶段：IT全球化（2004—2012年）。随着业务全球化，华为的IT系统也从国内走向全球，在100多个国家上线ERP系统、OA（Office Automation，办公自动化）系统等。

第四阶段：数字化（2013—2016年）。为支撑内部运营和对外业务创新，华为提出IT 2.0，提供开放平台，实现现金流、物流和信息流的透明可视化管理，实现合作伙伴的数据共享和协同，实现全球联合作战。

第五阶段：数智化（2017年至今）。在数字化转型的基础上，华为在研发、销售服务和供应等领域全面实现ROADS[实时（Real-time）、按需（On-demand）、自助（DIY）、全在线（All-online）、社交化（Social）]体验，将数字化向数智化升级，不断探索和引入云技术、人工智能和大数据，迈向更加智慧化的世界。

华为每年都将部分资金用于IT系统研发。截至2012年，华为在我国深圳建立了数据中心，在我国南京建立了备份数据中心，在欧洲及亚洲国家和地区、美国建立了8个子数据中心。

87 华为的数字化供应链是怎样的

华为在 2005 年推进全球供应链变革时，必须有一个数字化供应链来支撑其业务增长，并打通其与各子公司的采购、供应、服务、财务等各环节。华为采取先易后难、复制推广的方法，让各地从 5 个套餐式方案中选择一个。经过一年多的时间，华为在 100 多个国家和地区成功上线 ERP 系统，开启了数字化供应链的第一步。在上线并推行 ERP 系统后，经过多番论证，华为决定对部分特殊国家增加适配性，实施一主一辅 ERP 系统架构："主"是全球 ERP 主系统，"辅"是另外独立安装一个能满足特殊国情需要的 ERP 系统，通过后端加以集成，这也是华为的"灰度哲学"在数字化领域的实际应用。

华为在数字化转型中注重"三力"（战略力、数字领导力和变革力），做到"三驱动"（流程驱动、数据驱动和智能驱动）。华为的数字化供应链和企业的数字化转型，不仅关乎企业的未来，还和企业产业链、供应链的上下游密切相关。企业的数字化供应链改造是一个系统工程，各环节和各层次能够同步推进当然最理想，但往往不太现实，让某些环节先行或者在某一层面重点发力，也可以取得较好的效果。

一、华为的数字化供应链的特征

数字化供应链是具备连接、在线、共享和智能四大特征的供应链。其中在线是指业务在线和组织在线。为方便组织沟通，华为实施了"One HUAWEI"的协同办公数字化项目，让华为的全球组织在线。华为在管理上的变革就是典型的数字化转型工程。

进行数字化转型必须坚持长期主义。数字化转型需要从端到端的流程化变革和企业业务在线开始。流程化变革的目标是"多打粮食"和"增加土壤肥力"，不仅要求聚焦于业务、站在端到端的全局视角、与变革紧密结合，还要善于抓主要矛盾和矛盾的主要方面，优先打通主流程，使主干简洁、末端灵活。

华为从业务和技术维度建立了信息安全部门和技术安全部门，强调核心数据资产安全优先、非核心数据资产效率优先，构建防泄密、防攻击、防 IT 特权及安全运营监控"四位一体"的安全环境，实现真正的"攻不进、看不懂、拿不走和赖不掉"。

二、华为的数字化供应链的 5 个满足

一是满足业务增长管理需求。华为在全球范围内实现了一体化的业务数字化平台建设。华为在 2005 年推出 ERP 时年销售收入仅为 838 亿元，在 2020 年时突破 8000 亿元，如果没有数字化供应链的支撑，那么企业的供应链将会乱作怎样？华为

的全球人员调动频繁，只有依靠统一的供应链管理系统，才能提高效率、减少人员对环境的适应时间。

二是满足复杂流程管理需求。华为 IPD 流程经过 20 多年的持续优化，已从 1999 年的 V1.0 升级至 2021 年的 V11.0，流程成熟度也从 1.5 分升级至 3.6 分（10 分制，3.5 分是华为认可的变革成功门槛）。

三是满足全球财务管理需求。华为的 IFS 变革是数字化最关键的项目之一。2007—2009 年，华为在 IBM 的指导下，完成全球集中支付中心（深圳）和全球七大财务共享服务中心（后并为 6 个）的建设，实现统一规范的 7 天×24 小时循环结账模式，使其全球 259 家子公司可以按照本地会计准则、中国和国际会计准则出具 3 种会计准则下的财务报告，支撑全球财务核算和经营。

四是满足全球供应链交付需求。华为后期在全球设立五大供应服务中心，保证在客户订单确认后两周内及时供货。

五是满足华为全球研发需求。华为在全球有多个研发中心和联合研发创新中心，共享对象从"物"到"人"，构建了平台化共享服务。最终，华为的数字化供应链实现了华为的全球平台化共享服务，打造了企业的数字化"护城河"。

三、华为供应链 IT 系统的 5 个端

华为供应链 IT 系统以 ERP 作为基础 IT 系统，结合专项系统集成。华为供应链 IT 系统的框架示意图如图 12.1 所示。

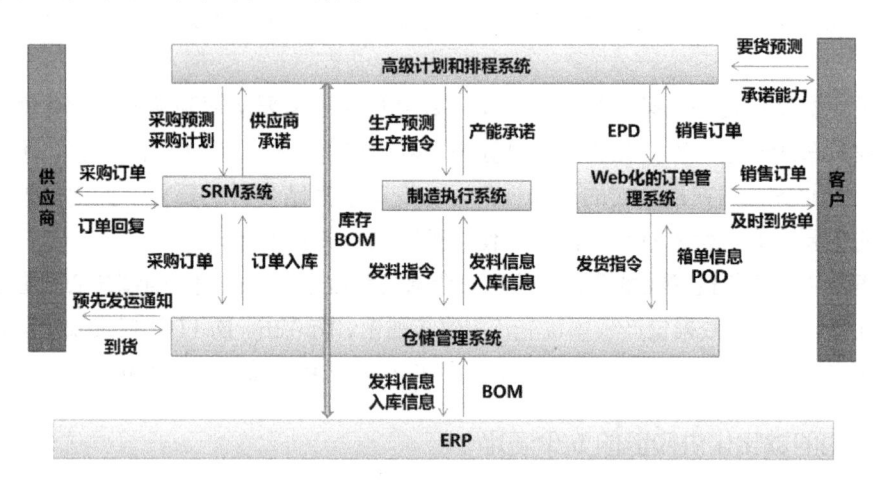

图 12.1 华为供应链 IT 系统的框架示意图

华为认识到，供应链业务和 IT 不是"两张皮"，IT 研发过程要和业务同步且高

度协同。华为供应链IT实行产品化管理，尽量标准化、通用化、模块化、数字化、自动化，并且快速迭代。华为通过流程先行，以流程打通价值链，再将流程最佳实践落地到IT系统上，避免出现数据孤岛。

华为供应链IT系统的5个端如下。

一是计划端：采用高级计划和排程系统，实现预测、计划、排产。

二是订单端：自行研发Web化的订单管理系统，管理销售订单信息和发货指令。

三是采购端：用SRM系统对供应商的预测、预先发运通知和采购订单等信息进行交互，管理供应商的相关信息。

四是制造端：采用制造执行系统，管理产能承诺、基础数据及工程能力。

五是物流端：引进仓储管理系统，打通原材料到成品发货这一段的库存BOM、出入库、及时到货单发货、POD等。

四、华为的数字化供应链重构未来

华为认为，未来凡是能够成功的企业，都将是数字化的企业。华为是非数字原生企业，但数字化转型极大地提升了其企业管理能力。数字化将进一步提升效益，降低成本，构建企业的长期竞争优势。华为通过业务流程场景智能化，让华为的供应链做到"能感知、会思考、可执行、能进化"，实现供应链的数字化和智能化。

万物互联的智能时代即将来临，"物联网+人工智能"将进一步推动华为的数字化供应链场景升级，数字化只有起点，没有终点，因此企业要有足够的耐心。华为的数字化供应链从本土化到国际化，再到全球化，流程化、数字化和智能化是其创新和变革的重要引擎。华为的数字化供应链要不断改良、优化、转型和升级，实现超越，最终成为行业领先者。

88 华为和思科的数字化知识产权的竞争情况怎样

思科在2002年就将华为定义为其在全球范围内的第四代对手，而当时的美国通信设备市场也早已被本土企业（如思科等）瓜分。2003年1月，思科对华为提起诉讼，指控华为非法复制其知识产权。2004年7月，双方和解。

在这一年多的时间内，中外知识产权纷争不断，多数以中方失利告终，而华为与思科的和解让中国企业看到希望，增强了中国企业在海外竞争的信心。这场官司让华为学会如何尊重他人的知识产权，也学到如何保护自己的知识产权。

这些年，国际知识产权与技术创新领域还出现一个新的时代特征：技术标准专利化。技术标准背后是专利，专利可用于谋取巨大的经济利益，技术标准和专利捆绑是当前国际技术标准发展的新趋势。一些发达国家的国际企业将专利推升为行业标准，并获取最大的利益。专利成为国际标准，将会影响整个行业。

"一流企业做标准，二流企业做品牌，三流企业做产品"，用来形容通信行业再准确不过。截至 2017 年年底，华为加入了 360 余个标准组织、开源社区及产业联盟，认真参与主流标准的制定、生态圈的建设，推动产业良性发展。知识产权是国际竞争的基本条件，华为与摩托罗拉、爱立信等国际企业博弈，最终都是双方和解。在 3G 通信领域，中国的 TD-SCDMA 标准就是中国拥有自主知识产权的 3G 标准，并与美国的 CDMA2000、欧洲的 WCDMA 并列称为全球三大 3G 国际标准。而且 2002 年 10 月 30 日，由中国国家三部委联手操办，中国的大唐电信、华为、联想、中兴、中国普天、中国电子、南方高科、华立 8 家通信企业作为首批成员，率先成立 TD-SCDMA 产业联盟。中兴和华为也成为 3G 通信系统的国内最大受益者。

思科起诉华为，为华为上了一节生动的知识产权保护课，而后华为对专利的应用上升到企业战略高度。华为自觉转变，运营自有知识产权，进行全球市场拓展。华为对知识产权的保护和应用越发娴熟，提升了其国际竞争力。

2017 年，华为以 4024 件 PCT 国际专利的优异成绩在 PCT 国际专利申请量排行榜上位居榜首。2018 年，华为在福建省高级人民法院起诉三星交互技术方法专利侵权，成功获赔 8000 万元。国际化就是中国企业适应全新的国际市场规则，从学习、理解、掌握规则到运用和主导规则的过程。国际化也要求中国企业的经营战略和管理体系能够全面与国际惯例接轨。中国企业的基本功是国际化的关键，也是中国企业在与国际企业的竞争中能够经受国际血雨腥风的洗礼而不倒的奥妙所在。

89 华为的鸿蒙操作系统为何建和怎么建

华为十年磨一剑，鸿蒙剑指万物互联。

华为从 2012 年就开始进行鸿蒙操作系统的自研工作，并且将这一系统定位于面向物联网的操作系统，要高于传统的手机操作系统（iOS、Android 和 MIUI），实现弯道超车。这要求一套系统能够搭载各种物联网硬件设备。经过 10 年的艰苦研发，华为实现了鸿蒙操作系统的升级优化，于 2022 年 7 月正式推出鸿蒙操作系统 3.0 版。该系统支持智慧屏、车机、智能穿戴和手机等终端设备，并且通过分布式的设计理念成长为一款面向物联网全场景的高效操作系统。

☑ **为何要建鸿蒙操作系统**

鸿蒙操作系统是华为出于战略考虑而建立的。如果西方国家在市场白热竞争时，停掉华为的 Android 系统或者 Windows Phone 8 系统，那么华为该怎么办？而若研发出来自己的操作系统，即便稍差，也可以使用，操作系统就像高端芯片一样，只有我们有，才能使我们不缺芯片，所以华为十年磨一剑，开始进行操作系统研发。果然，2019年5月，美国将华为列入"实体清单"，给华为断芯片。华为旗下研发芯片的全资子公司海思"一夜转正"，"备胎计划"发挥了意想不到的关键作用。任正非在2012年就做了充分的准备，当时他就要求加大终端操作系统的研发和使用力度。

☑ 鸿蒙操作系统的建设历程

2012年，华为中央软件研究院正式提出研发分布式操作系统的可行性构想，得到任正非的重视和投入。面对全球市场竞争，华为提前布局了"备胎计划"，鸿蒙操作系统应运而生。2019年5月，分布式操作系统被正式命名为鸿蒙操作系统。2019年8月9日，在华为开发者大会上，华为正式发布首款操作系统鸿蒙OS。鸿蒙操作系统1.0版正式对社会发布，面向建设HMS生态，并且开放HMS的核心服务内容，支持荣耀的智慧屏。2020年9月，华为推出鸿蒙操作系统2.0版，具备全场景生态，有跨设备、极速直达、服务流转、可视可说、隐私安全的新五大能力。截至2021年年底，鸿蒙操作系统2.0版的用户已突破3亿个。2021年9月14日，华为还与国家能源集团合作发布矿鸿操作系统，将鸿蒙操作系统从手机消费领域拓展到工业领域，打造智能矿山。

☑ 鸿蒙操作系统的建设特色

根据华为的产品供应链规划，鸿蒙操作系统将避开与iOS系统和Android系统的硬性竞争，而选择在物联网赛道上发力。鸿蒙操作系统采用微内核系统，拥有更高的安全性和扩展性，并且支持分布式计算，也更加适合物联网设备市场。物联网时代对系统的需求空间更大，软银集团的创始人孙正义预测，到2035年，全球物联网设备的总数量将突破1万亿个。这个市场规模令人瞠目结舌，鸿蒙操作系统将开辟新市场，寻找新空间。华为提出"1+8+N"的智能战略，1代表手机，8代表PC、智慧屏、平板电脑、音箱、手表、眼镜、耳机、车机，N代表摄像头、智能秤、扫地机等相关外围智能设备，覆盖移动办公、影音娱乐、智能家居、运动健康、智慧出行五大领域和场景模式。"1+8+N"的智能战略成为华为5G时代的最强物联网宣言。美的和魅族等国内企业也纷纷宣布自己品牌的家电、手机等产品会使用鸿蒙操作系统。

☑ 鸿蒙操作系统"物联可期"

目前，从智能手机市场来看，物联网的发展势头凶猛。相关数据显示，自2007年全球首部量产的智能手机（苹果手机）问世以来，智能手机的市场销量快速持续增长，复合年均增长率亦超过30%。2016年，智能手机的全球销量峰值近15亿部。

根据中国三大通信运营商的数据，2017 年的手机用户数及物联网连接数量分别是 13.3 亿个和 1.6 亿个，2019 年则分别是 16 亿个和 12.3 亿个，人联网数仅增长了约 20%，但是物联网连接数量增长了近 700%。艾瑞咨询预测，物联网连接数量在全球范围内也将保持高速增长，复合年均增长率在 24%以上。在 PC 时代，微软的 Windows 系统和苹果的 macOS 系统占据了行业 85%的市场份额；在移动互联网时代，Android 系统和 iOS 系统更是占据 99%的市场份额。华为通过鸿蒙操作系统入局物联网时代的操作系统，未来必定大有作为。

华为官方表示，2023 年鸿蒙 OS 的装机量目标是超过 12.3 亿台，这将形成鸿蒙操作系统、iOS 系统和 Android 系统三足鼎立的局面。

90　华为的数字化转型体系是如何搭建的

数字化是以流程数字化为基础的。

一、华为的流程数字化管理的 3 个层级

（1）第一个层级：流程就是业务本身。将现有业务流程进行整理，加上流程视图，就是标准作业流程，用于指导新员工。大多数企业处于这个层级。

（2）第二个层级：流程是业务的最佳路径。流程建设就是流程构建、流程运营和流程优化的循环往复过程，不断进行动态优化。部分优秀企业处于这个层级。

（3）第三个层级：流程是实现业务最佳路径需具备的能力体系。在这个层级，流程是对业务最佳路径的总结。处于这个层级的企业实现了从优秀到卓越。

华为目前处于第三个层级，流程数字化要看流程、看角色、看管理规则、看 IT 支撑。

二、华为的数字化转型面临的四大困局

数字化转型重点解决企业的成本和效率问题，这也是数字化供应链的使命。非数字原生企业占中国企业的多数，特别是大、中型生产企业，它们普遍具有以下特点。这些特点也形成了华为的数字化转型面临的四大困局。

（1）复杂：产业链条长、多业态并存。例如，华为的业务涉及销售、供应、研发、交付、运维等长链条，产品涉及电信基站、CPU、服务器、电脑、耳机、手机等，条块分割和组织分离导致数字化转型的变革困难、复杂度高。

（2）风险高：运营数据交互共享，风险高。非数字原生企业的交易复杂，如华为

的服务对象为运营商、企业、个人消费者，业务遍布100多个国家和地区，数据共享存在风险，特别是生产、销售类的数据。

（3）包袱重：历史问题多，数据复杂。非数字原生企业普遍历史较长，以线下经营为主，经历过信息化，各类ERP软件和IT系统多、包袱重，如华为的主业务有数千个系统模块、百万张物理表和几千万个字段，数据交叉存在于上千个不同的数据库中，链路层次多（部分链路多达22层），如此沉重的包袱使数字化转型困难重重。

（4）精准：数据质量要求高，数据需一致、可信。数据的质量影响产品的质量，也影响内部运作效率和成本。华为要求对端对端链条中的异常数据实施严格监控，进行客观的多重校验，确保数据一致、可信。

三、华为的数字化转型的两大目标

（1）对内目标：业务领域数字化、服务化，打通信息断点，具备行业领先的运营效率。

（2）对外目标：对准客户ROADS体验，实现与客户做生意更简单、更安全、更高效，并提升客户的满意度。

四、华为的数字化转型的5个步骤

华为从2016年开始全面推行数字化转型。2017年，华为更是进一步将数字化写入企业的新愿景，即把数字世界带入每个人、每个家庭、每个组织，构建万物互联的智能世界。华为的数字化转型的5个步骤如下。

（1）客户交互方式转变。

（2）作战模式转变。

（3）平台能力提供方式转变。

（4）运营模式转变。

（5）数字化服务的IT基础设施转变：统一企业的IT平台，构建智能服务。

华为基于数字化转型的蓝图框架，开始统一规划、分层实施，最终实现客户交互方式上的巨变，并努力实现内部运营效率及效益的大幅提升。

努力实现全连接的智能华为要成为行业标杆，并成为全球数字化转型的标杆。华为将自身的数字化作为"最好的产品"进行认真打造，并赋能更多中国企业在数字化道路上更好地前进。

五、华为的数字化转型的建设框架

华为通过多年的应用实践，形成数据源、数据湖、数据主题连接、数据消费和数据治理的数据工作建设整体框架。

(1) 形成华为的数据制度。华为在内部形成"谁创建、录入数据，谁对数据质量负责"，并用数据支撑决策的制度。在启动数字化转型后，华为的数据治理能力大幅提升，并逐步形成数据全生命周期的治理规范。华为对业务数据标准有明确的严格限定，即每个数据标准都应覆盖业务视角、技术视角和管理视角。

(2) 建设华为的数据底座。华为采取"统筹推动、以用促建、急用先行"的建设策略，并遵守"数据安全、需求规划双轮驱动、数据供应多场景、信息架构遵从"的建设原则。华为将2007—2016年这10年作为第一阶段，专注于提升数据质量，降低纠错成本，贯通全流程，提升运作效率；将2017年至今作为第二阶段，完成数据底座建设，实现业务可视、准确决策、人工智能业务自动化、数据创新的差异化竞争。

(3) 建设华为的数据湖。数据湖是从逻辑上对内外部的结构化和非结构化的原始数据的逻辑汇聚。数据湖具有逻辑统一、类型多样、原始记录的特点。数据入湖需具备6个标准，即明确数据Owner（物主）、发布数据标准、定义数据密级、明确数据源、完成数据质量评估和完成元数据注册。数据入湖有5种技术手段，即批量集成、数据复制同步、消息集成、流集成和数据虚拟化。

六、华为的数字化转型的建设成果

华为的数字化转型要实现从结果管理向过程管理升级，从能看到能管。华为的数字化转型要满足业务运营中数据的实时可视、及时诊断预警、复杂智能决策等场景需求，并从2016—2019年陆续实现从行走到公交、从公交到自驾、从无序到有序、从人工到智能的数字化运营发展历程。对应管理者和业务部门也要从业务专家向业务数据分析专家升级，适应数字化运营的新形势。华为的数字化转型的建设成果如下。

(1) 成果一：硬感知数据能力。数据采集分为人工采集和自动采集两个阶段，自动采集技术目前正在发展中。目前，硬感知技术主要有9类：① 条形码与二维码；② 磁卡；③ 无线射频识别（包括近场通信）；④ 光学字符识别和智能字符识别；⑤ 图像数据采集；⑥ 音频数据采集（包括自动语音识别）；⑦ 视频数据采集；⑧ 传感器数据采集；⑨ 工业设备数据采集等。对于硬感知数据能力在门店数字化和基站站点数字化等领域的应用，华为都做了积极探索。

(2) 成果二：软感知数据能力。软感知数据能力主要分为3类：① 埋点，数据采集领域和用户行为数据采集领域的术语，是指对特定用户行为或事件数据进行捕获的技术；② 日志数据采集，是指收集服务器、应用程序和网络设备上生成的日志记录，包括操作日志、运作日志、安全日志；③ 网络爬虫，也称网络机器人，是指按照一定的规则自动抓取网页信息的程序。软感知数据能力主要在产品持续运营时提供相关服务，如对产品日志、用户行为的感知，用于改善产品功能。另外，抖音的智能算法、智能推荐视频等就是对软感知数据能力的应用。

华为实施数字化驱动，构建物理对象的"数字孪生模型"，针对有业务价值的一个或多个方面建立数字模型，并通过适当的数字化技术满足特定业务目标增长的需求，持续创造价值，最大限度地降低营销成本和增加回报。

91 如何理解华为的"新四大世界"象限理论

华为在数字化转型过程中逐步建立数据综合治理体系，发布信息架构，构建数据湖，具备了数据感知、数据底座、安全合规能力，提升了数据质量。在新的世纪，数据是新的生产要素，也将进入企业的资产负债表。数据资产的价值将由市场决定，数据主权将是数据安全交换的核心。

映射物理世界将产生数字孪生的数字世界。世界将产生"新四大世界"：物理世界、人类认知的世界、机器认知的世界、数字世界。例如，特斯拉的自动驾驶就是对机器认知的世界的应用，未来，机器认知的世界的范围和应用将更加广泛，帮助人类更好、更高效地工作和生活。华为的"新四大世界"象限理论如图12.2所示。

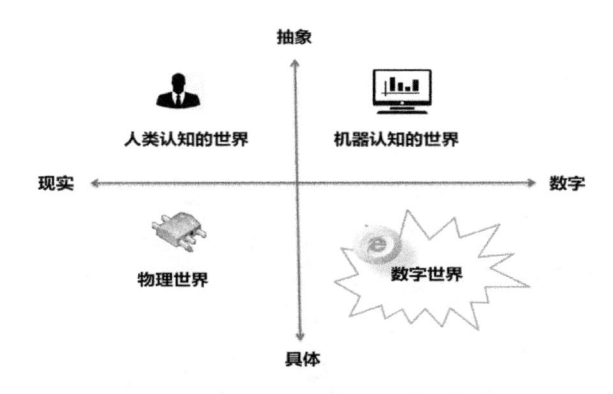

图12.2 华为的"新四大世界"象限理论

"新四大世界"将构成全新的智能世界，数据将成为"新四大世界"联系和转换的枢纽，数据治理成为人类面临的新问题和新挑战。对一家商业企业来讲，使用人工智能算法进行决策和行动、建立智能世界的治理能力体系都离不开数据。数据成为企业的核心要素和资产，企业的数据生态和数据管理手段也必将更加智能化。

数字世界更注重数据安全。随着数字技术和能力的普及与提升，数据泄露路径越来越多元化，数据安全风险急剧升高。企业需要从决策到技术、从管理工具到管理制度建立从上而下的完整的安全链条，并构建以元数据为基础的安全隐私保障框架。企业还需要建立"核心资产安全优先，非核心资产效率优先"的数据安全原则。

万物互联、数字世界、数字浪潮正席卷而来。企业、行业、国家和国际组织都将因数字化而发生新的变化，人类对物理世界的认知能力也将获得提升，人类认知的世界将受其他3个世界的影响，并与其共同发展。

第13章

华为的供应链金融

92 华为有供应链金融吗？IFS变革是怎么回事

华为作为供应链上的核心企业，其上下游有着众多的制造商和分销商（这也是华为长期稳定发展的基础），布局华为供应链金融有着天然的优势。

一、华为的金融创新和银行合作

根据华为官网的信息，2018年4月，华为与中国民生银行联合成立创新实验室，双方共同研究智慧金融场景、绿色环保智能数据中心、大数据、金融云、人工智能、物联网、新一代网络架构7个领域。智慧金融场景的核心是布局华为供应链金融，建设华为供应链金融的生态环境。

2018年10月，华为又和渣打银行联合打造基于物联网的供应链金融解决方案。通过该方案，企业和银行将实现实时对话，通过应用编程接口触发融资及付款活动。通过物联网、云计算、区块链等技术，该方案可以让银行实时跟踪货物状态，降低运营风险，并为银行进行融资决策提供信息化数据，实现云端统一管理。该方案对修复华为的产业链、稳定供应链具有特殊意义。

华为坚持以业务拓展为主导，以企业会计为监督的方法。以业务拓展为主导，是指华为要引导需求和敢于创造，有效取得市场机会窗口的利润；以企业会计为监督，是指保障华为的财经服务快捷、准确和有序，推行规范化管理，让账务维护的成本更低。

二、华为的IFS变革

在进行ISC变革和IPD变革后，华为业务部门的运营效率逐步提高，然而财务管理水平却停滞不前。华为通过广泛招标，选择了毕马威的"世界级财务服务"方法论，开展华为的第一次财经管理变革，日后毕马威也成为华为的独立审计师。IFS

变革由 IBM 咨询团队操刀完成。

在财务 IT 方向，华为强调实行全国、全球统一的管理。

华为在发展过程中推行了两次重大财务变革：一是"四个统一"变革（1998—2007 年），即统一监控、统一会计政策、统一会计科目和统一会计流程；二是 IFS 变革（2007—2014 年），目的是贯通华为的财务流程和业务流程，如图 13.1 所示。

"四个统一"变革
（1998—2007年）

统一监控
统一会计政策
统一会计科目
统一会计流程

IFS变革
（2007—2014年）

贯通华为的财务流程和业务流程

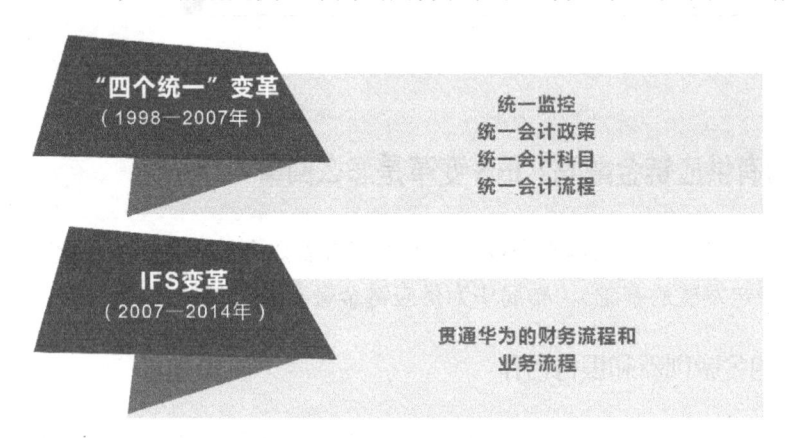

图 13.1　华为的两次重大财务变革

☑ "四个统一"变革（1998—2007 年）

推行"四个统一"变革的目的是防止腐败行为，加强华为总部对全球各区域经理和员工的管理，同时保证赋予全球各区域经理做出重要决策的权力。

（1）统一监控。华为将各代表处的财务管理职责统一收归华为总部管理，建立华为财务共享中心（Shard Service Centre）。

（2）统一会计政策。例如，统一差旅费报销政策，建立适用于华为全球员工的差旅费和住宿费报销政策。

（3）统一会计科目。例如，统一会计科目及标准化工作，华为将会计科目编码分为 7 个字段，其中前 5 个为"公司""区域""产品""部门""会计科目"，后面还有两个预留字段，为项目字段和区域自主设计字段。变革后的华为会计科目较国家规定的会计科目，更加具有华为的特点。

（4）统一会计流程。例如，统一采购流程，华为的采购流程要做到四重匹配，即供应商合同、供应商发票、供应商订单、入库单均要做到相互匹配，并将原来的由采购部门交发票到财务部门，改为由供应商直接寄到财务部门，以便减少内部腐败现象的发生。这样的流程相比竞争对手更加规范，并起到内部控制作用。

华为在 20 世纪 90 年代时在全国拥有 33 个代表处，各代表处也均有独立的财务人员。这些财务人员是在当地直接招聘的，并对当地的主管负责。但总部缺乏对各代表处的财务监控，基层财务问题频现，影响企业的资金安全。"四个统一"变革先在深圳总部和出现资金安全问题的代表处推行，后在全国全面推行，历时两年。华为还特别在深圳总部建立了首个财务共享中心，实现应收账款和企业总账等财务处理上的统一共享。2007年，在IFS变革后，华为延续"四个统一"理念，先后在全球建立了7个财务共享中心。

☑ IFS变革（2007—2014年）

IFS变革是华为提升财务管理能力的一个重要路径，着眼于破解财务管理低效和提升企业内部运营风险管控能力的难题。IFS变革分为IDS I和IDS II两个阶段。IDS I是指收入、回款、项目预算集成方案包，目的是进一步加强财务部门和业务部门的沟通，连通财务与业务的相关流程，让财务部门获取的数据更加准确；IDS II是指项目经营管理，目的是提升华为项目的财经管理能力，明确和建立华为的各责任中心。华为区域及项目领导均需熟悉财务知识，财务经理也需要懂得业务知识。

2006年，华为的海外销售收入已经占到华为总销售收入的65%，此时华为也从一个拥有国际业务的企业真正成长为公认的国际企业。1999年，华为的海外收入近乎为零，而在2007年，华为的海外销售收入增长至11亿美元，海外业务的拓展对华为项目的财务管理提出更高的要求。如何判定海外订单是否赚钱？如何将预算覆盖到单个具体项目？如何建立以利润为中心的海外运行管理模式？如何让财务和业务充分互动，准确估算项目利润？华为在2007年之前实施了项目交付、营销管理流程等变革，但财务部门的参与相对较少，在业务流程上的话语权较小。华为历年的营业利润率（2000—2006年）如表13.1所示。

表13.1 华为历年的营业利润率（2000—2006年）

序号	年份	营业利润率
1	2000	24%
2	2001	17%
3	2002	10%
4	2003	19%
5	2004	18%
6	2005	14%
7	2006	7%

资料来源：华为历年年报。

当海外销售收入在总销售收入中的占比过半，销售回款较慢，应收账款积压，甚至有坏账风险时，华为就不得不寻求财经管理变革，以适应新的形势。于是华为邀请 IBM 提供 IFS 变革，目的是贯通华为的财务流程和业务流程，使华为的财经体系能够更好地提供支撑和服务。IFS 变革分为 IDS I 和 IDS II 两个阶段。

IDS I 阶段：解决财务部门和业务部门的连接和沟通问题，打通业务数据接口，破除"数据墙"，实现交付、研发、市场、财务之间的流程连通，确保交易数据的准确性，重点实现机会点回款、采购到付款、信息技术、共享服务等项目。华为在此阶段，先后在全球各地共建设了 7 个财务共享中心，具体选址有阿根廷、马来西亚、罗马尼亚、波兰、英国、阿联酋，以及我国的深圳等。华为的财务共享中心实现了华为内部更好的账务管控、资金管理，以及财务集中监控。

IDS II 阶段：解决责任中心的定义和提高项目财务管理能力的问题，重点实现报告与责任中心管理、项目财务管理。华为以市场端为主利润中心，因为市场端更接近客户；以产品线为第二利润中心；将制造部门和供应链部门定义为成本中心，主要考虑如何降低成本，同时避免因存在太多利润中心而产生管理上的冲突；其他如财务部门、人力部门等部门，业绩不依赖销售部门，被定义为费用中心。由于责任中心更为清晰，会计科目又细化到 7 个字段，因此财务部门可以为不同责任中心提供报告。华为总部可以为地方代表处和产品线负责人提供现金流量和利润报告，供应链经理可以收到成本报告，各项目经理则会收到利润报告。在 IDS II 阶段后，通过对项目进行有效的财务管理，华为很容易得到每个项目的真实盈利情况，有效降低了企业的经营风险，大大提升了企业的管理效率。

华为 IFS 变革项目组示意图如图 13.2 所示。华为的项目团队在区域代表处或产品线上进行试点后，会将认可的新流程、政策和标准推广到整个企业，随之也会跟进固化新的 IT 系统，通过 IT 系统巩固新流程的执行。

图 13.2 华为 IFS 变革项目组示意图

在 IFS 变革后，华为的两个典型财务指标（应收账款周转天数和存货周转天数）均有明显改善，产品周转速度加快、回款期缩短、资金流动加快。华为应收账款周转天数和存货周转天数（2008—2016 年）如表 13.2 所示。

表 13.2　华为应收账款周转天数和存货周转天数（2008—2016 年）

年　份	2008	2009	2010	2011	2012	2013	2014	2015	2016
应收账款周转天数	127	125	95	88	90	109	95	84	75
存货周转天数	110	100	92	73	60	64	104	96	86

资料来源：华为历年年报。

应收账款周转天数=期末应收账款余额÷销售收入×360（天）。

存货周转天数=期末存货余额÷销售成本×360（天）。

93　华为不上市、全员持股、特殊财务政策背后的金融考量

一、华为不上市，避免上市造富的负面效应

华为不上市的原因有很多种，其中任正非给出的原因是，科技企业靠人才推动，企业过早上市，就会有一批人变成百万、千万富翁，其工作激情就会衰退，这对企业和员工本人来说都不见得是好事。华为倡导基层要有饥饿感，中层要有危机感，高层要有使命感，否则，企业的增速会放缓，甚至队伍会涣散。从 1997 年开始，华为就将员工薪资向西方企业看齐，以便更好地吸引和留住人才，并在员工内部实行"工者有其股"的制度，这些股票已经成为华为员工的重要资产之一。另外，不上市，但给予员工达到国际标准的薪酬，加以分红，既能确保团队利益，又能让员工保持斗志。

华为十分注重高薪揽才，在华为，科研人员的占比超过 40%。华为倡导"有能者居上"。华为之所以发展迅速，与高素质、高学历青年扎堆息息相关，他们具备闯劲、敢于迎接挑战。华为一般开出高于一般通信企业的底薪招揽人才，让员工全身心地投入工作，并不断挖掘自我的潜力。华为向员工发行股票，即进行"股权融资"，这也是华为早期的主要资金来源，在某种程度上起到资金补充作用。1990 年，华为在成立第三年便创立了员工持股制度，核心目的是筹集资金、激励员工。

二、华为全员持股，以奋斗者为本进行长久激励

☑ 3 次股权激励

华为采取全员持股激励方法，这是企业股权激励的一种方法。华为的股权激励

始于 1990 年，先后经历了 3 次变革。

（1）创业期的股权激励。1987 年，华为开始创业，几年后出现资金周转困难的情况，任正非决定实行内部股权及高分红制度：每股 10 元，以利润的 15%作为股权分红（税后），凡是进入华为的员工，在一年后均可用年度奖金购买股权，这种方式增强了员工的归属感和主人翁意识。

（2）"冬天"时期的股权激励。2000 年，互联网泡沫破灭，华为为了保证有充足的现金流及改善人浮于事的现状，采用虚拟受限股方式，授予激励对象一定的分红权和股价升值权，还根据企业的评价体系建立了期权制度，期权期限为 4 年。华为逐步建立融竞争、开放、约束为一体的期权激励机制，避免了以往只要持有股票，不干活也能分红的竞争环境。

（3）经济危机时期的股权激励。2008 年全球发生经济危机，华为开始进行历史上最大规模的配股，此次配股缓解了资金压力，也提高了员工的收益，并且配股与职位等级关联，完善了绩效分配机制。

截至 2023 年，任正非仅持有华为 1%左右的股份，其余均由员工持有。员工持股计划不断完善，员工持股人数在 2003 年为 15 061 人，在 2016 年为 81 144 人，在 2018 年为 96 768 人。华为投资控股有限公司工会委员会是最大的股东，员工或股东其实并没有决策权。华为的成功，在一定程度上与员工持股相关，因为员工持股可以更好地团结和激励团队，将员工的利益和企业的整体利益有机、统一地结合起来，更有利于"以奋斗者为本"的企业核心价值观的推行。

☑ **员工持股计划设计**

华为采取"三高机制"，即高压力、高绩效和高薪酬。

2018 年，华为员工的平均年薪为 59.8 万元。2019 年的华为年报显示，员工平均年薪近 76.8 万元，员工工资、薪金及其他福利支出高达 1490 亿元。根据一项调查，85%的华为员工觉得自己工作很投入，而在中国普通企业中，这一比例约为 6%。华为从创办之初至今，一直充满了妥协，如不断稀释股权，将股权释放给团队，从绝对控股到"工者有其股"，这些妥协换取了华为 30 多年的众志成城。高薪酬带来高压力，创造高效率，形成华为绩效管理的良性循环，驱动员工持续奋斗。

（1）员工持股计划之利。华为一方面实行员工收入较业界同行平均水平要高的策略，另一方面避免收入过高，员工无动力现象的发生。试想，年薪超过 1000 万元，你还有多少奋斗精神？这也是华为坚持不上市的原因之一，华为不上市充分避免了人性的懒惰和贪婪。为了企业的长远发展，华为实行员工持股计划，而不是通常企业采取的仅让少数高管持有股权的激励计划。1990 年前后，华为为了解决企业资金链紧张的问题，建立了员工持股制度。华为每年都会按员工在企业的工作年限、职级、业绩、态度等指标，确定符合条件的员工，明确其可以购买的内部股权数（员工可购买，亦可放弃）。当员工离职时，其所持股票可由华为工会回购。在华为工作满 8 年，超过 45 岁的员工就可向企业申请"退休"，待华为批复后还可保留股票分红权利。

华为的股票不是传统意义上的股票，标准的股票会有三权（决策权、转让权和分红权），而对于华为的虚拟受限股，员工只有分红收益及股本增值收益，而且股本增值会受到严格控制。实际上，这就是一种企业利润共享制度，利润共享、利益绑定，只是借助股票这种大家更容易理解和接受的分配方式进行运营。

华为的虚拟受限股之所以可以持续推行，是因为华为每年都会进行分红，分红也成为员工收益的重要部分。起初，员工不太相信，担心这是"庞氏骗局"，但 30 多年来，任正非坚持推行这个机制，现在超过 9 万名员工持有华为的股票，年收益率在 20% 以上，其中 2010 年的年收益率高达 60%，员工对华为的股票信心十足。任正非的持股比例虽不断被稀释，但他作为企业所有者的控制权并不因股权稀释而被削弱。

（2）员工持股的不利之处。一是根据国家法律的限定，随着华为的全球化，虚拟受限股只能在特定区域实行，在一些不能配发虚拟受限股的地方，员工流失率甚至每年都在 30%以上，华为需要研究更好的激励机制。二是由于虚拟受限股没有期限，员工在职即可分红收益，易造成老员工一劳永逸，对新员工有一定的负面影响。三是受新员工购买力所限，有些新员工无力购买，无法实现利益绑定。

（3）员工 TUP 激励机制。华为为了避免虚拟受限股的弊端，在 2013 年推出 TUP 激励机制，即 5 年期的激励方案，具有退出机制，引导员工追求高绩效、更好地奋斗。时间单元计划也是现金奖励的递延分配，属于中长期激励模式，给予员工获取收益的权利，但是收益需要在未来 N（N 一般为 5）年逐步兑现。TUP 其实就是一种特殊奖励，根据员工的历史贡献和未来发展来确定，多年有效却非永久有效。若为 5 年期 TUP，则 5 年内逐年提升分红权利，5 年后权益自动清零。

三、华为的特殊财务政策支持企业未来的发展

即使未来核心业务亏损，也会长期支持。华为坚持长期主义，常常会将企业的资金分配给现在不一定带来很好的回报，但属于华为未来核心业务的长期项目。这些项目即使有时亏损，也可以获得总部持续的财务政策支持。华为的新兴业务可以有些损失，但华为针对非核心业务会收取其收入的 16.7%作为运营成本，即企业非核心新兴业务的利润率要高于 16.7%。

华为进行企业并购，建立自己的技术生态。华为是一家内生增长的企业，兼并和收购并不是企业发展的主旋律，有些并购是为了获取一些新技术，如物联网和软

件系统等领域的企业并购。例如，2011—2015年，华为先后并购了7家企业，并购企业的市场份额和并购交易金额均不算高，并未占用华为太多的资金。

华为IFS变革的成功源自新流程、组织和IT工具的推行，将现行的重复性工作梳理出来并标准化。华为的财经体系是业务部门的重要支撑，也是业务部门的监督及控制者。华为的财经管理变革不以投资和融资为重点，而是聚焦于企业财务会计的流程优化和变革。

第14章

华为供应链管理的文化支撑

94 华为的企业文化是什么

华为文化是群体奋斗文化,坚持"以客户为中心,以奋斗者为本,长期坚持艰苦奋斗"。华为倡导基层要有饥饿感,中层要有危机感,高层要有使命感。华为成功的重要因素是华为的核心价值观。

思想权和文化权就是最大的管理权。华为建立《华为基本法》就是在探索文化的领导力。真正决定一个组织管理模式的是人们头脑中的价值观和信仰,若一个组织的决策者拥有思想权和文化权,他则拥有组织的最大管理权。华为企业文化的哲学图谱如图14.1所示。

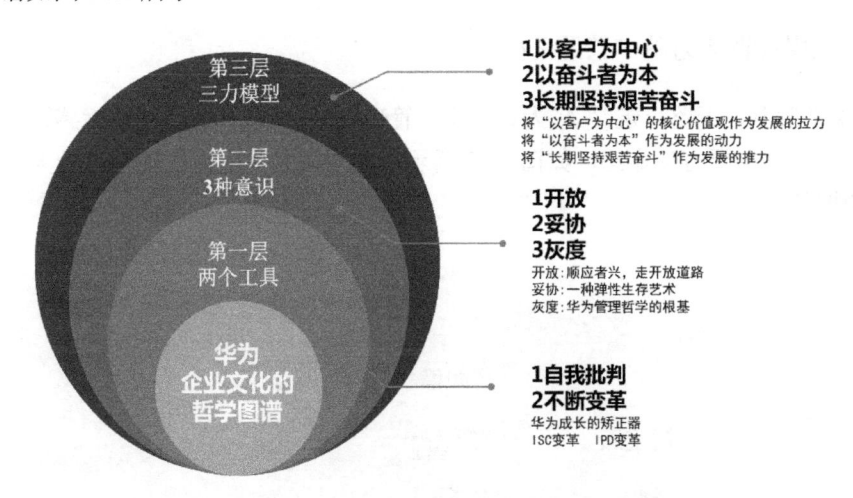

图14.1 华为企业文化的哲学图谱

(1)两个工具。一是自我批判,二是不断变革,这是华为成长的矫正器,防止华为偏离轨道、走弯路。自我批判就是改良,是变革的先导。

(2)3种意识。3种意识是指开放、妥协、灰度,它也是华为的思想引擎。开放就是顺应者兴,华为在研发、市场、人才、组织和制度乃至股权上,充分走开放道路。妥协就是丛林生存法则，是一种弹性生存艺术，华为将进攻和妥协的辩证关系充分运用到企业的内外部，在内部更加强调生机和谐，在外部向竞争对手进行高强度的进攻。灰度就是凝聚人才，这也是华为管理哲学的根基。

（3）三力模型。华为将"以客户为中心"的核心价值观作为发展的拉力，将"以奋斗者为本"作为发展的动力，将"长期坚持艰苦奋斗"作为发展的推力，实现三者的有机结合，最终形成企业发展的动态平衡。

核心价值观是企业通过时间的沉淀，逐步形成的一种软性文化，好比企业的肌肉，而组织模式和管理制度是企业的骨骼，只有肌肉和骨骼都很健壮、相互搭配，企业才能实现良性的发展。如果只有骨骼，却没有发达的肌肉，企业的组织就是贫瘠和乏力的。核心价值观是企业的管理思想或者文化理念。统一员工的思考方向和认知，把员工的心理顺了，工作自然就会顺了。各级管理者应帮助员工建立统一、合理的理念，帮助员工解决实际困难。

95 华为的供应链人才战略

30多年来，华为对人才的管理能力也是华为供应链的核心竞争力之一。任正非的主要工作之一是"选人用人，分钱分权"，也就是"选、育、用、留"。

一、华为供应链人才的"管理三感"

"除了胜利，无路可走。"华为曾提出"管理三感"，即基层要有饥饿感，中层要有危机感，高层要有使命感，如图14.2所示。华为认为，人力资本的增长大于财务资本的增长。

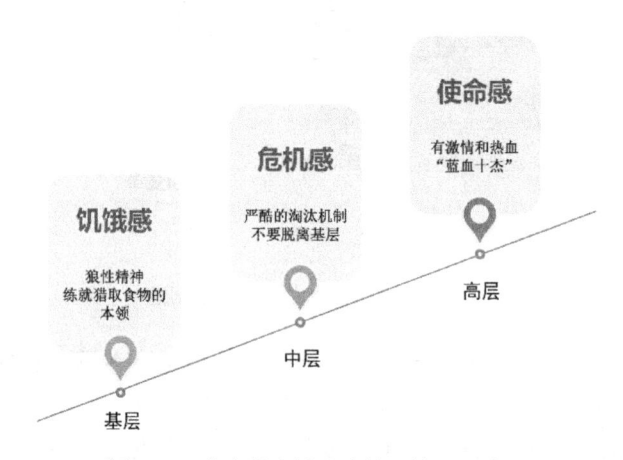

图14.2 华为供应链人才的"管理三感"

一是基层要有饥饿感。华为让人力资源部门多招聘来自经济不发达省份的学生，让有饥饿感的人练就猎取食物的本领。家庭越困难的学生，越有改变生存现状的动力和愿望，带着"获取食物"的渴望，基层员工"冬练三九，夏练三伏"，用狼性精神拼命掌握过硬的生存本领。

二是中层要有危机感。华为对管理者实施了严酷的淘汰机制，每年都会有10%的管理者被撤下，降为普通员工。落后的管理者还要到华为干部后备队进行学习，若经过3个月的学习后没被部门录用或考试不合格，则工资将降低20%并继续学习。华为要求中层干部多到一线了解情况，千万不要脱离基层。

三是高层要有使命感。华为高层的薪资水平较高，任正非要求他们具备强烈的责任感和使命感，要有激情和热血。华为还授予其高层"蓝血十杰""明日之星"等荣誉，将有使命感的高层推到"聚光灯"下，树立榜样。

二、华为供应链人才的"干部四力"

华为供应链人才的"干部四力"是指决断力、执行力、理解力、与人的连接力，如表14.1所示。具体来说，一把手看决断力，二把手看执行力，机关后端看理解力，所有干部都须具备与人的连接力。

表14.1 华为供应链人才的"干部四力"

干部四力	关键点	具体说明
决断力	战略思维	洞察市场、商业与技术的规律，能够抓住事物的主要矛盾和矛盾的主要方面
	战略风险承担	在风险可控范围内，勇于开拓，抓住机会，敢于决策及勇于担责
执行力	目标结果导向	有强烈的目标感，有计划、有谋略、有监控，在问题面前不退缩，挑战和超越自我，在资源和时间的约束下出色地完成任务
	组织发展	组织运作、能力建设和持续改进，通过采取流程建设（一致性）、资源建设（人、平台）、方法建设（有效性）来构建组织发展的可持续性，提升企业的组织建设能力
	激励与团队	激励团队的斗志，对人才热情，帮助他人成长
	跨部门协作	协调和推动跨部门合作
理解力	商业技术	对商业敏感，认识和理解业务本质，并且洞悉业务承载的技术
	跨文化融合	了解和尊重文化差异，理解文化，能够积极融入不同的文化，和具有不同文化背景的人成为伙伴，求同存异
	横向思维	用横向思维理解环境

续表

干部四力	关　键　点	具 体 说 明
与人的连接力	开放性	光明磊落，在人际交往等方面具备开放性
	与客户建立伙伴关系	始终保持谦虚的态度，善于与客户打成一片，积极探索和及时响应，引导和满足客户与伙伴的需求，能够建立基于信任的双赢关系
	协调识大体	避免"非黑即白"的认知，当问题出现时，既坚持原则和方向，又顾全大局、合理退让，在迂回中寻求前进

华为通过"干部四力"的 12 个要素，实现对干部的滚动评估，评估结果有强、中、弱 3 类。另外，实践经验是对干部能力的验证，评估项目包括人员管理、跨职能/业务经验、培育客户关系、海外业务经验、担当重任、担当盈亏、营造外部环境、开创性经验、业务整合、建立和维护合作伙伴关系、技术岗位工作经验，以及项目管理等，每个评估项目都有"丰富""中等""基本""无"4 个选项。华为经过不断滚动提拔和淘汰，最终实现人才的全球范围盘点、全球调度，以非常高密度的人才储备来支撑全球经营任务的出色完成。

三、华为用人的正副职要求

（1）华为对正职能力的 5 项要求：一是具备战略洞察力和决断力，敢于进攻；二是清晰理解企业的战略方向，能周密策划和部署工作；三是有决心、有毅力、有意志、有自我牺牲精神；四是具备领导力，能带领团队不断突破，不做孤胆英雄；五是具备关注关键事件的领导能力。

（2）华为对副职能力的 3 项要求：一是要精于管理；二是具备企业实践经验；三是具备正确的执行力，精耕细作，实施精细化管理，努力实现企业的组织意图。

四、华为供应链管理人才的 4 个逻辑

（1）管理人才就是管欲望。华为通过实现组织驱动力，实现对人性欲望的控制和管理，不断推动人才的成长。在华为创立初期，员工的普遍需求是生存，任正非抓住这一条，在经济上最大限度地激发和满足员工对物质的需求，借用"欲望满足逻辑"激发员工产生巨大的工作动力，并使员工坚信苦难之后就是胜利。例如，员工为何去非洲等环境相对恶劣的地方奋斗？员工的回答很朴实："我们最初的想法很简单，去非洲工作的待遇好，这样可以改变一家人的生活条件，还可以支持我去留学深造。"这就是原动力，是最真实的人性，也是员工的基础欲望。

（2）越奋斗，越成功。在解决了员工的生存问题、满足了员工的基础欲望之后，华为着力思考如何凝聚华为人的内心力量，让他们能够继续艰苦奋斗，推动华为持

续发展。在知识型人才众多的企业，员工对个人成功的欲望更强烈。任正非讲过，"破格提拔是基于贡献、责任和牺牲精神的""你要成功，就要奋斗"。而且华为打造集体奋斗文化，只有集体的成功，没有个人的胜利，要满足个人的需求，就要建设好集体，真正实现集体的胜利。

（3）"让听得见炮声的人做决策"。华为强调以满足客户需求为导向，以市场为导向，重视一线，并一直强调"让听得见炮声的人做决策"，而不是让拥有资源的人来指挥；要充分放权，增强一线人员的战斗力，让机关干部去一线，只有去一线，才能了解问题、发现目标。

（4）像当地企业一样思考和行动。华为在国际市场上大比例雇佣当地的员工，这样成本更低，并且当地的员工更熟悉当地的文化、制度和市场需求，这也是华为为解决就业问题而向当地政府和社区展示企业责任的有效方式。在华为的海外研发中心中，海外员工的比例达到50%～80%，对海外员工的使用使华为适应了当地的经济、政治和市场环境，减少了华为在海外运作中遇到的障碍。

96 华为的员工为何那么拼命

任正非在《华为的红旗到底能打多久》一文中指出，企业就是要发展一批狼，而狼有三大特性，一是敏锐的嗅觉，二是不屈不挠、奋不顾身的进攻精神，三是群体奋斗。华为员工为何那么拼命？

任正非对年轻人提出六字格言：视野、意志、品格。只有敢于胜利，才能善于胜利。任正非一方面用理念教育员工实现实业报国，另一方面用利益分享方式将员工的才智聚合在一起。在实践中挑选干部，任正非坚信"将军是打出来的"，这也是华为内部选拔和配备干部的基本原则。华为是管理知识型员工的企业，很多员工毕业于名校。如何把这些优秀的人才打造成华为的"钢铁战士"？

一、薪酬激励

华为的薪酬激励分为4个部分：长期激励、中长期激励、中短期激励、基本薪酬，如图14.3所示。

（1）长期激励。长期激励主要是员工持股计划，在职员工适用。

（2）中长期激励。中长期激励由时间单元计划组成，一般期限为5年，机动增减。

（3）中短期激励。中短期激励由年终奖+总裁奖+项目专项奖组成，这项激励是浮动收入，与作战单元的收益挂钩。

（4）基本薪酬。基本薪酬是固定收入，水平保持在行业前25%。近几年，BAT

等互联网企业与华为争夺人才，华为提升了基本薪酬。对于浮动收入，华为更愿意加大激励力度，因为这样既能降低企业的现金流压力，又能让员工受到更大的激励。

2 中长期激励
由时间单元计划组成，一般期限为5年，机动增减

3 中短期激励
由年终奖+总裁奖+项目专项奖组成，是浮动收入，与作战单元的收益挂钩

1 长期激励
员工持股计划，在职员工适用

4 基本薪酬
固定收入，水平保持在行业前25%对于浮动收入，华为更愿意加大激励力度，因为这样既能降低企业的现金流压力，又能让员工受到更大的激励

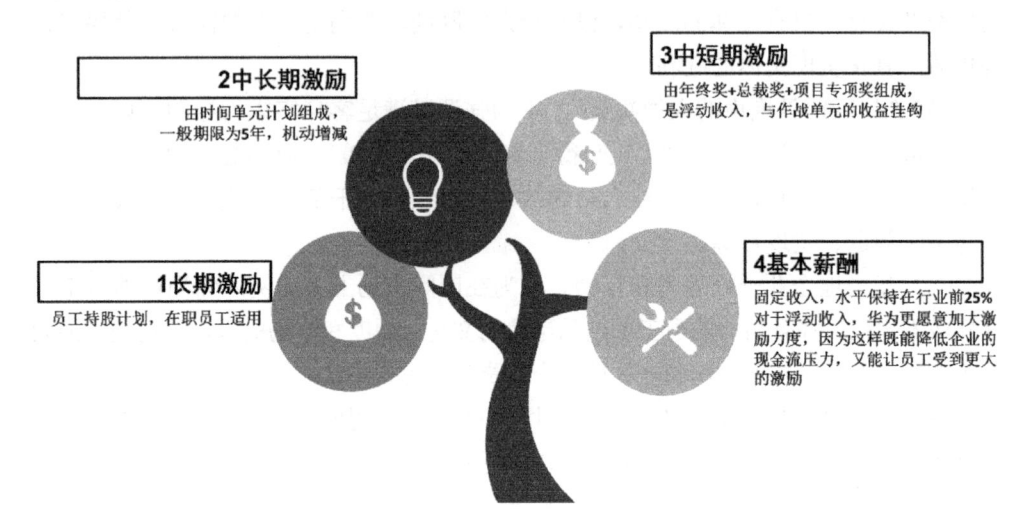

图 14.3　华为的薪酬激励

华为给予员工的这些收益包括两部分：一部分是资本性收益，即华为总利润的25%；另一部分是劳动收益，即剩余 75%，给予创造价值的人，从而形成"劳动收益：资本性收益=3：1"的比例，这样可以避免老员工不奋斗变成食利阶层，新员工无动力拉车的现象发生。在员工离职后，华为会收回相应股权。

二、提拔激励

华为选拔干部突出 4 项原则。

原则一：成功团队选拔。优先从成功实践和成功团队中选拔干部。例如，华为的第一款拥有自主知识产权的产品 C&C08 数字程控交换机，当时作为华为的拳头产品十分畅销，带来巨大的经济效益，也搭建了华为的产品研发和项目管理平台，成为华为管理者的"黄埔军校"。从这个项目中走出华为的高级副总裁、日常经营最高责任机构 EMT 的成员。

原则二：一线主战场选拔。优先从主攻战场、艰苦地区和一线选拔干部。在华为的"格局项目"和"山头项目"中大量产生干部，形成"胜则举杯相庆，败则拼死相救"的团队精神，这也让华为的员工更愿意战斗在一线、奋斗在一线。

原则三：关键事件选拔。优先从影响企业长远未来发展的关键事件中选拔干部，由优秀的人主导，着眼未来。任正非将一些在前线打过胜仗的人选到各类变革项目组，与全球管理经验丰富的专家进行思想碰撞，输出华为未来制胜的方法。这些人

回到原岗位后都会被提拔，并将方法更好地进行实践。

原则四：赛马机制选拔。华为在人才选拔上倡导赛马文化，而不是相马文化，主张"有为，有位"，选人才讲"实"。

三、荣誉激励

华为在薪酬基础之上建立了相关的精神奖励，最高管理奖为"蓝血十杰"奖，另外还有"明日之星"奖、家属奖等。

美国西点军校有一则校规："只有为梦想而坚持的人，才有胜出的可能。"

华为注重榜样和仪式的力量，每年年底各类晚会的颁奖都轰轰烈烈。有这个必要吗？有必要。就如皇帝登基，浩浩荡荡，祭天祭祖，昭告天下。如果皇帝偷偷地登基，那么大臣和百姓对新皇帝的认同会减弱很多，新皇帝的威望自然也会减弱。仪式不是虚无的，仪式可以让新员工快速融入团队，可以让员工更容易接受新变化、新事物。很多企业都利用年会和颁奖树立榜样、激励基层。在国家层面，我国也逐步建立了荣誉和勋章制度，表彰为中国社会发展做出重大贡献的人。这些荣誉是无上光荣和激励人心的，是马斯洛需求层次理论中的高层次需求，即自我实现的需求。企业在树立榜样时，要关注榜样的宣传要公开、获奖过程公平且公正、获奖事迹学习内容清晰3个方面。

四、末位淘汰

华为的高效来源于规范的制度和流程。规则是被制定出来的，规则意识则是被培养出来的，企业要在文化层面进行塑造和培养，按规则办事，用制度管人。华为认为，要保持企业的长治久安，就要实行员工淘汰机制，这是企业活力和效率的最好保障。不淘汰，员工就没有危机感，企业也很难看到未来的希望。华为的员工考核将员工分成A、B+、B、C、D共5个等级，每半年考核一次，排名靠后5%的普通员工和5%的管理人员会被淘汰。

想要在残酷的竞争中存活下去，就需要付出比别人更大的努力，淘汰机制非常有效。例如，各国在组建特种部队时均会建立严格的淘汰机制并设立相对较高的淘汰率，确保特种部队的战斗力，杜绝懒人、庸人、闲人，这也是现代职场的"进化论"。

成功的国际企业均设有裁员机制，也就是淘汰机制。企业在"选、育、用、留"人的同时，一定要建立淘汰机制。淘汰机制能带给员工持续的压力、动力和激励力，也为企业提供了源源不断的活力。

97 华为的员工职级设计和薪酬设定

一、员工职级设计

华为的员工职级分为 13～22 级，23 级以上为高级别领导。每一级又分为 3 个小级——A、B、C，技术岗不分小级。华为的员工职级设计表如表 14.2 所示。

表 14.2 华为的员工职级设计表

级 别	岗 位 定 义	工 作 年 限	合计薪酬（参考）/万元
13	大部分华为员工在 18 级以内。正常每年升一小级，工资每年一涨。15 级以上的员工，工资涨得相对较慢。业绩突出的员工，可一年涨一大级，甚至连跳两三级	1～3 年	20～25（无股票）
14		3～5 年	26～30（无股票）
15		5 年以上	30～35
16			50～60
17			60～70
18			60～100
19	领导或专家	—	150～200
20			300～400
21			500～650
22			
23 级及以上	高级别领导		—

新入职的应届本科生的职级会被确定为 13C，一般每年可上升两个小级。13C 以下为生产线上的操作工级别。

华为还设有技术等级，分为 7 级，依次为 7>6A>6B>6C>5A>5B>5C>……>1A>1B>1C。技术等级为职称。

华为的一级部门主管或副总裁的职级一般为 21B～22C；二级部门总监的职级为 20C～20A，三级部门主管的职级为 19C～19A。

二、薪酬设定

华为 2018 年的财报显示，薪酬总成本为 1465.84 亿元，经测算，华为人均年薪约为 77.97 万元。然而，由于高管和老员工的股票分红会相对多，拉高了平均年薪，因此普通员工的年薪并没有这么高。华为每年的分红收益不固定，近些年每股分红为 1.02～1.90 元不等。15 级以上员工的年终奖为 6～12 个月的工资。华为实行季度和年度考核，年度考核结果作为晋升、淘汰、评聘、计算年终奖金及培训的依据。

通常，在华为工作 10 年的普通员工，职级在 16～17 级，年薪为 60～70 万元。18 级成为员工的重要分水岭，越过去就是领导或专家，需要重新考核和答辩。

98　华为供应链的"深淘滩，低作堰"理念是怎么回事

"深淘滩，低作堰"，这是任正非从李冰父子修建的都江堰水利工程中得到的启示。在 2008 年汶川大地震后，任正非来到四川都江堰，都江堰历经 2000 多年，依然造福成都平原，后世百姓为纪念李冰父子，在堰边修建了二王庙，庙门大石碑上书有 6 个大字"深淘滩，低作堰"，这也是李冰养护都江堰的古训。李冰父子认为建设大型水利工程并不是最难之事，关键是其后如何养护，很多水利工程由于上流冲积的淤泥堵塞，后面不得不废弃。

"深淘滩"是指每年枯水期都要清理都江堰河底的淤泥，否则就会抬高河床，造成灾难隐患。为了更好地保持这个机制，李冰父子在河床里埋下石马，规定每年在清淤时必须挖到石马方可停止，这就是检查机制。"低作堰"是指切忌在枯水季度增加进水，否则在洪水季节会造成淤积。

任正非善于从典故中寻找规律，联想到企业管理，也就是内部管理保持耗散架构（深淘滩），同时要舍得给员工和伙伴分钱（低作堰）。

大道至简，这是李冰父子留下的治堰法则，也是华为的生存准则。譬如，"深淘滩"就是不断挖掘华为供应链管理的内部潜力，持续降低企业的运作成本，为客户提供更有价值的服务，保持合理的利润；"低作堰"就是进一步节制贪欲，为华为自己少留存一些利润，向客户多让一些利润，更加善待上游的供应商。

在"深淘滩"上，华为不断挖潜，降低企业供应链的运营成本。华为持续保持高质量的低成本。在研发上，华为在二、三线城市设有研究机构，就近研发，突出优势，降低研发人员的成本。在生产上，除高端产品或试制品外，对于其他产品，华为原则上均实施 EMS 加工，降低生产成本。

在"低作堰"上，华为向客户、员工、供应商等供应链对象多让利。华为在海外 16 个城市设立了研发机构，其外籍专家占比达到 90%。顶尖人才在哪，华为就在哪里设立研发机构——华为在俄罗斯进行数学算法研究，在日本进行材料应用研究，在法国进行美学研究，在德国进行工程制造研究，在美国进行软件架构研究。华为给予人才极高的待遇，采用激励方法吸引人才。例如，某个专家 1993 年在某大学做了 8 年教师，月工资为 400 元，加盟华为后月工资涨至 2600 元，一年后年薪达到 4.8 万元。华为以优渥的待遇向员工尤其是资深专家让利，与其一同"打江山"。

真正的强者会始终保持谦卑和学习心态，让内外部资源获得平衡，实现可持续发展。

99 华为的供应链人才策略及员工管理是怎样的

华为对人才极度渴求，每年都在著名高校开展招聘专场，但不迷信"名校尖子生"，并一直坚持"发展潜力要重于学历和经验"的原则，希望新员工从小事做起，扮演泥瓦匠的角色。华为给员工提供均等的机会，不唯学历，求实干。

一、华为的供应链人才策略

（1）"三优先、三鼓励"。"三优先"即优先从优秀团队中选拔干部，优先从一线和海外艰苦地区选拔考核结果好的干部，优先选拔有自我批评精神、有领导气质的干部；"三鼓励"即鼓励干部去一线，鼓励专家型人才往技术/业务专家职业通道发展，鼓励干部的国际化和职业化发展。

（2）健全任职资格制度。根据1997年华为与英国国家职业资格委员会设计的职业化发展制度，华为建立了任职资格制度，包括职业发展通道、任职资格标准及资格认证3个部分。华为是国内较早引入国际企业任职资格体系的企业，初期在秘书体系中使用，后来在整个企业进行推广，覆盖管理体系和技术体系及全体人员。而支撑这个任职体系的，是华为对应的薪酬体系。为了落实这个任职体系，华为建立了任职资格和绩效管理两大核心体系，保障员工的薪酬激励和长期发展，形成长久的战斗力。

（3）实施职业晋升双通道。晋升通道分为技术生涯通道和管理生涯通道，为技术人员和管理人员提供上升空间，即"五级双通道"。专业又被细分为技术、服务支持、营销、采购、生产、人力资源、财务等类别，每个通道再划分5个职业资格等级，解决了管理和技术发展的仕途问题，让员工多元化发展。

例如，在研发部门，员工可以通过技术生涯通道获得晋升，依次成长为基层业务人员（助理工程师）、骨干（工程师）、核心骨干（高级工程师）、技术专家、资深专家；也可以通过管理生涯通道获得晋升，依次成长为基层业务人员（初做者）、骨干（有经验者）、基层管理者（监督者）、中层管理者、高层管理者。

华为针对末位的3%~5%的员工，会建议调离岗位，员工3年调岗一次。华为人才孵化的双职业通道如图14.4所示。

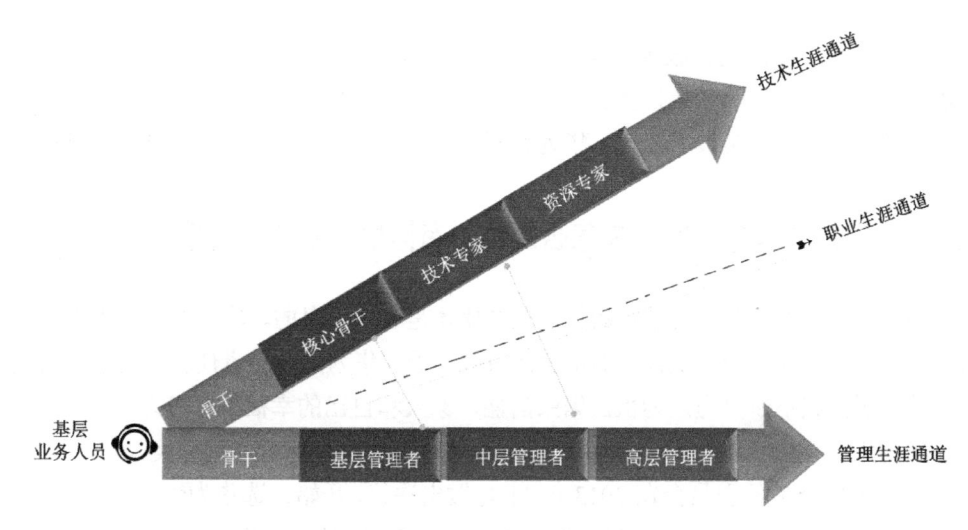

图 14.4　华为人才孵化的双职业通道

二、华为的员工管理

如何管理知识型员工？彼得·德鲁克认为，如何提高知识工作者的生产率，是 21 世纪管理学的最大挑战。国际企业都会以员工为本，将企业发展和员工成长紧密结合。对员工来讲，获得薪酬是为了现在的生存，学习与成长则是未来的发展，二者都非常重要。成功的人不会只顾眼前舒服，而忽视对未来的投资和发展。

（1）华为员工管理的 5 项工作。一是确认员工的目标，因为目标牵引工作；二是与员工进行沟通，沟通会占管理者 30%～40%的时间，包括传达和聆听等；三是给予员工支持，给予员工必要的资源；四是给予员工成长的机会，给予员工锻炼的机会或者培训；五是给予员工合适的回报，让员工心情愉悦，挖掘更大的潜力。一般企业只能发挥员工潜力的 30%，好的企业可以发挥员工潜力的 70%。给予员工肯定和表扬十分重要，员工是企业最大的生产资源，只有生产资源先进了，产出的产品才会先进。企业对员工能力的关注和投资可以实现企业和员工双赢的局面。

（2）华为极其开放的人力资源。华为建立全球级人才布局，吐故纳新，淘汰怠惰。华为在全球建立了几十个能力中心，其中外籍专家的占比超过 90%。华为在成立之初就与主要高校合作，实施华为创新研究计划，面向全球青年工科学生开展华为未来种子教育计划，提供锻炼和实习岗位。2013 年以来，华为大学提供技术课程，约 5.5 万人参与项目，1.2 万人在结业时获得华为文凭认证，也获得去华为工作的机会。

（3）华为对"天才"的培养和使用。华为在超越爱立信后，更加注重对"天才"的培养和使用。华为将人才分为 99%和 1%的人才：99%的人才是普通人才，走"之"

字形成长路线,在研发、服务、销售和机关等多岗位进行锻炼;1%的人才是开创性人才,争取做从 0 到 1 的创造性工作,这些人才有个性和习惯,不太愿意遵守企业的规章和流程,尤其是技术专家,华为针对这类人才制定了差异化管理机制和政策。

100 华为的"蓝血十杰"是怎么回事?有何供应链管理价值

任正非认为,资源是会枯竭的,唯有文化才是生生不息的。华为追求成为电子信息领域的领先企业,为实现客户的价值而持续发展。华为的社会责任就是为实业报国和科教兴国持续不断努力,为祖国繁荣昌盛、家人和自己的幸福不懈努力。

华为的"蓝血十杰"奖是华为在管理体系建设上设置的最高荣誉奖励。

华为董事会常务委员会在 2013 年 11 月做出决议,开始评选华为管理体系的"蓝血十杰",表彰对华为管理体系建设及完善工作有突出贡献和创造重大价值的优秀管理者。2014 年 6 月 16 日,华为举办首届"蓝血十杰"表彰大会,获奖人员有华为在职员工、离职员工、退休员工和咨询顾问等,其中包括黄卫伟教授(《华为基本法》的起草人之一)。

一、"蓝血十杰"的源起

"蓝血十杰"是指第二次世界大战时,美国陆军航空队统计部的 10 位精英,他们从事数据分析决策工作,并倡导数字高于一切。美军在第二次世界大战初期轰炸敌军时,经常投弹失误,而这批从哈佛毕业的统计学高才生运用统计学、数字等专业知识,精心推演某场战役能否取胜,不能打赢则不打。他们对美军的作战方式进行数字化改革,提升了轰炸命中率,降低了飞机失事率,并为美军提供了大量十分珍贵的决策依据,节省了战斗资金。

第二次世界大战后,这 10 人退伍去了福特汽车公司从事管理工作。当时福特汽车公司的市场占有率大幅下降,员工"精神涣散"。这 10 人在福特汽车公司带头掀起市场导向、数据分析、效率提升的全方位管理变革,摆脱了经验管理的老式生产模式,逐步重视数据决策,并重整旗鼓,最终转亏为盈。

在古代,西班牙人认为贵族身上流淌的是"蓝色血液",西方人也逐渐以"蓝血"泛指智慧、高贵的才俊精英。这 10 人也因为其做出的突出贡献被后人称为"蓝血十杰"。在福特汽车公司步入正轨后,这 10 人陆续离开福特汽车公司,但依然以数据分析和市场导向,在各自新的领域做出社会贡献。这 10 人包括罗伯特·麦克纳马拉、蓝迪等,并培养了一大批杰出的美国企业家。其中罗伯特·麦克纳马拉也担任过福特汽车公司的总裁,后被任命为美国国防部长,他也将福特汽车公司的 PPB 预算方法[计划（Plan）、项目（Program）、预算（Budget）]带到美国国防部，避免了各功能部门有意夸大预算的现象。

二、"蓝血十杰"的供应链管理价值

"蓝血十杰"对美国的经济增长有重要的推动作用，助力美国成为工业强国，也开创了全球现代企业在科学管理方面的先河。

美国资深作家将他们的故事写成一本名为《蓝血十杰》的教科书级管理著作，该书于1996年被引入我国。

"蓝血十杰"对我国现代供应链管理的贡献至少包括以下3点。

一是数据为基：基于数据和事实进行科学管理，基于事实进行决策。

二是体系规范：建立以计划、利润和流程为中心的基础规范管理体系。

三是客户至上：建立以客户为导向的产品策略，而不是以技术为导向的产品策略。

华为通过多年的管理变革和供应链管理实践，从西方企业的管理方法中逐步摸索出一套适合中国企业的发展及供应链管理模式——"基于流程、以客户为中心、以生存为底线"的企业系统管理体系。华为引入"蓝血十杰"奖就是希望华为人学习科学管理和批判性思维，从点滴做起，建立现代企业供应链管理制度，尊重数据、重视调查和理性分析。

华为在国内率先设立首席管理科学家岗位，管理不仅是艺术，还是科学。

华为的几万名研发人员，加之科学管理、科学研发，保证了华为能借助其供应链管理能力实现快速、健康的发展。

101 华为在供应链管理上使用"鸡毛掸子"，提倡自我批判而不是批判

自我批判成就了华为。任正非在各类场合都反复指出，华为提倡的是自我批判，而不是批判。二者有很大的区别，批判是批评别人，因为绝大多数人并不能把握批评别人的火候，最后的结果往往是伤害他人；而自我批判则不同，它是自己批评自己，这样大多数人都会嘴上留情，虽然这只是"鸡毛掸子"，但是多打几次，还是能起到较好的作用的。

华为将自我批判比喻为用鸡毛掸子掸灰尘。华为内部印制了两份风格迥异的报纸，而且两份报纸的视角正好相反，分别为正面的《华为人》和批评性的《管理优化》。《华为人》专门介绍华为的标杆价值、典型人物引路、华为拿下哪些大项目、客户有何表扬、员工的奋斗等，反映"天使"的一面。而《管理优化》反映的则是

"魔鬼"的一面，着眼于曝光人性的懒惰之处，从这里可以看到华为不好的方面，如对客户态度恶劣、内部相互推诿、流程僵化、拉帮结派等。《管理优化》也是华为的"鸡毛掸子"，帮助员工进行自我批判。

任正非认为人的两面——"天使"和"魔鬼"都需要，通过表扬和鞭策的合力来推动人的进步。随着互联网的普及和发展，华为于2009年在企业的内部论坛上建立了反映员工意见的心声社区，这里也成为华为开展企业常态化自我批判的主要阵地，员工会在这里表达对华为的想法。

自我批判是华为供应链管理实践上的纠偏机制，而且华为发现自我批判有3个优势。

第一，自我批判是企业最好的危机公关，当发生重大问题时，只有进行自我批判并勇于改正错误，才能得到消费者的谅解，让消费者感受到企业的诚信。

第二，自我批判是一种自信，而不是自卑，只有强者才敢于自我批判，弱者往往只会想办法推卸责任。

第三，业务流程固然十分重要，却不能解决华为所有的问题，通过这种叠加自我批判的企业管理体系，及时发现企业存在的问题，及时纠偏，企业就能更好地保持方向正确，也会充满发展的活力。

任正非在商言商，通过做大华为实现自己的实业报国梦。

《华为的冬天》发表于2001年，2001—2003年是华为最艰难的时刻，员工2～3年未涨工资，同甘易，共苦难，当时华为人才流失严重。任正非又写下《北国之春》，他在日本考察时发现松下办公室贴有一张宣传海报，海报上有一艘即将撞向冰山的巨轮，底下写着一行醒目而又打动人心的文字"能挽救这艘船的，唯有你"，这正是松下人的危机感。2015年，任正非在"前进的路上不会铺满了鲜花"的讲话中再次讲到泰坦尼克号，它也是在欢呼中出海，却沉落海底的，曾经光鲜城市的匹兹堡、底特律也是换了人间，华为要想"不死"，必须永远自我革新，激活组织，焕发活力。

"生于忧患，死于安乐"，只有将危机与压力传递给每个员工，华为才有希望更好地活下去。坚持自我批判，让华为时刻保持危机意识。

102 华为的供应链管理培训体系是怎样的

相关调查显示，员工培训的一般投资回报率高达33%。华为建立了全套员工供应链管理培训体系。员工经培训后符合岗位要求，方可上岗。

一、华为供应链管理培训的"三要"

一要建立持续培训体系。培训不仅是新员工入职或出现问题后的救火手段,还是帮助员工掌握技能、不断成长的手段。华为将培训作为员工投资手段,即企业寻求未来发展的投资。华为每年的培训费高达数亿元。

二要倡导系统化的培训。华为内部设有专职的培训岗位和培训师,并按照年度计划有序开展培训工作,组建有内部培训队伍,同时有外部智力支持和培训师队伍。华为自己编写培训教材,包括《华为新员工文化培训专题教材》《优秀客户经理模型》等,另外还有产品与技术培训材料。培训教材从实际案例中提炼思想。

三要实施严格的评估、考核。华为非常重视培训效果,在培训完成后必须进行相关评估、考核和检视工作。例如,新员工在完成入职培训后,只有顺利通过严格的企业岗位任职资格考试才能被录用,新员工的培训结果还与个人晋升、加薪等内容挂钩,同时将被纳入企业的相应考核体系。

二、华为供应链管理培训的3种类型

华为供应链管理培训分为上岗培训、岗中培训和下岗培训3种。

上岗培训主要针对应届毕业生,又称"魔鬼培训",培训内容包括军事训练、车间实习、企业文化、技术、市场演习和营销理论等内容,培训时间长、内容丰富,考核较严格。

岗中培训采用在职培训和脱产培训结合的方式,让销售队伍时刻充满激情,了解通信技术的前沿发展、营销新方法和华为的销售策略等,采用线下培训和线上网络教学相结合的形式。

下岗培训针对的是不适应岗位的员工,培训内容包括新岗位所需的技术和知识。

三、华为员工的交流平台

任正非讲过,华为要更加开放创新,吸纳全球人才,构建"为我所知、为我所用、为我所有"的全球人才布局。华为要建立能力中心和人才中心。

企业要通过不断培训和实践锻炼让员工增值,薪酬是"眼前的收益",增值是"未来的收益";薪酬是"分红",增值则是"股本扩充"。华为很注重员工的情绪管理,2009年,任正非在企业内部建立论坛:心声社区。

华为企业文化的载体主要是《华为基本法》《华为人报》《华为文摘》《管理优化报》《华为技术报》等内外部媒体,以及不定期下发的文件、总裁办下发的电子邮件、任正非的讲话等。好的管理会以激励为主,以监控为辅。这样会让员工感觉被信任,从而产生士为知己者死的心态，达到事半功倍的效果。

103 华为为何创办华为大学？它在企业人才供应链中起到什么作用

华为大学也称中国企业的"黄埔军校"，是华为打造学习型组织和建设人才供应链的重要举措。

（1）华为大学的定位。华为大学主要承担新员工文化培训、上岗培训和客户培训等工作。任正非要把华为大学打造为将军的摇篮，使其为华为主航道培育和输送人才。华为大学的所有教学案例都是华为和社会实践的真实案例。其中项目管理是连排干部走向将军的必修课，18级以上干部必须过关。为了培养人才，华为创办了华为大学，对新员工进行强化训练，提升他们与华为的融合度。

（2）华为大学的现状。华为大学位于东莞松山湖三丫坡。华为在2005年就正式注册了华为大学，专职为华为的员工和客户提供各类培训课程，属于企业内部培训机构。华为大学的校训为"健壮体魄、坚强意志、不折毅力、乐观精神、顽强学习、团结协作、积极奉献"。华为每年的培训经费达数十亿元。华为大学拥有超过300名专职人员和千人兼职培训师资，硬件投入超过亿元。所有新员工都要经过华为大学的内部培训，新员工在此接受带薪培训。授课团队由教官、班主任和思想导师组成，教官负责纪律和军事训练（这是华为培训的一大特点），班主任负责日常工作，思想导师则是老专家，向新员工传授课程内容。

（3）华为大学的培训内容。华为大学为全封闭的内部大学，采取半军事化管理，倡导"用最优秀的人培养更优秀的人""从难、从严、从实战出发，以考促训""铸剑、铸心、铸英雄团队，以行践言"。其中，培训中的文化课约占50%，以诚信精神、敬业责任感和团结协作等内容为主；其他为日常工作的基本知识，如信息安全、保密工作等，甚至还有办公软件应用等实用知识，让员工的日常应用能力获得提升。华为大学还强调兼职讲师，因为他们离业务最近，讲授的内容也更具实战性。华为要求，让培训高度接近实战，开展实战化的沙盘训练，为预备梯队做好准备，重点培养种子选手，加大中层培养力度。

（4）华为大学坚持收费模式。这是值得其他企业大学借鉴和学习之处，既保证了华为的业务部门不会无偿利用资源、学习不认真，又让华为大学收支平衡，可以更好地运营。华为大学坚持收费模式，具有作战权。华为大学作为一个轻装子公司，独立核算。新员工在华为大学学成后，就会进入华为在全国的基地，甚至部分直接到国外。到华为大学学习是新员工训练的一部分，新员工到企业的岗位后，还会经历严苛的训练，在入职4个月后，基本会转为正式员工。

中篇知识点小结

1. 华为研发设计的"创新四高"：高技术、高质量、高效率和高效益。
2. 华为研发要做"工程商人"。华为在产品技术研发上，消灭"工程师文化"，将工程师变为"工程商人"。
3. 华为规定必须将至少10%的年销售收入用于研发。
4. 华为全方位国际化，就是要实现4个国际化，即产品研发国际化、管理机制国际化、人才国际化、营销国际化。
5. 创新在中国有3种方式：模仿性创新、持续性创新、颠覆性创新。华为坚持持续优化，让企业保持长期进步。
6. 华为拥有超过10万名研发人员（占总人数的50%以上），是全球研发人员最多的机构。近10年，华为的研发投入超过3000亿元。
7. 华为在国内的11个研究所对应的城市分别为深圳（总部）、北京、上海、南京、西安、成都、武汉、杭州、苏州、东莞、长春。
8. "蓝军战略"是指在国际模拟对抗军事演习中，扮演假想敌的部队模仿对手作战的特征，与正面的红军部队开展针锋相对的训练。
9. 华为一般通过招标法、价格比较法、谈判法来选择供应商。
10. 华为对供应商实行全要素管理，即"七维度考核"（TQRDCES），分别指技术、质量、响应、交期、成本、环境保护、社会责任。
11. 华为的4级供应商管理体系：战略供应商、优选供应商、合格供应商、限选供应商。华为每月、每季度、每年还会对供应商进行KPI绩效考核。
12. "备胎计划"本质上是"蓝军战略"，是应对"卡脖子"供应链风险的对策。
13. 华为的采购经历了3个时代，分别是1.0时代：低成本采购，2.0时代：阳光采购，3.0时代：价值采购、战略采购。
14. 采购总成本就是采购行为发生的所有成本或费用。华为的采购流程采用"三阶九步法"。
15. 华为采购的降本十法：成本模型法、谈判比价法、目标成本法、供应商早期参与法、杠杆采购法、联合采购法、设计优化法、成本要素分析法、归一化设计法、自制或外购法。

16. 华为生产管理的"大质量观"：质量不仅是产品、技术和工程质量，还是更为广泛的概念。

17. 华为的外包方式主要有 OEM 代工（按原图代工制造，纯代工服务）、ODM（设计加代工服务）、JDM（联合设计制造商，联合设计产品或部件）、EMS（面向全球提供更经济和规模更大的电子专业代工制造服务）。

18. 华为生产管理的"热炉法则"包括警告性原则、一致性原则、即时性原则、公平性原则。

19. 华为的会议管理借鉴《罗伯特议事规则》。

20. "活力曲线"管理也称"末位淘汰法"管理，员工被分为前 20%、中间 70%、后面 10%，这 10%的员工是需要淘汰和改进的对象，可让员工效能发挥到最大。

21. 企业要学会将大目标分解成一个个小目标，并给自己的目标设定一个最后期限。

22. 华为的库存分类管理一般采用 ABC 分类法：对 A 类库存，定时盘点；对 B 类库存，实施正常例行管理和控制即可；对 C 类库存，只需进行简单的管理控制。

23. 设计的供应链管理即设计成本，属于事前成本，并非实际成本。设计成本可以决定后期生产 80%以上的成本。

24. 华为的咨询式营销："151 营销工程"，即 1 支华为营销队伍、5 个非常营销手段（参观华为总部、参观华为样板点、组织现场会、开展技术交流、实施经营和管理研究）、1 个专项资料库。

25. 在多数项目中，华为能拿下 100%的市场占有率。华为项目 100%的市场占有率的"五步攻占法"包括项目机会、项目分析、项目计划、项目执行、项目总结。

26. 华为的全球九大市场具体包括中国地区部市场、亚太地区部市场、东太平洋地区部市场、中东北非地区部市场、独联体地区部市场、欧洲地区部市场、南部非洲地区部市场、北美地区部市场、拉美地区部市场。

27. 华为普及 S&OP。

28. 华为的铁三角销售法涉及的 3 个角色：客户经理、方案经理、交付经理。

29. 华为供应链物流的仓储分类主要包括源头仓、总分仓、前置仓、临时仓。

30. 华为的国内小件配送项目包括 3 类：电商件、备件和 2B 小件配送项目。

31. 华为的备件配送 KPI 包括质量、交付、关键事件、其他；电商配送 KPI 包括配送时效达成率、Top100 城市次日达比例、及时提货率、出险率、物流 NSS、客户投诉率。

32. 华为的供应链物流管理的 7R 原则：合适的质量、合适的数量、合适的时间、合适的地点、合适的形象、合适的价格、合适的产品。

33．华为的物流配送业务服务包括正向业务、逆向业务、仓间调拨、配送评价、信息与安全 5 项。

34．华为的数字化供应链的 5 个满足：满足业务增长管理需求、满足复杂流程管理需求、满足全球财务管理需求、满足全球供应链交付需求、满足华为全球研发需求。

35．"新四大世界"：物理世界、人类认知的世界、机器认知的世界、数字世界。

36．华为在发展中推行了两次重大财务变革：一是"四个统一"变革（1998—2007 年）；二是 IFS 变革（2007—2014 年）。

37．华为采取"三高机制"，即高压力、高绩效和高薪酬。

38．华为的两个工具是指自我批判和不断变革。华为的 3 种意识是指开放、妥协、灰度。

39．华为供应链人才的"管理三感"即基层要有饥饿感，中层要有危机感，高层要有使命感。

40．华为的薪酬激励包括长期激励、中长期激励、中短期激励、基本薪酬。

41．华为健全任职资格制度，实施职业晋升双通道。

下 篇
华为供应链"启示录"

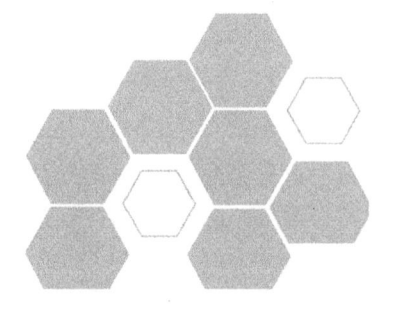

第 15 章

华为供应链启示

104　华为的熵减管理是怎么回事？华为供应链管理为何坚持这一原则

熵减的核心价值就是激活组织，以及组织中的人。熵是热力学概念，度量体系的混乱程度，一切自发过程总是会向熵增加方向发展。任正非将这一概念扩展到管理学和社会学领域。华为带动近 20 万人的队伍滚滚向前，不断激活队伍，防止"熵死"，不允许出现组织"黑洞"（也就是怠惰），不允许它吞噬华为的光和热、吞噬华为的活力。

人的衰老、组织懈怠，这种功能丧失就是熵增。人通过摄入食物强身健体，企业通过建立秩序焕发活力，这就是熵减。让熵增变为熵减的事物就是负熵，也是活性因子，如物质、能量、新的成员、信息、新的知识、简化管理等。

任正非用跑步做比喻，每天锻炼身体就是耗散结构，跑步可以消耗多余的热量，并促进血液循环，使身体更健康、更苗条、更漂亮，这就是耗散结构。如果不去跑步耗散，就可能变得肥胖、臃肿。耗散与不耗散大有区别，华为要建立和坚持企业的这种耗散制度，这就是熵减。

野狼吃胖了就跑不动，就抓不到猎物，只能被饿死，所以我们从来看不到肥胖的野狼。个人也是这样，锻炼激活人体，不沉淀，不堆积，否则给身体补充的能量就会变成要人生命的尖刀。企业也是这样，要时刻保持活力，制度和管理不能僵化。

有人曾和任正非建议，华为要建一个"华为企业博物馆"，将第一代交换机等产品展示在里面，任正非没同意，因为高科技企业绝不能躺在功劳簿里，对历史怀旧，那很危险。

活力就是活水，绕过大山，填满坑洼，终归大海。华为建立了自我纠错功能，是有创造力的狼，嗅觉灵敏，不屈不挠。华为坚持不上市，因为上市后就会有大批人变成百万、千万富翁，由奋斗者变为享受者，华为的增长速度就可能放缓，甚至出现队伍涣散的现象。华为每年都会招聘一批大学毕业生，为企业注入新鲜血液，又会末位淘汰一批员工。在生存问题上，华为认为平衡和脸面一文不值。华为为了保持狼的战斗性，没有退休福利，老员工保留获取投资收益的机会，华为永远不要变成养老型企业。

华为一方面给员工高工资和丰厚的分红，另一方面反对耽于享乐的行为。华为所在的通信行业面临巨大的技术进步压力和生存压力，前3个月全球领先，今天可能就无人问津。因此，华为的创业史就是一部惊心动魄的追赶史和超越史，除了拼命，别无他途。华为在微波、IP芯片、GSM等业务上无不如此，销售人员敢拼命，研发人员敢做穿山甲，不怕辛苦，凿穿大山。定下目标，华为人就算面临万千艰难，也会想无数办法克服和解决，这正是华为特有的企业文化。

任正非号召企业要学习全球先进的文化和管理制度，学习日本人和德国人扎实的工作态度，虽然中国的国内生产总值超过它们，但日本和德国的企业质量、员工素质、精益管理都值得中国企业学习。此外，亚马逊、谷歌、特斯拉、Meta、Twitter等一大批美国企业持续崛起并焕发生机。华为要正视美国企业，它们有先进的制度、灵活的机制、清晰的产权、个人权利尊重和保障、良好的生态环境、全球优秀人才吸引机制，这些值得华为学习。

任正非让华为的人力资源政策坚持熵减原则。干部循环流动、部门循环赋能，停止了就会产生惰性。2007年10月，华为5100名工作满8年的员工以个人名义提出辞职申请，华为为此支付了超过10亿元的赔偿金。与此同时，华为选择性地与自愿辞职的员工重新签订劳动合同，薪酬略有增加。华为愿意付出这么大代价，就是为了保持华为的狼性文化和奋斗精神，华为宁要刚毕业的充满激情的大学生，也不愿要浑浑噩噩度日、意志消沉的老员工。

这就是熵减，和华为"以客户为中心，以奋斗者为本，长期坚持艰苦奋斗"的文化相辅相成。

105　一般企业从华为学什么

"伟大的背后都是苦难。"

华为于2015年发布了一张芭蕾舞者脚部的宣传海报，打动了无数消费者。这张海报上的舞者是美国顶级芭蕾舞者，这张照片是她在练习厅休息时拍摄的，一只脚上穿着光鲜亮丽的舞鞋，另一只脚却是赤裸的，并且伤痕累累，形成强烈的对比，反映出芭蕾舞者的极致美丽和无比艰辛。

华为就跟这张海报中的芭蕾舞者一样，历经苦难，中华有为。

"天行健，君子以自强不息。"华为的成功可不可以复制？社会上关于华为的书籍不少于100本，从各种角度谈的都有。然而业界学习华为成功的，却是少数。为何出现这种现象？其他企业从华为身上应该学习什么？如何借鉴并运用？

一、华为成功的底层逻辑

能量守恒定律在企业管理中同样适用，熵减的过程是痛苦的，前途却是光明的。任正非不断强调危机感、自我批判、艰苦奋斗、IPD、ISC，就是注重自然界的能量转换，增加势能。

华为的企业管理结构是耗散结构，不断将能量耗散，实现重生。

华为的成功源于 8 个字：财散人聚、聚焦研发。

一是让华为员工共同富裕，让员工为企业倾尽全力。

二是聚焦研发，将更多资金用于研发，打造企业的核心竞争力，让产品更具竞争力，让销售更容易，让团队支撑更给力。

华为成功的背后是理念、文化、机制和流程，尤其是机制和流程，都是从客户需求出发的。

二、华为的八大榜样

其他企业应向华为学习，坚持做自己，提供差异化的价值。华为的八大榜样如图 15.1 所示。

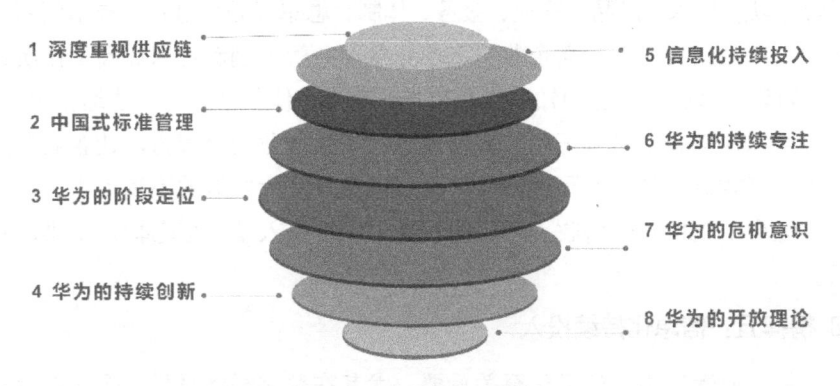

图 15.1 华为的八大榜样

☑ **榜样一：深度重视供应链**

企业的供应链管理是企业核心竞争力的重要部分，没有供应链的成功，就谈不上华为的成功。很多企业并没有真正认识到供应链管理的重要性，没有从企业顶层设计本企业的供应链管理模式。企业应重视供应链，向标杆企业和优秀国际企业学习。

☑ 榜样二：中国式标准管理

华为的中国式标准管理核心体现在引入 IPD 和 ISC 上，使得企业管理更加标准化、流程更加科学化。华为的 IPD 需要真正的产品经理，核心是产品经理的培养。很多中小型企业也在简单学习 IPD，这些企业可能都由一些技术牛人掌舵，对产品十分熟悉，但上了 IPD 流程可能让产品经理失去感觉，让产品找不到方向，所以不能简单、盲目地照搬华为的做法。IPD 是好的项目研发流程，也需要组织上的支撑，当组织不能很好地为流程服务时，流程就可能变得低效。当输入不明确时，IPD 也需要组织与之相匹配。产品经理对产品从需求到实现全面负责，才能研发出真正有竞争力的产品。

☑ 榜样三：华为的阶段定位

华为的 4 个阶段：第一阶段做商品，代理商品；第二阶段做产品，在学习中进步；第三阶段做技术，从研发上下功夫，以最低的成本高质量抢占市场；第四阶段做标准，只有做标准，才能立于不败之地。华为所走的每一步都从全局谋划，走得稳健。企业发展一定要循序渐进，在不同阶段制定不同的目标，并追求更高的目标。

☑ 榜样四：华为的持续创新

创新与企业拥有多少资源有关，但是更考验企业有效整合和利用全球资源的能力。创新可以从技术、产品、管理、服务、体制、思想等领域进行，技术创新可以提高生产率；产品创新可以提高企业的市场竞争力；管理创新可以提高工作质量和效率；服务创新可以提高企业的知名度和市场占有率；体制创新可以让运作更有秩序；思想创新可以保障企业沿着正确的方向前进，增强企业的凝聚力，让企业发挥创造性，产生更多效益。任正非写过一篇名为《创新是华为发展的不竭动力》的文章，并将华为至少 10%的年销售收入用于研发这一制度写入《华为基本法》，推动企业持续创新。

☑ 榜样五：信息化持续投入

在现代企业管理中，信息化至关重要，尤其在数字经济时代，企业在信息化建设上一定要舍得投入，并尽可能使用成熟和优秀企业的信息系统，提升企业的运营效率。企业的规模越大，越要注重信息化的投入。

☑ 榜样六：华为的持续专注

华为在发展过程中有过很多机会进行多元化发展，但华为始终围绕通信行业，最终成为中国走得最远的民营企业。华为"敢于将鸡蛋放在一个篮子里"：在创业初期，华为认识到通信行业的市场巨大，坚持这一主航道，始终不被其他机会诱惑。

华为利用"压强原则"进行局部突破，逐步掌握通信行业领先的技术，不断进行升级、研发、创新，最终成为全球通信行业的设备龙头企业。

☑ **榜样七：华为的危机意识**

2001年，华为南京研发中心成立，同年华为又与俄罗斯国家电信部门签约。当华为的员工欢呼雀跃时，任正非却发表《华为的冬天》一文，将华为的狼性文化进一步定义为偏执的危机感、拼命精神、平等、直言不讳和"压强原则"，让公众重新认识华为的危机意识和狼性文化。任正非声称自己10年来天天思考的都是失败，对成功视而不见，也没有什么自豪感、荣誉感，而是充满危机感。他认为只有这样，华为才能存活得更久一些，失败一定会到来，华为要随时准备迎接，这也是历史规律。危机意识让华为保持稳步发展。比尔·盖茨也曾说过一句名言："微软离破产永远只有18个月。"

☑ **榜样八：华为的开放理论**

在国际化征程上，开放、妥协、灰度是华为发展的秘密武器。例如，美国开放包容的文化、创新的体制，让各类创新企业不断涌现。任正非认为商业市场是无国界的，全球化不可避免，只有勇敢地开放自己，积极拥抱新世界，直面与西方发达国家企业的竞争，在竞争中学会管理企业，努力让自己的产品支持全球化进程才有出路。"民主是灰色的，妥协是金色的"，在竞争中适当妥协，就是双赢或多赢，与合作伙伴共赢，必须坚持长期主义。

华为采取"先僵化、后优化、再固化"的方法。针对西方先进的管理经验和管理方法，尤其是世界500强企业的领先做法，在现阶段不具备搞中国版本的条件时，华为选择先僵化，教条、机械地落实体系；然后结合自己的成功经验进行优化；最后通过企业的法律法规、工作制度进行固化。例如，IPD和ISC均是如此学习和应用的，最终成为华为的核心竞争力。

106 华为供应链还要提升什么

华为供应链要学什么？任正非认为，只要是有价值的，一切皆可为华为所用。

一、华为学习的5个对象

（1）学习党的执政理念。学习中国共产党的执政理念，推行华为的自我批判、多劳多得制度。

（2）学习全球的管理经验。学习英国的制度、美国的创新、日本的精益、德国的规范等全球先进的理念。

（3）学习军事战争思想。学习中国人民解放军和毛泽东思想，学习上甘岭、上校连长、呼唤炮火；学习国际上的西点军校等。

（4）学习内外的优秀企业。学习海底捞的用心服务、顺丰速运的使命必达；学习IBM等国际企业的管理方法。

（5）学习动物、植物的习性。学习狼、狮子、蜘蛛和蚂蚁的习性；学习薇甘菊的习性。

华为认为，没有知识驱动，一切都将停滞不前，尤其对于世界500强企业的先进管理方法，一定要持续学习并加以应用。知识决定认知，认知决定思维，思维决定结果，华为要做学习型组织，通过组建华为大学，与有实力的机构合作，带领高管在全球范围内游学，使其有更多视角并获得全方位的提升。

二、华为与4类对象的合作

华为持续为社会各行业提供解决方案。华为更注重真实消费者的需求，而不是运营商的需求，运营商不过是中间环节，消费者的需求代表市场的需求，甚至时代的需求。华为与4类对象的合作如下。

（1）与合作伙伴建立联合研发创新中心。据统计，华为近10年先后与合作伙伴建立了30多个联合研发创新中心，广泛分布于世界各地，孵化成功的创新项目超过100个，如无线接入、网络通信技术、云计算、业务支撑系统等行业解决方案，合作对象有沃达丰、贝尔、卡尔顿大学、TELUS等。

（2）强化与国内三大运营商的合作。运营商业务是华为的根基，华为与中国移动在四川建立了无线联合研发创新中心，与中国联通在上海成立大数据联合研发创新中心等。

（3）深入开展与非电信企业的合作。华为研究轨道智能交通、汽车、新能源、医疗等垂直细分领域的供应链解决方案，并组建了相应的新的供应链事业集团。

（4）与昔日的竞争对手合作。IDCC公司是无线电话通信的先驱，2011年，IDCC公司对华为总部和美国分公司提起诉讼，最终双方相互支付赔偿费用；2016年，双方联合对外宣布共同签署了全球性排他专利许可协议，一夜之间，竞争对手成伙伴，在利益面前，今天的竞争对手可能就是明天的伙伴。华为慷慨地将口粮分一半给队友，同时会将子弹射向真正的威胁目标。

107 华为供应链与全球的优秀供应链相比，绩效如何

一、华为供应链的思考

（1）学习友商的供应链。华为将竞争对手亲切地称为友商。华为学习友商的优点，和友商做朋友，吸取百家之长。例如，华为之前的荣耀就是学习小米的互联网思维打造出来的品牌，最终大获成功；华为学习苹果每年仅推两三款精品手机的策略，改变原来款式众多的产品模式，建立更具竞争力的手机供应链。华为往往会给竞争对手留个活路，这也是给自己的未来预留活路，出发点还是保存自我，因为竞争不能物极必反、过犹不及。互相竞争中也有互相学习和互相超越，良性竞争会推动行业和社会进步，赢得更多市场和消费者，共同做大市场"蛋糕"。

（2）华为做"工程商人"。华为认为自己是"工程商人"，是在工程领域创新，而非在技术理论领域创新。未来，现有社会将变成智能社会，并出现信息大爆炸的现象，华为不能仅是赌某个方面，而是要从多条路径出发。对高科技企业来讲，技术探索和产品研发通常会遭遇岔路口，选择对了前途光明，选择错了则万劫不复。从2016年起，华为认为自己要做管道式操作系统，下面是操作管道，中间的平台是网络集成，上面还要实现能力开放，将所有相关内容都进行集成接入，实现管道的3点衔接。

（3）华为明确挑战目标。一家企业要想成就一番事业，就要敢于挑战与自己力量相当，甚至强于自己的竞争对手。2015年，华为手机在中国的销量为三星手机的3倍，华为在新品发布会上公开树立对标对象——苹果，要在高端市场超越苹果。面对苹果这种对手，华为需要挑战它来证明自己的实力。苹果在全球手机行业占据龙头地位，挑战它不仅需要勇气，还需要智慧，华为供应链和全球的优秀供应链将开始一场比拼。

（4）华为定位于中高端市场。华为从2016年开始，甩开低端市场，紧逼三星，对标苹果，全面打造更强的供应链。华为确定了精品战略，抢占中高端市场。尽管苹果手机的价格居高不下，但并不影响全球"果粉"对它的追捧和迷恋。任正非也要求华为消费者BG从结构、模式、组织、供应链方面好好思考，如何立足于中高端市场。

二、华为供应链对标分析

只有第一才会被消费者记住，最终赢得消费者的信赖。华为赶超苹果，是一个十分艰难且漫长的过程。由于敢于向王者挑战，华为不断积累出新的优势，创造着

新的奇迹。

对标一：设计的供应链管理。华为积极掌握"核芯技术"。华为研发麒麟处理器，与高通和苹果的处理器站在同一起跑线上，彰显了华为的挑战精神。华为的 P9 手机在国内外市场均获得一致好评，重新定义了国产高端智能手机。华为手机在研发设计上，不断投入研发资金和力量，取得一个个突破。

对标二：生产的供应链管理。华为以专利见长，并以知识经济制胜。由于掌控了更多专利，因此华为在国内外生产制造上如履平地，走得更远。华为还建立了完善的全流程生产质量反馈改善体系。华为内部有一个规定，即要做业界标杆、质量标杆。由于生产质量出众，华为获得行业唯一的中国质量奖。

对标三：销售的供应链管理。华为逐步建立品牌溢价，其产品可比竞争品牌的产品售出更高的价格，这就是品牌溢价的能力，也是品牌的附加值。华为凭借过硬的质量和优质的服务，使其品牌逐渐被国内消费者知晓，并迈向与苹果的决战之路。在国外，企业之间的竞争是比谁的技术更好、谁的产品能够卖出更高的价格，而在国内恰好相反，比的是谁的产品的性价比更高、谁的产品价格更低。华为追求高端化和精品化，在国内华为等于"高质量"，而不是某些互联网手机品牌的"性价比"。华为手机还赞助一些顶级时尚平台，让时尚元素为华为注入新活力和全球级影响力，在高端市场扎根并站稳。

对标四：服务的供应链管理。华为投资建设品牌专卖店。华为投入巨资在国内建立了数百家服务专营店和体验店，这些门店极大地提升了华为服务的形象。华为不是追求性价比，而是追求产品至上、服务至上。华为认为，从根本上讲，消费者最需要的永远是高质量、高品质的产品。

对标五：利润的供应链管理。华为供应链与苹果供应链的利润相差甚远。2016年，华为手机已占全球市场份额的 11.3%，发展势头良好，但获取的利润与苹果等巨头相比，却是小巫见大巫。2016 年第三季度，全球智能手机市场的总营业利润约为 94 亿美元，而苹果占到其中的约 90%，第 2～4 位的三大国产品牌华为、vivo 和 OPPO 加起来只占到总利润的 6.8%，相形见绌。

108　华为供应链带来什么启迪

华为供应链要走的路还很长，而真正的对手可能还在蛰伏，待机一搏。

这是一场没有尽头的市场竞争，华为最终的竞争是和自己的竞争。"活下来是真正的出路"，因为优秀，所以不会死亡。百年企业，各有其取胜之道，美国布鲁克林家族企业学院的研究成果表明，约有70%的家族企业未传至第二代，约有 88%的家族企业未能传至第三代,只有约3%的家族企业在第四代仍然在持续经营,可见企业制度和规范的重要性。

一、华为成功的主脉络:供应链

创业难,守业难,知难则不难,唯有惶者才能生存。每家成功企业有其成功的秘诀,细细分析就会发现,华为有一条明确的主脉络引导其成功,那就是供应链。

华为的供应链变革,从ISC变革到全球供应链变革,从CISC变革到ISC+变革,华为的发展史本身也是一部变革史。供应链变革更是华为变革的重要内容,变革要由企业主导者发起,并将变革制度化,推动变革组织支撑变革运动,变革成败与部门一把手的绩效关联,企业上下形成领导带头遵守制度规则,走先固化、后优化、再简化之路。

供应链管理反映的是企业真实的内部管理能力。

二、"后任正非时代":供应链制度治企

华为要走出"任正非时代",华为目前的历史还是任正非的创业史,重大决策几乎都是任正非亲自参与制定的,华为对任正非个人的依赖性很大。华为只有职业化、淡化领导人,才能成为一家真正的国际企业。任正非通过轮值CEO等制度做了初步尝试。任正非在《狭路相逢勇者胜》一文中指出,华为真正战胜的竞争对手是管理和服务,是企业供应链的相关制度、流程和标准,而不完全是人才、技术和资金。没有管理,就形成不了力量;没有服务,就达不成目标;没有标准,就无法统一执行。先进的武器不一定代表战斗力,战斗力的形成来自管理,追赶国际先进企业的管理水平,建立更加长久的管理机制和流程,才是企业长治久安的生存之道。

三、核心竞争力打造:研发供应链创新

企业应经营好供应链的知识产权,提升核心竞争力。华为认识到,从全球供应链竞争的角度来看,一家企业要想走向全球,就必须增强知识产权的经营和保护能力,这也是一个国家综合竞争实力的体现。华为坚持"压强原则",坚持"钉子精神",汇聚企业资源,突破一点,实现行业局部领先,在通信行业网络技术研发、终端产品研发、操作系统及芯片等核心研发上,聚焦于"痛点",持续投入,要么不做,要做就集中人力、财力、物力,重点突破。华为针对小改进,给予大奖励;针对大建议,只鼓励。

专利是企业快速拓展国际市场的一道护身符,是企业进入国际市场的一张门票。

西方国家极其重视知识产权及其保护，华为采取借船出海的方式，主动交纳专利费，更快前行。同时，华为加大研发力度，积极尝试专利交叉许可。华为在1995年就成立了知识产权部门，专业人员超过百人。华为制定了知识产权和版权的保护制度及相关流程，并印制成手册，方便员工学习，对重大专利发明给予3万~20万元的奖励。

华为每年将至少10%的年销售收入用于研发，建立长效科研机制，形成专利制胜的新竞争策略，让企业供应链管理能力持续提升。

华为是一家因艰苦奋斗而成长起来的企业，任正非是一位因艰苦奋斗而有所成就的企业家。华为以制度治企，因研发突围，持续聚焦于供应链、产业链的核心竞争力打造，在理性与平和中坚守初心，一次次历经寒冬，从泥坑中爬起，不断发展。

2005年，任正非被美国《时代周刊》评选为当年"全球最具影响力的100人"。在由《商业周刊》杂志评选的"全球十大最具影响力企业"中，华为也是中国唯一上榜的企业，"华为现象"的背后隐含着的管理哲学和理念才是中国企业和企业家最需要思考的。

第 16 章
华为供应链的竞品比较

109 华为供应链与国内其他知名企业供应链的比较

一、与通信企业（中兴）的比较

20 世纪 90 年代"巨大中华"崛起，至今仅剩"中华"（中兴和华为）。这两家企业的总部都在深圳，两大友商相互竞争、相互促进，撑起我国通信市场的一片天。

中兴于 1997 年在深圳 A 股上市，是全球四大电信设备供应商。虽然华为的业务规模远超中兴，但仍不可小视中兴。双方的业务构架和供应链也很相似。

从供应链管理运营绩效来看，华为的各项指标均高于中兴，当美国将中兴纳入"实体清单"时，中兴损失惨重，而华为面对"断供"却积极应战。华为供应链面对美国的极限施压，没有崩溃，艰难地挺着，自我造血，并转正供应链"备胎"，供应商产品国产化、海思芯片上线、鸿蒙操作系统面市等，一个个惊人的操作让国内企业见识了华为供应链强大的抗压性、韧性和坚固性。

这印证了一句话：企业的未来靠供应链，得供应链者得天下。

二、与制造企业（联想、小米）的比较

（1）华为与联想比较。联想于 1998 年成立，由 PC 组装起家；于 2004 年并购 IBM 的 PC 业务，实现了全球化发展；于 2014 年并购摩托罗拉原手机业务。联想也采取自制和外包相结合的生产供应链，提供 PC、手机、数据存储、服务器等产品及服务。联想 2019 年在《财富》世界 500 强榜单中位列第 212，营收为 510 亿美元，库存周转天数为 29 天，现金周转天数为 23 天，应付账款和应收账款的管理也都较为规范。联想的供应链管理能力总体较强，近年连续进入美国著名咨询机构 Gartner 最佳供应链管理实践 Top 25 榜单，中国企业仅联想和阿里巴巴进入该榜单。联想供应链的问题是核心元器件和操作系统过度依赖外部供应商，供应链的安全性不足。另外，联想的多元化是否健康也值得研究。

（2）华为与小米比较。小米成立于2010年，专注于手机等硬件的生产和销售，构建小米家庭生态服务圈。小米同时是一家投资企业。小米于2018年上市，2019年以最年轻的身姿进入《财富》世界500强榜单。小米通过"线上商城+线下小米之家"的新零售模式提升客户体验。2018年，小米实现收入1749亿元，其中手机收入为1138亿元，物联网收入为438亿元，互联网服务收入为160亿元，其他服务收入为13亿元。小米的销售由于大部分由线上产生，因此回款效率极高；库存周转天数为70天，绩效在快消行业不算高；现金周转天数为28天。总体来说，小米的供应链管理效率不错，但与华为相比，小米的库存和供应商管理还有提升的空间。小米采用全外包模式，缺少控制权。另外，小米和供应商之间采用低利润供应链模式，可持续发展是需研究的问题。近几年，小米逐步将小米手机定位于高端手机，将红米手机定位于年轻人喜欢的手机，正往更高客单价、更高利润层级进行拓展。另外，由于生态链产品较多，小米的供应链管理难度也相对较大，增加了供应风险，其国际销售市场主要是经济不发达国家，存在坏账的风险。

110 华为供应链与国际知名企业供应链的比较

1997年前后，华为靠自身摸索和积累的经验，形成本土型、粗放型和口号型做法，这些管理思想和管理模式已无法有效地进行内部管理和外部拓展。而1997年年末的美国之行是华为发展史上的重要转折点。华为自此全面引入IBM的流程管理，战略思考也融入美国的经验。

"先僵化、后优化、再固化"，采用"拿来主义"，把别人成功的管理技术和经验拿来使用。华为明确了一条路：向先进学习，向美国学习。

一、与国际通信巨头供应链的比较

（1）与爱立信的比较。爱立信是成立于1876年的老牌电信设备供应商，是全球第二大电信设备供应商，欧美是爱立信的最大市场，其运营商网络收入占总收入的66%。2018年，爱立信的年销售收入为242亿美元，与华为的1052亿美元相差较多，也低于华为429亿美元的运营商业务收入。在各项供应链指标中，爱立信的库存周转天数比华为略少。

（2）与诺基亚的比较。诺基亚成立于1965年，总部位于芬兰，1998年打败摩托罗拉，登上手机龙头的宝座。然而，在智能手机市场，由于三星、苹果凶猛杀入，诺基亚逐渐衰落。诺基亚在5G标准声明量方面，是第二大通信厂商，在5G市场拥有一定的地位。诺基亚的供应链更加柔性、便捷，2018年的年销售收入为264亿美元，略超爱立信，较华为的运营商业务收入429亿美元低。华为在营销能力上远超爱立信和诺基亚，但在物流仓储供应链管理上，略逊于爱立信，好于诺基亚，华为将爱立信更多地视为竞争对手。

二、与国际科技巨头供应链的比较

质量好、服务好、运营成本低、满足客户需求，是华为提升盈利能力和竞争力的关键，即做好产品供应链、服务供应链、供应链成本和供应链需求管理。

（1）与三星供应链的比较。三星创立于1969年，1975年在韩国上市，2017年成为全球最大的半导体企业。目前，三星还是全球手机出货量第一的厂商。在2019年的《财富》世界500强榜单中，三星位列第15，是全球最赚钱的4家企业之一。三星目前的业务涉及的领域包括消费电子（营收占比为16%）、移动通信（营收占比为37%）、设备解决方案（营收占比为44%）、声学业务（营收占比为3%）4个方面。三星在全球有32万名员工、252家子公司和45家合资企业。三星拥有向产业链上游延展的垂直产业链，如半导体芯片、显示屏、内存、电池等关键部件，还拥有组装工厂，具备成本优势和制造优势。2016年，三星手机逐步退出中国市场；2019年惠州工厂正式关闭，三星手机彻底退出中国市场。三星2018年的毛利率高达46%，净利率也有18%，财务状况稳健，应收账款、应收账款天数均良好，库存管理水平有待提高，现金周转速度不够快。

（2）与苹果供应链的比较。苹果由乔布斯等3人于1976年创立，4年后上市，并很快进入《财富》世界500强榜单。1997年，乔布斯重新执掌苹果，并和库克合作，一个负责产品研发，一个负责苹果的供应链管理。2011年乔布斯去世，库克接手，延续苹果的辉煌时代。2018年，苹果成为全球首家市值过万亿美元的科技企业。2019年，苹果在《财富》世界500强榜单中位列第11，并在全球拥有13万名员工。苹果凭借少数几款产品成为巨无霸科技企业，并通过自己的软件平台将不同设备连接起来。苹果对供应商有充分的议价权，将生产制造环节外包，建立起全球化的供应链网络体系；对全行业拥有巨大的掌控力，并建立起由芯片企业、软件商店、操作系统、核心零部件供应商、组装企业、App研发者、零售体系组成的高度精密和强大的苹果生态系统，让供应链成员高效融合。苹果在Gartner的最佳管理实践排名中常年位列榜首。苹果2018年的营收为2656亿美元，毛利率为38%，净利率也高达22%，对应收账款、应付账款均具有较强的主导权，库存周转天数仅为9天，现金周转天数为84天，几乎未动用企业现金，可见苹果话语权之大。

111 华为和苹果供应链 12 大指标的差距

2016 年第四季度的数据显示，苹果手机的出货量占全球市场出货量的 18%，却占行业利润的 92%。华为根据此情况，决定用华为手机进军高端市场，用荣耀手机进军中低端市场，与苹果正面竞争。苹果手机一经面世便风靡全球，并将诺基亚从老大"宝座"上赶走。苹果的霸主地位与其强大的设计、技术研发，以及知识产权和全球供应链管理分不开。

国产手机深陷价格战，与国产手机品牌缺乏软件和硬件研发实力有关，智能手机的核心部件也是利润最高的零部件，如 CPU、显示屏、存储器均购自美国、日本、韩国等企业，操作系统也是在谷歌 Android 系统上定制研发的，最终中国企业只能通过性价比去抢占市场，赚取辛苦钱来求得发展。

2021 年，华为的年销售收入为 6368 亿美元，约为苹果的 1/4。华为的研发费用占年销售收入的 22.4%，净利润率为 9%，与苹果 26% 的净利润率相比，差距较大。华为 2021 年的人均利润为 56 万元，苹果约是华为的 9 倍。在销售和行政管理成本占比方面，华为相对较高，如 2018 年为 14.6%，而苹果为 6.3%，这也说明华为的供应链管理与苹果的供应链管理有较大差距。华为和苹果供应链 12 大指标的对比如表 16.1 所示。

表 16.1 华为和苹果供应链 12 大指标的对比（以 2021 年为例）

序号	指标	华为	苹果	备注
1	年销售收入	6368 亿元	24102 亿元	苹果是华为的近 4 倍
2	净利润	1137 亿元	6403 亿元	苹果的净利润堪比华为的年销售收入
3	净利润率	9%	26%	相差 17%
4	人均利润	56 万元	485 万元	苹果约是华为的 9 倍
5	员工人数	20 万人	13.2 万人	华为比苹果多 6.8 万人
6	销售和行政管理成本占比	14.6%	6.3%	相差 8.3%
7	研发投入	1427 亿元	1400 亿元	投入几乎相当
8	研发投入占比	22.4%	5.8%	华为的研发投入占比更高
9	市值	1.3 万亿元	3 万亿元	截至 2021 年年底，华为的市值为测算估值
10	资产负债率	57.8%	82.02%	苹果的资产负债率更高，资产规模差别缩小
11	Gartner 全球供应链 ToP25	未上榜	5 家大师级企业之一	供应链管理差距很大
12	中国大陆地区供应商占比	21%	44%	华为国内供应商占比近 50%，但华为对美国核心供应商的依赖性更大

数据来源：华为、苹果的 2021 年财报。

总体来看，华为的供应链管理水平在国内首屈一指，但与供应链管理巨头还有较大差距。

供应链能力就是创造价值的能力，华为在这方面已越来越强。中国要崛起，就需要有一批如华为这样的企业崛起，屹立于优秀企业之林。

112 华为如何做好供应链风险管控

华为在通信技术上有 30 多年的沉淀和积累，有独立研发的海思芯片、制造工厂、生态应用平台、全球销售服务网络、产业链制造后盾，具备一定的企业竞争力。但由于产品线较多，供应链管理复杂，华为与供应商的议价话语权有限。华为与国际一流企业进行对标，结合自身优势，进行差异化发展，不断缩小与苹果和三星等国际一流企业的差距，拉开与国内手机企业的差距，打造独有的供应链管理之路。

华为的供应链风险管控主要从 4 个方面着手。

（1）持续加大自主研发力度。华为有一个著名研究机构——2012 实验室，名称来源于热门电影《2012》，意在激励华为在面临毁灭前，搭建一艘"挪亚方舟"，实现自救。2012 实验室也是任正非对未来风险的一套预防机制，其下属单位包括中央硬件工程院、海思半导体、中央软件院、研发能力中心、中国和全球各大片区研究所等。2021 年，华为的研发投入已超过苹果。

（2）提前布局芯片和操作系统。对于芯片和操作系统，华为早就有布局，在 2004 年成立海思，并在 2009 年研发成功首款手机芯片 K3。经过多年研发，华为已经将大量芯片应用于华为中高端手机，减弱和部分摆脱了美国上游企业的控制。从供应链战略上考虑，华为必须有自己的芯片和操作系统，具备独立的核心竞争力与行业控制权，不能被卡脖子，要有"备胎计划"。这样即便当海思芯片不好用时，项目也不会被枪毙，甚至会茁壮成长。2019 年 5 月，华为被美国列入"实体清单"，华为的"备胎"一夜全部转正。华为的鸿蒙操作系统于 2019 年发布，于 2020 年全面上线，在物联网赛道上更具竞争力。

（3）采购供应链提前备货。2018 年的"中兴事件"让华为敏锐地意识到美国可能会对自己"动手"，于是华为针对国内元器件，进行供应战略分析，规划储备及备份解决方案。2018 年 12 月，华为开始备足 12 个月的库存量，大量采购关键的元器件，做好将美国厂商更换为中国供应商的替代方案。当美国时任总统宣布"实体清单"延迟 90 天执行时，华为早已做好应战准备。

（4）提升供应商的国产化率。目前，华为已大幅提升元器件等供应商的国产化率，这为国内供应商提供了更好的商业机会。

113　华为产品名称的灵感来源

华为注册了大量与中国文化有关的产品，从《山海经》等中国古书中寻找灵感，通过意象来为产品命名。

鸿蒙：操作系统，取自"盘古破鸿蒙，便由此开天辟地，分清辨浊"。盘古在昆仑山开天辟地之前，世界是一团混沌的元气，这股自然的元气就叫鸿蒙。这是中国的第一个自主操作系统，大有"开天辟地"之意，也是"一切从零做起，开启鸿蒙之先"的象征。

麒麟：华为的手机芯片。麒麟是上古神兽，传说能活 2000 年，是上古时期中国人敬畏的吉祥动物，能带来幸运和光明，也比喻才能杰出、德才兼备。

泰山：华为的服务器。泰山是中国五岳之首，也是中华民族的象征、天人合一思想寄托之地，以泰山命名，体现出服务器的稳。

鲲鹏：华为的 PC 处理器（服务器）芯片。鲲和鹏是中国古代神话里的神兽，是两种奇大无比的生物，鲲是大鱼，鹏是大鸟。

昇腾：华为的人工智能芯片，意为超脱尘世。

凌霄：华为的路由器芯片。凌霄是一种落叶木质藤本，其茎可攀升高达 6 米，和路由器异曲同工。

巴龙：华为的基带芯片。三巴龙属于鸟臀目，在亚洲侏罗纪地层被命名为鸟脚类恐龙。

另外，华为还注册了紫龙、威凤、浩天、青鸟、朱雀、腾蛇、青牛、青玄、当康、玄机、白虎、饕餮、角虎一等系列商标，网友戏称华为注册了整个《山海经》。

114　华为手机的命名规则

华为手机的命名规则如图 16.1 所示。

（1）D：Diamond，钻石，华为顶级科技旗舰系列。D1、D2 手机的表现差强人意，华为手机团队在 D2 手机的基础上，推出第一代大屏机 Mate（代表陪伴和伙伴）手机，迅速获得商务人士的认可。华为紧接着推出 Mate 2 手机。2014 年，Mate 7 手机成为中国高端手机突破市场的一代神机，燃爆市场，以 700 万部的销量收官。Mate 出后，再无 D 位。

（2）P：Platinum，铂金，华为高端时尚系列。华为在 2012 年推出 P1 手机，定价为 2999 元，至推出 P6 手机时一战成名。P 系列成为华为旗舰双雄，以"颜值+摄影"风靡全球，获得全球消费者的喜爱和赞誉。P 系列从 P1、P2 直接跳至 P6，与

2014年秋天发布的iPhone 6进行竞争，之后的P系列和Mate系列均大受好评。在2017年推出P10型号之后，华为没有推出P11、P12，而是选择了P20、P30、P40等型号，Mate系列也从2018年开始变为M20、M30、M40。

图16.1 华为手机的命名规则

（3）G：Gold，黄金，华为中档智能手机系列。它是大家熟知的nova系列手机的前身，作为中档智能手机系列产品，售价从1000到2000元不等，消费者的记忆不深。由于和LG手机的G系列撞名，因此华为在海外销售时以GX系列进行销售，出现同一产品两个名字的乱象。华为2011年从华为终端公司选择了nova商标，nova源自拉丁语，意为新星，更简洁。第一代nova手机的销量达到500万部，截至2019年，全球出货量超过1亿部。

（4）Y：Youth，年轻，华为入门级智能手机系列。Y系列也称华为畅享，2015—2019年，Y系列手机全球发货超2亿部。荣耀作为华为旗下产品线系列子品牌，从2013年开始独立运作，在2021年与华为剥离。

华为手机最终形成Mate、P和nova这3个系列。在这3个系列中，后缀增加Plus和Pro，分别意味着屏幕尺寸增大和电池续航能力提升及性能提升。

第17章
华为供应链的挑战

115 华为供应链管理的挑战

企业供应链管理的最终目标是降本增效，提升企业的竞争力。砍掉成本就是增加利润，而产品成本的核心是固定成本和变动成本。

一、如何降低产品成本

要降低产品成本，就需要从6个方面着手。没有规模，就没有低成本，企业应从以下6个方面追求规模效应。

一是在供应链规划上，要提高资金运作水平，进行事前成本预测和计划，事中成本控制和核算，事后成本考核和分析。

二是在设计供应链管理上，注重产品和技术创新，提高效率，降低成本，建立拉式供应链。

三是在采购供应链管理上，科学决策，合理采购，控制成本（采购成本、物流成本和库存成本）。

四是在生产供应链管理上，采用精益供应链生产方式，发挥设备效能，优化流程，提高产量和质量，减少库存。

五是在销售供应链管理上，提高销售费用的使用效率。

六是在服务供应链管理上，实现高效配送，降低成本。

二、如何运用中国式管理提升竞争力

与更强的竞争对手相比，华为的供应链依然需要提升竞争力，而要提升竞争力的关键在于研发。

中国式管理适合中国的国情。华为结合中国人的特点，推行中国式管理。在中国，企业更适合采用金钱式激励管理方式，并配上制度式约束管理方式和高薪加高

压管理方式，不断刺激，创造更多财富，尤其是中国企业目前处于追赶先进的阶段。这种管理方式在当前的欧美国家不一定适用，国家处于不同的经济发展阶段，企业的管理文化也会不同。

华为采用中国式管理：一方面，华为的薪酬水平业界领先；另一方面，华为通过建立恰当的企业文化及管理制度，保证员工能够保持较高的工作强度，带来更高的产出，支撑华为的薪酬领先。用华为的话来讲就是"以奋斗者为本"，本质就是给奋斗者更多的薪酬，激励其通过创造更大的价值来获得更多的回报，这也最适合当前中国的经济发展和中国人的生存现状及深层需要。任正非曾讲过，华为的员工大多数来自城镇、山区和农村，"贫穷招聘"策略发挥了巨大的作用，华为彻底改变了这个群体，用让他们跃升为中产阶级、产生巨大的幸福感，换来对华为更高的忠诚度和勤奋工作。同时万事有利亦有弊，企业在采用"金钱模式"时，也要尽可能降低其弊端，实现组织和个人的最大价值。因此，华为在基层强调物质激励，在高层更强调文化和使命引领，为实业报国、国家崛起而努力奋斗。

"90后""00后"员工驱动挑战。中国式管理与当前中国人在马斯洛需求层次理论中所处的阶段有关。目前，我国绝大多数人还处在低层级的衣、食、住、行等生理需求阶段，对应的管理模式也需要匹配这个阶段。付出超越常人的努力，获得超越常人的报酬，就是最适合目前中国国情的激励策略。华为今后将会面临"90后""00后"员工，他们对薪酬的要求发生了很大变化，这为华为带来新的人力资源管理挑战。

116　华为为何推出企业供应链的灰度哲学

华为是一家真正将中国"古为今用，洋为中用"哲学思想融会贯通的企业，文化系统只有兼容并蓄，广泛吸取多家之长，才能推动企业更好、更大跨度地发展，理性主义、实用主义、拿来主义、本土主义，什么好用，华为就用什么。华为将这种思维模式称为企业供应链的灰度哲学或灰度管理。

灰度哲学就是在黑白极端色彩中，找到一块中间地带。这也是一种调和、妥协、中庸方法论和世界观。灰度既不是黑色，又不是白色，但又似乎兼容了两色，是一种巧妙的融合体，其最大的特征就是不走极端，并不是非白即黑、非此即彼的，而是需要合理地把握适当的灰度，保持相对和谐，这个过程就叫妥协，实施的结果就是灰度。华为前进的方向是坚定不移的，但不一定是要画出一条直线，也可以是曲线，甚至可以是一个圆圈，只要最终能实现华为的发展目标即可。在这种情况下，即使遇到此路不通的情况，华为宁可适当妥协，先绕个弯，也不待在原地踏步。妥协也不意味着放弃原则，明智的妥协是适当的交换，实现主要目标，而在次要目标上可适当让步，以退为进。在企业相互竞争、相互制约的新时代，企业应在妥协中实现双赢或多赢，促进企业的发展，否则容易陷入两败俱伤的不良境地。

华为的灰度哲学融入了中国太极文化的思想：巧用力，而不是用蛮力。

任正非曾给欧洲某个大客户的高管集中上课，题目为"以客户为中心，以奋斗者为本，长期坚持艰苦奋斗"，他笑称这就是华为超越所有竞争对手的最大秘诀，也是华为能够由胜利走向更大胜利的3个根本保障，还是华为的铁三角辩证思维。华为的拉力（以客户为中心）、动力（以奋斗者为本）和推力（长期坚持艰苦奋斗），构成华为稳定的企业运行态势。

灰度哲学的最好状态就是平衡，保持稳定，避免组织崩溃现象发生。然而灰度哲学也不是万能的，也有具体的适用范围。华为的实践说明，它更适用于战略和用人的哲学，若盲目地使用或滥用灰度哲学，则可能适得其反。

华为仅用了30多年的时间就从初创小企业成为世界500强企业，这离不开正确的哲学思维的推动。正确的哲学思维推动华为快速健康发展，不偏离大的轨道。例如，华为的轮值CEO制度既吸纳了国际知名企业的管理经验，又加入了西方民主政治；在企业发展战略上，华为强调战略聚焦和平衡发展、竞争与合作的灰度、专注和平衡的灰度；在员工激励上，华为坚决不上市，但又加大员工利益激励力度。灰度给了华为更好的春色，形成华为在国际市场上与竞争对手势均力敌的局面。

相对国内企业，三星和苹果基本不参与"口水战"，也不贸然评价竞争对手。任正非曾在公开场合表示，苹果、三星和华为构成了全球终端产品的稳定力量，3家企业要和谐、竞争、共赢、合作，而不是谁灭了谁。

117 华为供应链面临的内部六大挑战

华为供应链面临的内部六大挑战如图17.1所示。

（1）薪酬激励。华为的员工收益包括工资、奖金和股票分红。华为2011年的股票分红是1.46元/股，让员工喜上眉梢。彼时进入华为十几年的老员工，所持股票数量都在40万股左右，股票分红相当可观。华为的股票制度是很多企业的学习楷模，也是利益共享的成功案例之一。华为在内部宣传股票制度为合伙人制度。华为的股票制度被很多企业效仿，并卓有成效。在华为发展早期，股票分红的激励对象是企业的主流人群，而目前真正需要激励的人群已发生了变化，或者说不仅仅需要激励原来的老员工。任正非讲过，要逐步减少股票分红，拿掉的这部分收益将被放入薪酬包，回归工资加奖金的模式，股票制度也具有一定的生命周期。

1 薪酬激励
华为的员工收益包括工资、奖金和股票分红

2 文化冲突
"90后"和"00后"员工更追求尊重和自由,更加关注幸福指数

3 谁来接班
2011年,华为推行轮值CEO制度,平衡内部矛盾

4 组织变革
建立了生命持续的管理体系

5 纠错能力
30多年来,华为面对的挑战和出过的差错不可胜数

6 财务透明
国际市场上有关华为的部分负面传闻是对华为财务透明度的各种猜测。华为不上市,有自身的考虑和优势

图 17.1　华为供应链面临的内部六大挑战

（2）文化冲突。华为的文化包含强烈的集体主义和奋斗精神,这与任正非当年经历的苦难有关,所谓"梅花香自苦寒来",反映在实际工作中就是努力和奋斗,这得到"60后""70后""80后"员工的认可,但"90后"和"00后"员工更追求尊重和自由,这与华为之前的奋斗文化显得"格格不入"。当今社会,员工更加关注幸福指数,更注重与家人相处。

（3）谁来接班。华为的接班人也是华为内部的热点。2011年,华为推行轮值CEO制度,平衡内部矛盾。2022年,任正非已有78岁高龄,仍在华为掌舵。华为的接班人要具有全球市场格局,对新技术与客户需求理解深刻,又不故步自封,还要悉数了解业务流、物流和资金流等供应链知识。谁会成为华为的接班人?他又将创造怎样的华为历史?

（4）组织变革。华为2020年的年销售收入为8914亿元,未来还会向万亿元规模发展,华为的组织是否需要有更好的模式?在面对新经济发展、智能制造等变革时,华为如何让自己继续保持强有力的组织架构并迈向新时代?华为最大的特点是建立了生命持续的管理体系,技术会随着发展被淘汰,管理体系则不会,有了科学、稳定的管理体系,谁来接班这个问题就不大了。

（5）纠错能力。华为在30多年的发展历程中,取得的成绩有目共睹,面对的挑战和出过的差错也不可胜数,没有绝对天才的企业。各种判断失误、各种浪费、各种管理失误导致华为流失了许多可贵的人才。犯错不可怕,关键是能少犯错,或者同样的错误不犯第二次。华为一直坚持自我批判、自我纠错,这让华为这些年持续健康地成长。

（6）财务透明。华为不是上市企业,但其竞争对手绝大多数是上市企业。国际

市场上有关华为的部分负面传闻是对华为财务透明度的各种猜测。当然，上市有上市的好处，企业可以更好地融资，公众企业的属性更强，员工更容易受到真实股权的激励，而华为选择不上市，也有自身的考虑和优势——不上市可以让华为保持艰苦奋斗的传统，同时可不受外部投资者的审查，企业决策的自主性更强。华为需要平衡好市场、员工和公众的期待，用更高明的智慧和更大的耐力推动企业持续健康地发展。

118 华为的离职人员怎么看华为

华为是中国企业的奇迹。而在华为外部，还有着众多华为离职人员。在离开华为后，他们自诩为"华友"，也在书写自己的精彩。虽然不再是华为人，但他们都珍藏着在华为时的工号，身体内流淌着带有"华为基因"的血液。

观察华为的离职人员是客观了解华为、观察华为、剖析华为供应链管理的一个视角，通过观察他们，可以深入研究华为的成长秘诀、华为供应链的成长之路。

（1）华为的供应链管理"真金"。华为的离职人员签有竞业限制协议，在通信设备领域创业，机会渺茫。这就要求华为的离职人员用从华为学到的科学管理方法，切入新的领域。然而，在主赛道之外，天地一样宽。例如，在电气行业，一批华为的离职人员继承华为的"狼性基因"，创建了一家又一家上市企业；而创投、电商、硬件、文娱等领域，华为的离职人员也有涉及；另外，咨询业也是华为的离职人员擅长的行业，华为是典型的管理型企业，任正非是企业管理的教父，华为的离职人员将其从华为学到的科学管理模式传授给更多的中国民营企业，帮助它们改进管理。很多投资人看中的就是华为人的务实和坚韧，以技术驱动、研发驱动，实现实业报国。华为的企业管理经验、供应链管理的实践在国内都处于领先地位。华为的供应链管理、文化建设、HR管理、数字化建设等内容成为中国企业竞相学习的楷模。

（2）华为的"DNA烙印"。华为的离职人员从价值观到行为，以及对事业和工作的认知几乎一样，而且大多数人以华为为荣，他们身上都有华为的"DNA烙印"，并认同华为的文化："以客户为中心，以奋斗者为本，长期坚持艰苦奋斗。"在华为的经历，以及华为大学或者培训中心提供的系统和梯次性的人才培养体系，使他们形成极强的共识性，华为文化在他们心中打下难以磨灭的烙印。

（3）华为的流程质量。华为的优势体现在流程和规范上，这也是国际企业的特长。大部分员工在执行层，只要围绕"客户第一"的要求努力工作，就能做出一些成绩。在华为的经历让从华为离职选择创业的人注重项目的过程管理（计划、实施、检查和修正），注重质量这个硬指标，力求使产品的各项性能指标都超越竞争对手。

（4）华为的客户至上。对于客户至上，很多企业只是说说而已，华为却是说到做到。客户至上是深植于华为员工脑海中的基本理念。如何做到客户至上？华为起初并不是技术最先进的企业，却依靠优质的服务撬动市场，在每一个县城，华为员工都被当地电信局当作贵宾，其他企业的维护工程师几个月来一趟，安装设备要 3 个月以上，华为的员工却能在 1 个月内装好，并且随叫随到，甚至半夜也会应急出动，这正是华为向客户树立的"以客户为中心"形象的佐证。员工的忠诚度是企业的根本，员工发自内心地为客户服务，是华为强有力的营销武器。

（5）华为的高薪高压。很多人加入华为是看中了华为的高薪。在财富分配上，任正非善于分享、舍得分钱，并笑称华为多年来成功的秘诀就是分钱，钱分好了，很多问题就解决了。华为 2016 年的年报显示，华为的年销售收入为 5216 亿元，当时 17 万名员工的平均年薪为 63 万元。华为的员工一般不看工资单，不用为收入担忧，因为华为不会让"雷锋"吃亏，收入往往让员工惊喜。与华为的高薪对应的是工作的高压力。"烧不死的鸟才是凤凰。"在华为，工作强度大是常态。

（6）华为的"你学不会"。中小型企业与华为有差异，处于不同的阶段，对于华为的有些做法，可以借鉴，但有些方法学不到位就可能被带到"沟"里，这也是其他企业在学习华为的管理时需要注意的。例如，在人员使用上，虽然华为的各项管理做法很好，但由于其他企业的员工与华为的员工在能力素质上有差距，许多行之有效的理念在这些企业中无法有效推行，如工作没达到预期，在华为，项目负责人会被开除或降级，后备人才会迅速顶上，但国内的民营中小型企业本来就没有多少人才，这一做法行不通。所以在华为有效的模式不一定适用于所有中小型企业，这些企业更重要的是学习华为的方法论。在华为，任正非能抓住人性最本质的内容，不仅为华为带来军事化管理，还让华为的文化深入人心。华为的文化不是空想文化，而是把信仰、理想、技术、产品融为一体，组织和团队的力量是无穷的，狼群作战、兵团作战，所向披靡。

（7）华为创业不易。任正非表示，他的能力比别人强，是因为他经历的挫折比别人多。华为踏实、奋斗、创新的精神一直充斥在员工心中，"胜则举杯相庆，败则拼死相救"，团队作战是华为的一大特色。华为的离职人员离开华为这个大平台进行创业十分不易，华为内部的团队感及销售部门强大的话语权，从普通民营企业中不易获得，这也是华为文化和故事在社会上经久流传的原因。华为的离职人员创办了华友会，还设立了一个慈善基金——前华为人慈善基金。华友会从 2011 年起在深圳、北京、成都建立分会，从 2015 年起筹建海外分会。目前，华友会的成员超过 2 万人，他们都有在华为从业的经历。华友会的口号是"不拼爹、不拼娘，就拼背后十万狼"。

任正非曾经写过《华为的冬天》《华为的红旗到底能打多久》等名篇，居安思危。

华为的冬天不是历史,而是每天都在真实上演。创业者关键是要学习华为如何面对挫折,克服困难,艰难地逆势向上。

2005年以前,华为是跟随者;2005年以后,华为经历超越者,逐步变成开荒者,最后渐渐进入"无人区"。华为的气质、烙印醒目。华为坚持长期主义的理念,做有价值的事,等待时间的回报。

华为供应链管理方法是一套完整的、具有华为特色的供应链管理方法论,在华为降本增效、提升企业核心竞争力方面占有举足轻重的地位。它以客户、流程、协同为管理导向,认为"没有交不出的货,只有接不回的单";以目标为导向,指出安全是基础,质量是保障,交付是目标,成本要有竞争力,创新要有驱动力;指出在发展路径上,从供应孤岛到内部供应链集成,再到外部产业链集成,借助西方先进的管理思想,实现中国式供应链管理的落地执行,最终构筑起全球一流的供应链体系。

第 18 章

未来世界的供应链趋势

119 由你书写

著名管理学大师彼得·德鲁克说过，希望中国企业能根据自己的国情，探索一套适合国人的管理方法，而不是教条式地照搬。华为的"道""天""地""将""法"如图 18.1 所示。

五曰法
ISC等制度创新

四曰将
精兵猛将

三曰地
通信行业发展

二曰天
40多年改革开放

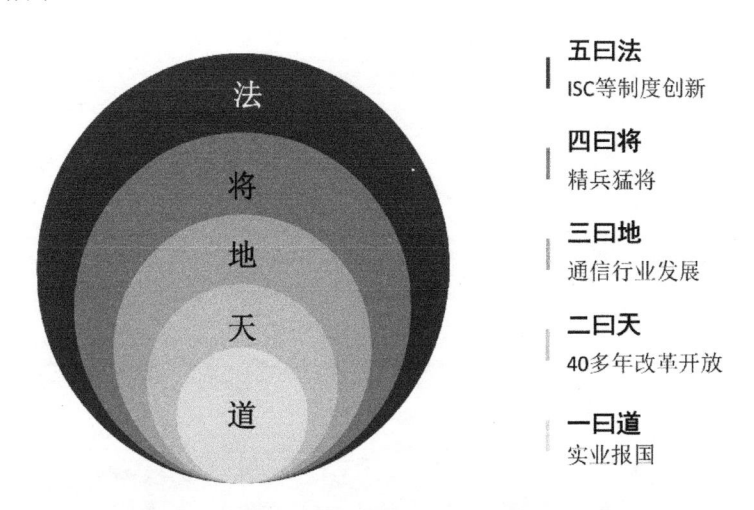

一曰道
实业报国

图 18.1 华为的"道""天""地""将""法"

《孙子兵法》中讲道，"上下同欲者胜""知之者胜，不知者不胜""一曰道，二曰天，三曰地，四曰将，五曰法"。

华为正是如此，"道""天""地""将""法"分别对应华为的实业报国、40多年改革开放、通信行业发展、精兵猛将、ISC等制度创新。任正非讲过"一杯咖啡，吸收宇宙能量"，开放吸收宇宙能量，构筑未来世界。

任正非提出熵减思维，企业要想生存，就要学会逆向做功，将能量从低到高抽上来，不断增加势能，这样才会发展得更快。ISC 的引入就是华为练习内功，不断增加企业势能的最佳实践。

  国务院办公厅 2017 年印发《国务院办公厅关于积极推进供应链创新与应用的指导意见》，这个文件已明确将供应链战略上升为国家战略。当下，只有完善产业链、打通供应链、实现价值链，连接世界、利益分配、组成生态，才能在充满不确定性的世界格局里，在百年未有之大变局时代赢得未来。供应链正向网络化、服务化、数字化、智能化、连续性转型升级。

  本书前 118 个华为供应链管理的细节让读者比较全面地了解了华为供应链的过去、现在和未来，也分享了华为供应链管理的具体方法、崛起原因、运营细节等。然而，供应链管理只有起点，没有终点。本书的第 119 个细节，由读者来写。

  华为的成功，我们无法照搬，但华为成功背后的管理逻辑和供应链管理思维能够复制。您可以添加笔者的微信号 13871104721，让我们共同探讨和推进华为的中国式供应链管理，为实业报国贡献你我的点滴力量。

下篇知识点小结

1. 熵减和华为"以客户为中心,以奋斗者为本,长期坚持艰苦奋斗"的文化相辅相成。华为坚持企业的耗散制度,就是熵减。

2. 华为的成功源于8个字:财散人聚、聚焦研发。

3. 华为成功的主脉络:供应链。

4. 华为的供应链风险管控主要从4个方面着手:持续加大自主研发力度、提前布局芯片和操作系统、采购供应链提前备货、提升供应商的国产化率。

5. 华为注册了大量与中国文化有关的产品,从《山海经》等中国古书中寻找灵感,通过意象来为产品命名。

6. 华为手机最终形成Mate、P和nova这3个系列。在这3个系列中,后缀增加Plus和Pro,分别意味着屏幕尺寸增大和电池续航能力提升及性能提升。

7. 华为供应链面临的内部六大挑战:薪酬激励、文化冲突、谁来接班、组织变革、纠错能力、财务透明。

8. 华为供应链管理法是一套完整的、具有华为特色的供应链管理方法论。

9. "道""天""地""将""法"分别对应华为的实业报国、40多年改革开放、通信行业发展、精兵猛将、ISC等制度创新。

10. 任正非讲过"一杯咖啡,吸收宇宙能量",开放吸收宇宙能量,构筑未来世界。

感　　言

华为集成供应链管理：静水潜流

任正非最喜欢的一句名言：静水潜流。

"寻芳陌上花如锦，折得东风第一枝。"华为三十而立，风华正茂，下一个10年、20年，人类将进入智能社会，进入万物互联的智能世界。

"土狼"华为通过IBM等企业引入国际先进的管理方法，汲取全球管理的精髓，再以中国式供应链管理迎战"恶狼"的群殴。华为嗅觉灵敏，"与狼共舞"，该出击时就出击，在竞争中学会规则，在竞争中敢于胜利。外部环境越是恶劣，竞争越是激烈，对企业成本和服务能力的要求就越高，对企业供应链管理能力提升的要求就越强。"雄赳赳，气昂昂，跨过太平洋"，华为在成长中不断加大研发投入，将对手作为最好的老师。华为苦练内功，迎接挑战，迎接春天的到来。

任正非讲过，企业之间的竞争，说穿了是管理竞争。

华为坚持学习和引进西方先进的管理，全方位、系统性地将国际一流的管理理念和流程移植到中国，构建了世界级的供应链管理体系，并为华为的崛起奠定了坚实的基础。华为经过长期锤炼，将这套方法吸收、内化，使之中国化，现在已进入输出和赋能中国企业的阶段。

得供应链者得天下。当前供应链管理在中国乃至世界范围内都在如火如荼地进行着，那么如何应用它呢？本书是笔者对华为供应链管理的深度剖析，务求相对客观、真实和有深度。让我们透过华为看供应链，看中国企业如何实现中国式崛起。

华为已成为中国式供应链管理最佳实践的亮丽名片，让世界目睹供应链强国的腾飞。

未来，人类社会将演变为智能社会，其广度和深度会令我们想象不到。华为目前尚未进行基础理论研究，而重大创新才是"无人区"的生存法则，没有理论突破、没有技术积累和突破，就不可能产生爆发性创新，华为正在向"无人区"迈进，创立和引导理论的责任时代已经来临。华为的新愿景和新使命就是把数字世界带入每个人、每个家庭、每个组织，构建万物互联的智能世界。2017年，华为的年销售收入为 6036 亿元，首次超过 BAT（百度+阿里巴巴+腾讯）的总和，但 BAT 的总利润是华为的 3.5 倍，而苹果的利润率更是惊人（利润率在 21%）。

面对"断供"的压力，华为更要卧薪尝胆，不断突破自我的极限，实现新的飞跃。华为中国式供应链管理的道路还很漫长，也很艰辛。

笔者希望本书能对中国企业供应链管理的实践起到些许帮助作用，也期盼未来有更多中国企业站在全球供应链、产业链和价值链的顶端，实现"中国制造"、"中国创造"和中国供应链生态的全球崛起。

反侵权盗版声明

电子工业出版社依法对本作品享有专有出版权。任何未经权利人书面许可，复制、销售或通过信息网络传播本作品的行为；歪曲、篡改、剽窃本作品的行为，均违反《中华人民共和国著作权法》，其行为人应承担相应的民事责任和行政责任，构成犯罪的，将被依法追究刑事责任。

为了维护市场秩序，保护权利人的合法权益，我社将依法查处和打击侵权盗版的单位和个人。欢迎社会各界人士积极举报侵权盗版行为，本社将奖励举报有功人员，并保证举报人的信息不被泄露。

举报电话：（010）88254396；（010）88258888

传　　真：（010）88254397

E-mail：　dbqq@phei.com.cn

通信地址：北京市万寿路 173 信箱
　　　　　电子工业出版社总编办公室

邮　　编：100036